ADVENTURES OF AN ACCIDENTAL SOCIOLOGIST: How to Explain the World without Becoming a Bore

ピーター・バーガー
Peter L. Berger
森下伸也 訳

退屈させずに世界を説明する方法——バーガー社会学自伝

新曜社

Peter L. Berger

ADVENTURES OF AN ACCIDENTAL SOCIOLOGIST

How to Explain the World without Becoming a Bore

まえがき

二〇〇九年の夏、ブダペストの中央ヨーロッパ大学で講演をするよう招聘を受けた。何について講演してほしいのかと尋ねると、それはまったく私次第とのこと。私はそういうのが嫌いである。宣教師じゃあるまいし、ブダペストで説教すべきことなど何もないのだ。すると、「自己史」(ego-histoire)とよんでいる便利な形式があるといってきた。自伝という意味だろうか? いやいや、彼らが言いたいのは講師の知的履歴――論じてきた問題、道々出会った人や出来事――に関する記述ということであった。それなら面白いかもしれない、と私は思った。講演した私が面白いと感じただけでなく、それを聞いた聴衆も明らかに面白そうだった。帰国して私は一冊の本にとりかかった。それがこの本である。

おなじ年の夏、ブダペスト旅行の直前、私はウィーンにいて、友人の娘と話をしていた。彼女は大学で社会学の勉強を始めたばかりなのだが、幻滅してしまったという。彼女は私の旧著『社会学への招待』を読んだことがあり、わくわくするような知的経験を期待していた。ところが逆に、すっかり退屈してしまったとのこと。最近ウィーン大学でどんな社会学が教えられているのか知らない（故郷の町に帰ると、私にはオーストリア社会学の現状を検査すること以上に面白いことがいろいろあるのだ）。だが、もし当地のカリキュラムがヨーロッパの他の地域やアメリカで広く教えられているのと似たりよったりだとしたら、はなはだ聡明な乙女が退屈しても驚くべきことではない、と私は思う。

社会学をネタにしたジョークはごくわずかしかないが、その一つがここでピッタリだ。ほぼ間違いなく余命はわずか一年と医師に告げられた患者。このおそろしい宣告を受け容れたあと、どうすればいいかと医師に訊くと……

「社会学者と結婚して、ノースダコタに引越しなさい。」

「それで治るんですか？」

「いや、治りはしないけど、一年をずっと長く感じるよ。」

この数十年、社会学は二つの病を患っている――方法論的フェティシズム、すなわち数量的手法になじむ現象だけに研究を限定する傾向と、昔ながらのお題目をただくり返すだけ（時にボキャブラリーだけ増えている）のイデオロギー的プロパガンダである。どちらの病も退屈を深める。数量的手法それ自体が悪いわけではなく、有益な場合もある。だが往々にして、調査研究に要する高額な経費を進んで提供しようとする人々の利害に合わせようとすれば、ますます瑣末なテーマを探求するためのますます精巧な手法、という結果が生じがちなのだ。またイデオロギー的お題目についていえば、それらは三十年前にはたしかにわくわくするようなものであったかもしれないが、今日ではあくびを催させるだけという傾向が強い。もちろん例外もある。興味深く重要な著作を生む社会学者もいるにはいるのだ。でもそれは少数派だと言って差し支えないように私は思う。

私はウィーンの乙女に、社会学は退屈なものとは限らないよと言った。もし社会学をずっと続けていたら、退屈でないことを自分がやっていることに気づく日がきっと来るであろう。終身在職権《テニュア》つきの地位を得たあとなら特に、自分の好きなことを思うようにやれるようになる。小役人が仕切っている大学というところにもたくさんのニッチがあるし、給料もたいがい分に応じてそこそこあるし、（これがいちばん大事なところだが）毎年あの長い夏がある。社会学者には大学外にもいろいろと仕事がある。社会学を研究する者は、（人類学をのぞく）他のほとんどの社会科学と違って、非常に広範囲のテーマを論じることができる。かねがね私はそう考えてきたのだが、社会学は人間世界の壮大なパノラマに限りない愛着を感じるひと、いま現実に何が起きているのを発見することに情熱を燃やすひと、——必要とあらば鍵穴を覗きこんだり、他人の郵便物を読んだりするひとに大変向いている。

大学院生時代、私は一度後者の罪を犯したことがある。当時の私のガールフレンドは法学専攻の若い女子学生とアパートをシェアしていた。彼女はひどくだらしない人間で、自分の持ち物を家中に散らかしていた。ある日トイレに坐っていると、私は彼女のボーイフレンドあての手紙を見つけた。私は高まる期待を抑えきれず、それを読んでしまった。中身はほとんど二人で過ごした週末の心理学的解剖で、一つ一つのできごとが基本的にはフロイト流の用語で説明してあった。彼が何を言ったか、ほんとうは何を言いたかったのか、週末のできごとが彼の隠れたノイローゼとどう関係しているか、彼の母親がその状況でどういう立ち位置にいるか、これらすべてが手紙の書き手にとってどんな意味を持っているか、などなど。私はその手紙を盗んでしまった。それは後世のために保存しておかれるべき、きわめて貴重な文化的ドキュメントだと思ったのだ（言うもはばかられることながら、いつかどこかでそれはなくなってしまった）。

＊＊＊

最後に謝辞を。私の代理人、ローラ・グロスに感謝したい。彼女は終始とても協力的で、知性と人間としての温かさのたぐい稀な結合とともにそうなのであった。

退屈させずに世界を説明する方法――バーガー社会学自伝＊目次

装幀――難波園子

第1章　十二番街のバルザック

私の知的履歴は一つの間違いから始まった。私はニューヨークに定住した両親とともにアメリカへやって来た。十八歳になりたてで、宗教熱に浮かされていた（ジョン・マレー・カッディーが「文明の試練」とよんだ独特なアメリカ移民経験のなかで、私は幸運にもその宗教熱をすぐに失ってしまったが[1]）。私はルター派の牧師になりたかったのだ。ひょっとすると当時もう私はこの職業的志向に疑念をいだき始めていたのかもしれない。事情はともあれ、私は自分が将来仕事をしなければならないアメリカの社会をよく知るために、神学の勉強にとりかかるのを延期しようと思いついた。社会学について私はごく漠然とした観念しか持っていなかったのだが、それが社会について知るための正しい学問だと思われたのである。

私には金がなかった。両親にもなかった。私は糊口をしのぐため、また授業料を工面するためにフルタイムで働かなければならなかった。知る限り、ニュースクール・フォー・ソーシャルリサーチが、大学院の勉強をすべて夜間でできる市内唯一の高等教育機関であった。だから私はそこで社会学修士課程の履修登録をした。もちろん私は、ニュースクールがアメリカの社会科学界でどれほど辺境に位置しているかなど、まったく知るよしもなかった。

えらく非情なユダヤ・ジョークがある。ある男がニューヨークのコーシャー・レストランに行った(「コーシャー」はユダヤ教式調理法)。驚いたことに、給仕してくれたのは中国人ウェイターで、客に優雅なリトアニア風イディッシュ語で語りかけてきた。帰りがけ、客はレストランの店主を見つけた。

「ウェイターが中国人なんだねえ?」

「ええ、去年、上海から来たんですよ。」

「だけど完璧なイディッシュ語をしゃべるじゃないか。」

「シィーッ」と店主は言った。「自分は英語をしゃべってるって思ってるんですよ。」

私は、アメリカの社会学を勉強しているつもりでいたわけである。最初の学期、私には一科目しか履修する資力がなかった――それが私がはじめて取った社会学の科目である。アルバート・サロモンが教えるその科目は「社会学者としてのバルザック」といった。そのアイディアは素晴らしく、サロモンは素晴らしい先生であった。それはまた教育上まことに妥当なアイディアであった。バルザックは彼の小説集成『人間喜劇』を、貴族から犯罪がらみの下層社会にいたる十九世紀フランス社会の全体構図たらしめんとしていた。そして実際、その小説群は当該社会の多数の階層の詳細なパノラマとなっている。サロモンがその授業でおこなったのは、バルザックの著作を用いて社会学の主要な諸概念――階級、権力、宗教、社会統制、社会移動、周辺性、犯罪など――を学生たちに手ほどきすることであった。私も学期のあいだにバルザックの小説を最低十冊くらいは読んだはずだ。

権威的教授たることに何のためらいもなかったサロモンは宿題を出した。私にあたえられた宿題は、ひとりのセールスマンをめぐるバルザックの小説『名うてのゴディサール』について、当時出たばかりのアーサー・ミラーの演劇『セールスマンの死』と比較して期末レポートを書くことであった。私のレポート（まだどこかに持っているはずだ）は社会学的注釈としてはとても傑作と言える代物ではなかったが、そのテーマに面白味を感じた。私は初期の資本主義の勝利者たるバルザックのゴディサールと、衰退局面の資本主義を体現している（とサロモンが見なした）ミラーのウィリー・ローマンとを比較したのだった。

学期の終わりには、私は十九世紀フランス社会と随分なじみになっていたが、二十世紀アメリカ社会について無知であることは、バルザックへの冒険以前となんら変わりなかった。だが私は、サロモンが情熱をこめて詳しく説明してくれた社会学的なものの見方がもつ興奮の感覚を会得していた。

（ことの当否はともかく）サロモンがバルザックにそなわっているとしたこのものの見方は、人間行動のあらゆる側面、とりわけ通常は視界から隠蔽され、とりすました世界では否定されている側面への尽きることのない好奇心である。それは本質的に冷笑的で、暴露的で、破壊的なものの見方である。バルザックがほんとうにサロモンの描いたとおりであったかどうか、私にはわからない。パリの街路、しかも好んで夜の街路を、その秘密を探りながら歩く——この街のサロンで、行政官庁で、企業で、酒場で、売春宿で起きていることのすべてを理解しようとして歩くバルザック。だがそれこそ私の頭に刷り込まれた社会学者のイメージであり、たとえ長い年月のうちに若さゆえの過激さが多少緩和されたとしても、今日までずっとそのままなのだ。

フランス政府はアッパー五番通りの宮殿のような建物のなかで文化的中心の位置を占めていた。たぶん野蛮なるアメリカでフランスが果たすべき文明開化の使命（mission civilisatrice）をになう代理機関たらしめんとする意図をもって、それはいまでもそこにあると思う。そのころそこでたまたまバルザック関連の催しが開かれ、展示やいくつかの講演がおこなわれたのだが、どんなものだったかひとつも思い出せない。だが、バルザックのカリカチュアの複製がついた魅力的なカタログもあって、彼はその絵のなかである種の修道僧の頭巾つき外衣を着、その上には疑い深そうな表情をした大きすぎる頭が乗っかっているのであった。私はその絵を切り抜き、額に入れた。それはいまでも私の書斎にかかっている。

それは私が研究を始めたころに得たもう一つの洞察を思い出させる――よき社会学はよき小説と血縁関係にあり、ひとは小説から社会について多くのことを学びうるという洞察である。ニュースクールでの勉学時代に、私はニュースクールの成人教育部で教えているフランス文学の教授と知り合いになった。彼は自分の勉強について語る私の話を聞いて、こう言った。「君は僕らと同類だ。君は文学者（littérateur）だ」。彼はお世辞でそんなことを言ったのであろう。後年、私は時として蔑称としてのこの言葉でもてなされるようになった。

ニュースクールは一風変わった場所で、一風変わった歴史があった。設立されたのは一九一九年、アメリカの学界に息苦しい雰囲気を感じ、それに失望した知識人の集団によって設立された。

彼らは「成人のための大学」を作りたいと思い、それは現実になった。それは本質的に成人教育のプログラムであり、学位はまったく出さなかった。誰でも入学でき、（たとえば仏教の形而上学のような）きわめて深遠なものから（陶芸のような）きわめて実用的なものまで自由に科目を選択できた。このプログラムはほぼたちどころに人気が出て、経済的に自立できた。それは今日まで存続し、ニューヨークの著名な研究機関となっている。私が在籍した大学院を含む他のプログラムが成人教育事業に加えられ、少なくとも当初はそこから資金を調達した。

ニュースクールの創設者のなかには、たとえばジョン・デューイのような傑出した学者が何人かいた。アメリカの古典的な社会学者の一人ソースタイン・ヴェブレンもしばらくここで教鞭をとった。だが、設立当初から学長はアルヴィン・ジョンソンで、一九五〇年代になってもまだその地位にあった。彼は風変わりで、激しやすく、起業家精神にとんだ教育者で、ヴェブレンとじつによく似ているが、ノルウェー人を祖先として中西部の北部に生まれた。彼の娘フェリシア・デイラップ（驚くほど物静かで、絶対に激することのない人物であった）は経済学を教えていた。

一九三四年、ジョンソンはナチスの迫害を受けるドイツの学者たちの運命を憂慮した。ほうぼうから資金をかき集めて、みずから亡命のヨーロッパ大学とよぶものを開始したが、すぐにそれはニュースクール・フォー・ソーシャルリサーチ政治学・社会科学大学院と改称された――しかしこれではあんまり長すぎるというので、ふつうは略して「大学院」とよばれた。当初の教授陣は全員ドイツ出身で、なかにはユダヤ人もいれば、そうでない者もいた。ナチ帝国が拡大するにつれて他のヨーロッパ諸国――オーストリア、イタリア、スペイン、フランス――から来た学者たちがこれに加わった。なかには、その後シカゴ大学へ移籍し、大きな影響力を持つ政治哲学派の基礎をきずいたレオ・シュトラウスや、戦後フランスへ帰国したクロード・レヴィ＝ストロースのような大変な著名人もいた。

大学院は最初から認可を受け、いくつかの分野――哲学、政治学、社会学、経済学（のちに人類学も加わった）で修士と博士の学位を出すようになった。ここの組織はきわめてユニークであった――成人教育プログラムの上に社会諸科学の大学院が置かれ、学部のプログラムはなかったのだ（これまただいぶ後になって加えられたが）。

大学院と成人教育プログラムは接点がほとんどなかった。だが、後者のプログラムが起源となったことは、ニュースクールに一つの特異な結果をもたらした――すべての授業は午後遅くまたは夜間におこなわれたのだ。具体的にいうと、一コマ二時間で三コマ、開始時間は午後の四時、六時、八時であった。この事実は、すでにのべたように、ニュースクールで勉学しようという私の決断にとって決定的に重要であった。だがまたそれは場の雰囲気も決定した――ノクターン的で、どこか神秘的で、エロティックな気配――、すなわち、私の好みでいえばバルザック的な気配である。これに加えてグリニッジ・ヴィレッジという場所。それはニュースクールをそのボヘミアン的な雰囲気で包んだ。言うまでもなく、私の年代の若者にとって、これらは合して陶然たる経験となった。

私が学生だった一九五〇年代、ニュースクールは、五番通りと六番通りのあいだ、西十二番街六十六番地に建物が一つあるきりだった。その建物に一切合財が詰め込まれていた――成人教育も大学院も合わせて教室のすべて、研究室と事務室のすべて、まことにお粗末ながら図書館、カフェテリア、そして講堂。たくさんの部屋に、一九三〇年代の社会主義リアリズムの壁画が描かれていた。なかにはメキシコの革命派画家ホセ・クレメンテ・オロスコが描いた巨大な壁画もあり、それはレーニンとスターリンの英雄像を中心とするものであった（一九五〇年代、教授団による白熱した討論の結果、それは全面を覆うカーテンの背後に隠されることになったが、見たいと思えばカーテンを引き上げてくれるよう頼めるのであった）。「図書館」はほとんど存在しないに等しかった。というのも、そこが所有しているごくわずかな書籍はいつも貸し出されていたのだから。

　われわれの図書館は五番通りをずっと北へ行ったところにあるニューヨーク公立図書館で、私はけばけばしい内装の一般向け読書室で、また後には東洋コレクション（学位研究にはそれが必要であった）の読書室で、長時間過ごした。カフェテリアはグリニッジ・ヴィレッジでいちばんナンパに適した場所の一つとして有名で、その評価はまことに妥当なものであった。テーブルに広げたカフカやサルトルのコピー越しに、燃えるようなまなざしがどれほど多く交わされたことであろうか！

　革命派の壁画（どのようにしてニュースクールにやって来たのか私は全然知らない）についていえば、それはある種の古傷となっていた。ニュースクールは左翼だといううわさを立てられ、アメリカ共産党の幹部養成校であるジェファーソン社会科学院と混同されることもあったのだ。教授陣はこのうわさに――ひいてはカーテンに――反駁したいと熱望していた。じっさい、移民教授陣の中核は社会民主主義から中道穏健右派あたりにあり、信念としての反ファシズムに加えて猛烈な反共主義であった。事実、大学院の憲章には、その教育内容について外部組織の指示を受けるような教授は一切排除するという、明らかに反共主義を目的とした条項が含まれていた（この条項は一九六〇年代、哲学部への任用が決まったローマ・カトリック教会の司祭を排除しようとした戦闘的な反宗教主義者の教授会メンバーによって、不幸な使われ方をした）。

大学院生は全部合わせても少数であったが、社会学の院生はさらに少数であった。われわれはみな互いに顔見知りであった。われわれはたいていグリニッジ・ヴィレッジのなかか、周辺の貸し間か屋根裏部屋に住んでいた。だから夜間の授業後に時間をかけて帰宅する必要がなかった。仕事をもつ者（ほとんどがそうだったが）は午後六時より前に始まる授業は受けられなかった。われわれは夜の八時、さらには十時よりあとにニュースクールの建物を出た。もちろん眠気などまるでなかった。だから一緒にすわりこんで議論することになるわけだが、それが仲間の部屋であることはあまりなかった（部屋はあまりに不快すぎた）。好まれたのは、アレックス・ボーシュト・ボウルという六番通りはずれの薄汚い食堂と、十四番街のオヴィエドというバーであった。後者のトイレの小便器にはMuerte a Franco!（「フランコに死を！」）と読める銘が書かれていた。オーナーはスペイン内戦期における人民戦線軍の歴戦の軍人を自称していた。彼は私に一度こう述懐したことがある。政治信条がどうであれ、気品ある人間は心の底ではみなアナキストなのだ、と。睡眠はさしたる優先事項ではなかった。

数多くの人間がわれわれのグループに入ってきたが、その大半は一時的なものであった。彼らはたいてい頭がよかった。そしてもちろん「カフカを読む若き女性の会」といった流動的な分派もあった。ニュースクール時代のほぼすべてを通じて私のいちばんの親友は、私より若干年長のレニー・コーンバーグだった（彼は戦時中出征していた）。彼はニュースクールで社会学を専攻したのち、教育学で学位を取るため転科した。彼の下宿は西十二番街三八、ニュースクールと同じ街区の立派なアパートの一室であった。そこに住んでいるのは変人の寄せ集めであった——管理人は下宿人に韻文でメモを渡すスイス人女性、その同僚の中国人は階段下の掃除用具入れで瞑想に励んでいた。私自身も何度かそこに泊まったことがある。しかしながら、私にとって最も重要な知的帰結をもたらした友情は、トーマス・ルックマンとのそれであった。彼とは哲学の授業で出会って、すぐに意気投合し、長い時間一緒にいるようになった。大きな影響力をもつ一冊の著作の共同執筆へとつながるルックマンとの共同作業は、当時はもちろん予想もしないことであったが。それについてはあとで検討することになろう。

バルザックとの出会いのあと、私は当初の計画を実行した。一年ちょっとかかって社会学の修士号を取得したあと、フィラデルフィアのルター神学校へ進んだ。そこで一年を過ごし、しかもそれは楽しい一年だったのだが、聖職者を職業とする道へ進まないことを決断した（その理由について語ることは、夢にも神学の話をしようとは思ってもいない本書になじまない。諸々の留保なしに、「改定されないアウクスブルク信仰告白」の全文に同意することは不可能だと感じたと言うだけで十分であろう——今から見ればそれは非常にドン・キホーテ的な決断であった。というのも、もしも本気でそれに同意することが叙任の条件だとしたら、ルター派の聖職者などごくわずかになってしまうであろうから）。それまでに私は学問としての社会学、あるいはニュースクールが私に感染させた社会学のものの見方にすっかり夢中になっていた。だから、ニュースクールに復帰し、博士課程に進むのがごく自然なことと思われたのだ。かくして、最初の一つの間違いが生涯にわたる職業履歴へとつながったわけである。

ところで、その社会学のものの見方とはいったい何だったのだろう？　そしてそれは時を超えていまだに有効であろうか？

ニュースクールでの勉学の日々（それが始まったのは一九四九年で、一九五四年に私は博士号を得た）に形成された私の社会学的なものの見方は、三人の先生――アルバート・サロモン、アルフレッド・シュッツ、カール・マイヤー――の影響に由来する。三人はみな亡命ヨーロッパ人研究者の中核メンバーであったが、彼らはパーソナリティという点でも、知的姿勢という点でも互いに大いに異なっていた。私は彼らすべてに恩義を感じるものである。

バルザックに関するサロモンの授業の衝撃については、すでにのべた。私が社会学に夢中になったのはこの見方、すなわち社会の内的作用を理解しようとする絶え間ない努力、また個々人の（情熱や犯罪をも含む）動機に対する絶え間ない好奇心である。だが私がサロモンから学んだのはそれだけではない。彼は主として二つのテーマ――啓蒙思想における社会学の起源とフランス社会学のデュルケム学派――について講義した。サロモンは社会学を、人間世界の理解に到達するため徹底的に理性を利用し、結果として本質的に暴露的な精神を持つにいたった啓蒙思想、とりわけフランス啓蒙の落とし子として理解していた。彼言うところの社会学の「前史」に関する彼の解釈は正しいと、私はいまでも考えている。社会学の概念そのもの、また社会学という名称自体が、フランスの哲学者オーギュスト・コントの発案であることは、けっして偶然ではない。

同じくらい重要なのが、エミール・デュルケムと彼が定礎した社会学派に関するサロモンの解釈である。すべての古典的社会学者のなかでデュルケムこそ最も歴然たる啓蒙の子であって、彼の政治活動と社会学の公的役割に関する理解のいずれもがその証拠となっている。彼はドレフュス事件において共和制側に非常に深く関与した。共和制側が論争で勝利した結果として、一九〇五年に政教分離政策が制定されたさい、デュルケムは公立学校のカトリック教育に取って代わる共和主義教本を策定するための委員を務めた。サロモンは授業でこの委員会が作成した教科書を見せてくれた。「社会学と道徳の学習過程」というのがその表題であった。デュルケムのキーコンセプトは「連帯」であった。彼の著作のなかでこの概念に出くわすと、その低音部にフランス革命の第三原則――「自由、平等、友愛」が聞こえてくるとサロモンは言うのであった。

いわばジャコバン的なこの社会理解に私は気をそそられなかった。それは一つにはマックス・ウェーバーのもっと冷静な社会観に、早くからはるかに深い影響を受けていたからである。だが、デュルケムの他のテーマは私の思考に消えることのない影響をあたえることになった。社会現象の客体性。その堅牢なリアリティ（デュルケム「社会的現実をモノと思え！」）。社会は存続してゆくために広い道徳的一致を必要とするということ（デュルケムの「集合表象」）。近代においては制度秩序の性格に変化が生じ（デュルケム――「機械的連帯」から「有機的連帯」への移行）、いまや契約関係を基礎とするようになること。そして社会的絆が失われた耐えがたい状態としての「アノミー」。その後デュルケムの弟子たちは、「集合記憶」（モーリス・アルヴァクス）や、心的構造あるいは「心性《マンタリテ》」（マルセル・グラネ、リュシアン・レヴィ＝ブリュール）といった概念で、こうした社会理解をさらに発展させた。徹底して客観主義的なこの社会観が腑に落ちたとき、私は社会的行為者の主観的意味に基礎を置くウェーバーの社会観とそれとの緊張関係をとても強く意識するようになった。ずっと後になって、トーマス・ルックマンとの共同作業のなかで、われわれはこれら二つの視点を統合する方法を思いついたのであった。

サロモンは才気あふれる情熱的な教師であった。また彼は一風変わった怒りっぽい人物でもあった。愚かな者に寛大ではいられず、とんちんかんなことを言う学生には、いやみな言葉でしぼり上げた。彼のまわりには熱心な信奉者たちの小さなグループができた。私はその一人ではなかったが、彼が教えることに十分な価値を認めていた。

私のその後の社会学者としての仕事、とりわけ社会学理論の仕事という観点から見ていちばん永続的な影響をあたえたのはアルフレッド・シュッツであった。当時、彼よりもアルバート・サロモンやカール・マイヤーの方が印象が強かったのは、いささか皮肉である。私は彼の講義に興味を持ち、同郷のウィーン人たる彼に親しみを感じた（他の二人はドイツ人であった）。しかしながら私は、シュッツの哲学的枠組みである現象学の深い意味内容というものにさほど気をそそられなかった。私にとってその社会学的な意味内容の重要性が明らかになってきたのは、相当あとになってから、大学院での勉強を終えて約十年後、『現実の社会的構成』をルックマンと一緒に書いていた時である。対照的にルックマンははるかに深いところまで現象学に入り込んでいた。彼は私よりも歴然たるシュッツ主義者であり、より高い哲学的能力を有するにいたったのである。

そういうわけで、学生としてシュッツから学んだことと、後年になって学んだこと（そのほとんどは没後出版された彼の著作を読んで得たもの、またルックマンとの会話で得たものである）を切り分けるのがいささか難しい。私は二つの分野のシュッツの講義を聞いた――社会科学の方法論と知識社会学である。これまた皮肉なことに、後者の分野はシュッツの開講科目のなかでずっと小さな場しか占めていなかった――私の記憶にある限りでは、それは「知識社会学」という科目名の単一科目で、主としてマックス・シェーラーによるその発案と、カール・マンハイムによる英語圏へのその導入から始まる知識社会学の歴史の解説であった。その解説の一部には、観念と社会過程の関係に関するマルクス主義理論への厳しい批評が含まれていた。シュッツが社会の理解に対する彼独自の現象学の応用を展開してみせたのは、方法論の講義においてであった。

この点で彼の最も素晴らしい教育手段はゼミで、私はそれを二回とったが、その科目名は「社会学理論の光を当てて見た最近の出来事と日常生活」というひどく長たらしいものであった。学生はおよそ何をテーマにしてレポートを書いてもよかった。授業中、学生たちがレポートを読んだあと、シュッツが彼独自の理論的アプローチでそれにコメントするのであった。私はあるとき一方のゼミで一青年の信仰の危機を三つの異なった流儀（フロイト的、マルクス主義的、神学的）で理解する「グスタフの場合」なるレポートを書いた（信仰をめぐる自分自身の諸問題を論じるさい、この練習が役立つことが結果としてわかったのだが、シュッツはそのことに気づかなかった）。もう一方のゼミで自分がどんなレポートを書いたかは思い出せない。友人のレニー・コーンバーグは盲人の世界について書いた。

思うに私がシュッツから学んだ中心的コンセプトは「多元的現実」で、そのなかには個々人の意識のなかでリアリティ感覚がどのように維持され続けるのかということも含まれている。もちろんこのコンセプトは現象学の流儀で説明された。それが意識のなかでどのように維持されるのかを、シュッツは現象学と、ジョージ・ハーバート・ミード以来のアメリカ独自の社会心理学の伝統とをたくみに統合することによって説明したのであった。

シュッツは中心的コンセプトに関連して、個々人の意識のなかでさまざまなリアリティがどう組み立てられ、それらが間主観的にどうやりとりされるのかを説明する、一連のいわば副次的なコンセプトを構築した。すなわち、日常生活という第一義的現実（「至高の現実」）。その現実のなかのさまざまな飛び地（「限定された意味領域」——たとえば夢、美的経験、理論的な想話宇宙、そして最後になったが宗教的経験、とはいえシュッツはあまりこれに関心を持たなかった）。あるリアリティから別なリアリティへの移行過程（これに関する最も素晴らしい論述は「ドン・キホーテとリアリティの問題」に見られるが、私はそれをシュッツの最高傑作だと思っている）。対面的相互作用の相手、またそのような相互作用はないけれども同時代を生きている人々、また前の時代を生きた人々や後世を生きるであろう人々（それぞれ「共在者」〔consociate〕、同時代者〔contemporary〕、先行者〔predecessor〕、後続者〔successor〕）との個々人の関係、である。これらが寄り集まって『社会的世界の意味構成』の詳細な記述となった。これはシュッツが生前に刊行した唯一の著作の表題で、アメリカ移住以前にドイツ語で書かれた(2)。移住後、シュッツは大量の論文を英語で書いたが、それらは死後ようやく三巻の『論文集成』にまとめられた。『集成』はオランダの出版社によって法外に高い価格で刊行されたので、アメリカの学生たちにはとうてい手の届かぬものであった。

　にもかかわらずシュッツが、一つには彼のニュースクールの（哲学また社会学の）学生たちの尽力によって、またそれ以外の人々（たとえばハロルド・ガーフィンケルその他のいわゆるエスノメソドロジストたち）の尽力によってわが国〔米国〕の社会科学で非常によく知られるようになったことは注目に値する。一九五九年、こうした影響力をもつようになる前に、シュッツがまだ五九歳の若さで亡くなったことは悲しいことである。トーマス・ルックマンは『生活世界の構造』のなかで、注目すべき愛の仕事として、シュッツ的なアプローチを体系化してみせたのであった（ルックマンがとうに亡くなったシュッツとの共著者となることによって、この本は先行者と後続者のたぶんユニークな、しかも間違いなく感動的な合作となった(3)）。

　シュッツ自身の知識社会学上の著作はみな、何らかのかたちで彼いうところの「知識の社会的配分」を論じたものである。それは「常識的知識」（「自明的世界」とほぼ同義である）、「博識の市民」、異邦人、帰郷者などに関する諸論文のような名作に彫琢された。もちろんこうした著作のアイディアは授業のなかでも語られたが、ごくわずかな抜刷りを別にすれば、それらの著作は学生たちにとって入手不能なものであった。すでにのべたように、彼の知識社会学の授業は主として他人の著作の紹介と批評であった。だが私の記憶によれば、シュッツは授業中に、ルックマンと私の心に突き刺さる一言を何気なくもらした。一字一句正確に再現することはできないけれども、それはこんなふうであった。「もし知識社会学がその名に値するものであろうとするなら、日常生活のなかで知識として通っているありとあらゆるものを論じなければならない」。当時この言葉はルックマンにも私にも青天の霹靂というほどの印象はあたえなかった。だがその一言は、一九六〇年代にわれわれがおこなった知識社会学の再編成にとって、いわば初発の進軍命令となったのである。

シュッツは愛想のよい社交好きな人間であった。彼のライフスタイルはまさしく中央ヨーロッパの教養あるブルジョワのそれで、実際その出身であった。アマチュア音楽家で、自宅のアパートで定期的に室内楽の演奏会を開いていた。芝居が好きで（彼が引き合いに出す事例の多くはそこから取られていた）、話し上手で、愛煙家であった。生活のありようはいささか特異であった。大学院の正規メンバーでありながら、同時に貿易商を営み、それは明らかに相当うまくいっていた。噂によると（真偽のほどは知らないが）、彼はニュースクールから年俸としてわずか一ドルを受け取るだけだったが、実業家としての収入で何不自由なく暮らしていた。午前中はビジネスをやり、夜は教鞭をとり、午後はわれわれみんなと同様ニューヨーク公立図書館で時を過ごした。

サロモンの講義は時に預言者のごとく情熱的性格を帯びることがあったが、シュッツの講義はキーが低く、淡々としたもので、それはおそらく究極的にはリラックスしたカフェの雰囲気に由来するものであったろう。シュッツは数人の学生に自分の志を継ぐ気にさせたが、彼自身は弟子を待望していたわけではなく、批判を受けることを歓迎した。個人的には親切な人で、鋭い機知を有していたが、それを意地悪く使うことはなかった。

シュッツは私の学位論文の口頭試問役となった。彼は脚注のごく細かい点について一つ質問しただけで、あとはほとんど何も言わなかった。論文がパスするとささやかなシェリー・パーティが開かれた。彼は私のところへやって来て、（ドイツ語で）こう言った、「よかったね、バーガー。君はいまや博士だ。おめでとう。だけどちょっと教えてくれ。君はこの論文に書いたナンセンスを本当にみな信じているのかい？」　こう言いながら彼は温かくほほえんでいた。彼の意図は明瞭であった。自分の質問にどう答えようともバカに見えてしまうことを、彼は知っていたのだ。「はい、ぼくはナンセンスを信じてます」？　それとも、「ぼくはナンセンスなど一言も書いてません」？　私は何も言わず、ただ笑った。彼もまた笑った。彼はちょっとだけ私を居心地悪くさせ、天狗にならないようにしてやろうと思っただけなのだ。その点、彼は成功した。

カール・マイヤーは社会学の先生の主要三人組のなかで、他の二人とは人物的にも職業的にも大いに異なっていた。彼は物静かで、ほとんど恥ずかしがり屋と言っていいくらいだった。講義のスタイルもそうであった。講義は驚くほど几帳面で明快であった。一つのテーマを論じ終わると、それについてはもうそれ以上何も付け足すべきことはないという印象をひとはいだくのであった。

彼の講義はたいていテーマが二つあった——宗教社会学とマックス・ウェーバーの著作である。もちろん二つのテーマには関連があった。両方とも社会学者としての私の自己形成にとって決定的に重要であった。当時、私はみずからの神学上の諸問題と格闘していたから、私が宗教社会学を自分の主要専門分野としたのはごく自然であった。そしてマイヤーの教育によって、私はウェーバーの社会学的方法の概念こそ自分にとっていちばん道理にかなったものだという確信を得た——それ以来今日まで、その見方を変更するいかなる理由も見つけていない。

マイヤーは素晴らしい先生だったが、著作はほんのわずかであった。ドイツ語で書かれた一冊の本——チャーチとセクトという概念に関する彼の博士論文である——と、大半が大学院の紀要『社会研究』に掲載された数編のバラバラの論文がそれだ。早期に退職してウェーバーに関する大作を書こうと計画はしたのだが、書かれたのは数篇の断片だけであった。そのため彼の影響力はごく昔流儀で、直接彼の教育を受けた一握りの学生たちの記憶にとどまるのみだったのである。

マイヤーの宗教分析は混じりけのないウェーバー流であった。それは宗教と社会のどちらかを決定因と仮定することなく、両者の相互作用を軸にしたものであった。マイヤーはこの領域におけるウェーバーの主要カテゴリーをあますところなく伝えた――特定の宗教運動と社会勢力の「選択的親和性」(Wahlverwandshaft)、カリスマとその「日常化」(Veralltäglichung)、チャーチとセクトの社会構造、そしてもちろん「プロテスタンティズムの倫理」と近代資本主義の起源の関係に関する彼の重要な著作(マイヤーは一学期の講座まるごとかけてそれを講じた)につながる巨大な諸問題。

マイヤーは宗教経験や神学思想に真摯な共感をいだいていたが、その授業のなかで彼自身の信仰をほのめかす言葉をもらすことは(これまたウェーバー流に)ついぞなかった。私との会話のなかでしぶしぶ少しだけ語ってくれたことがある。サロモンやシュッツと違って彼はユダヤ人ではなかった(奥さんはそうだったが)。彼はドイツのバーデン地方出身のプロテスタントだった。バーデン地方でプロテスタントといえば、ルター派よりは改革派(カルヴァン派)である。マイヤーは自分をキリスト教徒だと思っているが、教会に行くことはないと言った。彼は一度、詳細にはふれず、こう言ったことがある。「もし行くとしたら、監督派の教会だろうね。そこなら気分よくいられそうだ」。

マイヤーは自己の神学上の信念について無口であったが、ウェーバーの信念については無口の正反対であった。彼はたしかに私を改宗させたのだ。たとえば私はウェーバー的アプローチの中核的要素に、早い頃から心酔していた。つまり、人間的意味を吹き込まれた行為によって構成される社会、そうした意味を理解（Verstehen）しようとする試みとしての社会学、「理念型」の活用――ただそれでしか社会的現実に接近できない理論的構成物、意味と動機と行為の関係、国家・経済・階級の制度化、そして「価値自由」としての社会学に、である。マイヤーがいちばん情熱的になったのはウェーバーの二篇の著作である。職業としての学問論と職業としての政治論がそれだ。ウェーバーは前者において学者が煽動家の役割を果たすことを否定し、後者において二つのタイプの倫理の峻別を展開した――「心情倫理」と「責任倫理」がそれで、彼は後者を政治的行為者の指針として強く推した。

マイヤーは個々の学生に気安く話しかける人ではなかった。が、私に対しては少なくともある程度はそうだった。私はウェストチェスター郡の彼の家に二度招かれたことがある。彼がイタリア語圏スイスに引退して間もなく、私は妻のブリギッテとともに一度ブリサーゴの彼を訪ねた。ここに彼は家を買ったのだが、その家には問題が続々と発生して彼を学問的意思から遠ざけていた。彼と奥さんのトゥルードは車ならひとっ走りのアスコナにいる私たちを少なくとも一度は訪ねてくれたことがある。私たちはそこに家を借りていたのだ。たそがれ時、私たち四人、庭にすわってマッジョーレ湖の息を呑むような美しい景観を眺めていたのを思い出す。そのとき何を話していたのかは思い出せないけれども。

ニュースクールでの大学院生時代を振り返ってみると、後年の私の仕事に非常に役立った三つの理論的視点をそこから得たと結論することができる。サロモンからは、思想史における社会学の位置の理解と、フランス社会学の伝統にその基礎があるとする見方。シュッツからは、現象学によって社会学理論とりわけ知識社会学がどれほど豊かになるかという感覚と、ジョージ・ハーバート・ミードに始まるアメリカ社会心理学の導入。そしてマイヤーからは、宗教社会学の基本的アプローチと、マックス・ウェーバーの著作に関するきわめて徹底した知識。修士課程・博士課程を通じて私の指導教官であったマイヤーは、キャリアの初期段階における私にとって最も適切な人物であった。だが三人の先生はみな私の思考に永続的な影響をあたえ続けた。トーマス・ルックマンと私が腰を落ち着けて『現実の社会的構成』の案を練り、やがて書き始めたとき、われわれの主張の中心部分はこれら三つの成分の統合であった。以前、私は社会学に対する自分のアプローチを「ヒューマニズム的」とよんだことがある。いまでは私はそれが適切な形容かどうか疑問をもっているが、その基本的な意図については問題を感じない。言いたかったのは二つのことだ。一つは、残酷な行為や圧政を正当化している神話を暴露することによって、社会学はヒューマンな社会に貢献するということの強調。これは社会学のルーツが啓蒙思想にあることに由来すると私は考えている。だがここでもっと重要なのは第二の意味、すなわち社会学は歴史学や哲学のみならず文学的想像力の直観とも密接に関連する「ヒューマニティーズ」あるいはGeisteswissenschaften（人文学）の一つだということである。

かくして、これらはニュースクールで私が受けた教育のきわめて豊かな果実であった。それ以外には何も学ばなかったなどと言いたいわけではないが。大学院のメンバー外から招かれた年若い講師によるアメリカ社会学史の大変有意義な講義もあった。なかでも有意義だったのは、「構造機能主義」や「象徴的相互作用論」といった当時流行の学派を私に紹介してくれたことであった。重大な欠落があったのは数量的手法の領域である。私は大変有能な先生による統計学の講義を受講するにはしたのだが、彼の善意に満ちた努力は数学を必要とするありとあらゆることに対する私の頑固な無能さの岩盤に砕け散ってしまった（ウィーンでの小学校時代、算数を教わるたびにはしかにかかった、と私は好んで言っていた）。何年かのち、私はミシガン大学で統計分析の夏季講座に参加した。講師が出産間近な女性だったというだけではない——受講生たちは、彼女が多元相関の神秘について授業をしている最中に出産するのではないかという膨れ上がる不安にばかり気を取られていた。おまけに私はかつてない花粉症の症状に襲われていた。アナーバーの近辺は夏になるとこういう状態になるので有名だと聞いてはいたが、自分の場合それは心身症的要素もあったのではという疑いの念を軽視することもできない。真相がどうであれ、私は鼻をつまらせ目をかきむしりながら、講師がまだ出産するまえに（私が知るかぎりではそうだった）、早々に講座から脱落したのであった。

十二番街を巣立つ

完全な博士号の免状をもってニュースクールを出るために、修士論文と博士論文という二つの文章を書かなければならなかった（おそらく後者は前者とは長さと精密度において異なるものである――私の場合、長さという条件はあてはまったが、精密度という条件には合わなかったかもしれない）。修士論文の課題はニューヨークで発展しつつあったプエルトリコ人コミュニティの宗教に関する独自の経験的調査であった。そして博士論文の課題は、バハーイー教がイランにおける十九世紀のメシア主義的な運動から二十世紀アメリカにおける比較的穏健な共同体へと移行していった過程の研究であった。そこには経験的研究の要素があるにはあったが、研究の大部分は歴史的なものであった。学界のイデオロギーではこうした鍛錬が重要な能力の試験であり、また「知への独自の貢献」をなすものと考えられている。私の場合はそうした期待にこたえるものであったかどうか、かなりあやしい。しかしながらこうした鍛錬は重要な学習経験であり、はるかのちの私の仕事を予告するものとなった。最も重要なのは、それらのおかげで私が「調査で手を汚す」（社会学におけるいわゆるシカゴ学派の創始者のひとりルイス・ワースの言葉である）ことになったことで、それはそれで大変刺激的であった。

私は一年で片がつきそうなテーマを物色していた（まだ神学の研究を始める気でいた）。たまたま私は、自分が属するニューヨーク市ミッション協会という超宗派機関で一つの興味深い事実に出くわしたと、事のついでに語ってくれるプロテスタント教会の役員に出会った――それはニューヨーク市に大量に流入してきているプエルトリコ人の移民たちの多くがプロテスタントだということであった。彼によれば、これについてわかっていることはほとんどないということだった。これは自分の論文にとって扱いやすいテーマだとひらめいたので、それを研究してみたいと言うと、彼は役に立ちそうな他の（プロテスタント、カトリック両方の）教会の役員を紹介してやろうと申し出てくれた。

すぐさま私は見るべき先行研究がほぼないことを発見した——先行研究はニューヨークのプエルトリコ人に関する一般的な記述に含まれるわずかな宗教への言及か、教会組織による数篇の未公開論文で、どちらも非常にわずかであった。本当にゼロから出発しなければならないという認識に、私はワクワクすると同時に少々おじ気づきもした。私の最初の情報提供者たち、つまり知り合いが紹介してくれた教会の役員たちは実に頼りがいのある人々であった。主として彼らはカトリックやプロテスタント主要宗派の聖職者たちと接触させてくれた。だが、いま問題の宗教的情況にあって最もダイナミックな集団は自分が「偏執的《セクタリアン》」（教会の役員たちから得たのだが、あまり役に立たない言葉である）と概念化した集団であることに、私はすぐに気づいた——要するにそれはペンテコステ諸派の集団であった。

私の「公式《オフィシャル》＝役員」の情報提供者たちはペンテコステ派について有益な（だがかなりの偏見を含んだ）話を語ってくれた。事の性質上、そうした教会は見つけるのが難しい。たとえば電話帳で調べたりできないのだ。私は彼らを見つけ出そうと最善を尽くしたが、その努力は、いまにして思えばごくわずかしか成功しなかった。マンハッタン、ブルックリン、ブロンクスにあるスペイン語を話す主要なプロテスタント教会、またスペイン語使用のカトリック教区の牧師・司祭たちの一覧表を作成し、彼らの全部とは言わぬまでも、ほぼ全員にインタビューした。インタビューの過程で私は興味深いことをいくつか発見した。たとえば、一人だけ（アルゼンチン人）を例外として、プロテスタントの牧師はすべてプエルトリコ人であるが、カトリックの司祭には一人のプエルトリコ人もいないという事実。彼ら情報提供者のうち数人は、プエルトリコ人のなかには〔故郷の〕島にいるときからすでにプロテスタントだったものもいるが、ニューヨークに来てから改宗したものの方が多いという意見をのべた（たぶんそれは正しかった）。しかしいま振り返ってみると、こうしたインタビューのほとんどは時間の無駄遣いであった。そこは重要なことが起きている場ではなかったのだ。ペンテコステ派が見つけられそうな所をくまなく追跡し、その説教師や在俗信者にインタビューし、最良の民族誌的伝統に立ってたくさんの「参与観察」に従事する、もしそんなことができたなら、それに時間を費やした方がずっとよかったであろう。

そう、私もいくらかはそうしたのだ。しかもそういう箇所では、何十年も時をへだてていま読みなおしてみても素材がより面白くなっている。ともあれ論文に関わる作業のおかげで私はバルザック的ファンタジーを実現することができた――たいていは夜中に、都市の街路を徘徊してはその秘密を発見することがそれだ。街路は主としてイースト・ハーレムで、当時は夜歩いても安全だった（少なくとも後年よりは）。私は相当に無益なかのインタビューをいくつかおこなったわけだが、そのために訪れるのはたいていどこかペンテコステ派ゆかりの場所であった――店先、教会、ガレージ、アパートなど。私は説教師や俗信徒にインタビューし、礼拝に参加した。私の論文のなかにはペンテコステ派の典型的な礼拝に関する長く詳細な記述が含まれている――こんなことはそれまで私には前例のなかったことなのだが、それは驚くほど正確であった。

私の民族誌実習を高めた二つの要因に言及しておかなければならない。この研究に携わっていた年、私は両親の家に住んでいて、自分の収入というものがまったくといっていいほどなかった。私はイースト・ハーレム教区でアルバイトをしていた。それは教会の地域奉仕活動と社会福祉事業を結合させる超宗派的事業であった。懐疑の念を和らげ、また個々の安心感を強化するため、主催者は男性スタッフに聖職者用カラーの着用を奨励していた。私もそのような衣服を手に入れ、夜はほぼずっとそれを着用していた。最初はぎこちなく感じた——二度ばかり地下鉄の中で修道女に会釈されたときは特に——が、カラーは、まことにもっともなことだが、家にやってくるグリンゴー〔中南米における英米人をさす蔑称〕をいぶかしく思う人々との接触を促進し、私の夜の逍遥をより安全なものにしてくれたのではなかろうか。私はまた調査の過程でまずまずのスペイン語の運用能力も身につけた。正式のスペイン語講座を受講したことは一度もないのに、スペイン語の文法をなんとかものにし、辞書さえあればスペイン語の新聞が読めるようになったのだ。アメリカに来たての若いプエルトリコ人俳優と仲良くなったのだが、彼はとても愉快な人物で、英語を勉強したがっていた。そこでわれわれはお互いに英語とスペイン語を教えあうことにしたわけだ。だが路上でたまたま耳にするスペイン語は、たいていまぎれもなくどこかプエルトリコなまりであった。以来ずっとそれは私のためになってくれている。私はまたプエルトリコに強い感情移入をいだくようになり、後年、初めてプエルトリコを訪れたときには故郷へ帰ってきたかのような気がしたものである。

言うまでもないが、ペンテコステ現象に関する私の発表は不十分なものであった。私にはそれがどのくらいの広がりを持つものなのかを確定するための本格的な取組みができなかったのである。私はコロンビア大学チームによるプエルトリコ移民の研究の宗教の章から五パーセントという数値を引用した。その数値は疑いなくあまりに低すぎた。それはまだラテン系ペンテコステ派の大爆発が起きる前であったが、当時でも二〇パーセント前後というのがおそらく妥当な数値ではないかと私は考えていた。私はありとあらゆる証拠をあげて、現象は大きく、かつ拡大中であると主張した。

しかしながら、私が観察できたペンテコステ派教会に関する質的発見は驚くほど正確であった。多くのプエルトリコ人が「偏執的」なプロテスタンティズムに改宗してゆく動機が私には理解できた。そこにいるのは、いまなおきわめて伝統的な社会からニューヨークという騒々しい環境に移植されたばかりの人々であった。ペンテコステ派の教会は強力な共同体と相互扶助、また精神的かつ（彼らの思いでは）身体的な癒しをあたえることができた。それらの教会は（主流のプロテスタント教会でさえも）、スペイン語を話す聖職者でもアメリカ人かヨーロッパ人であるカトリック教会とは違って「プエルトリコ的な場所」であった。私がインタビューしたある女性はこう言った。「私が行ったカトリック教会の司祭さまは私の名前さえ知らなかったんだよ。ところがここでは、日曜のミサを二回でも休もうものなら、牧師さまがやってきてどこか具合の悪いところでもあるのかと言って聞いてくださるんだよ」。

ペンテコステ派教会で出会うのは身近な神で、聖職者による媒介なしに直接触れることのできる、愛と慰めに満ちた存在であった。“Dios es amor”（「神は愛である」）というのがいちばんよくある銘文であった。毎晩のようにおこなわれる礼拝は情動にカタルシスをもたらすものである――音楽は躍動的で、歌で、踊りで、証しを語ることで、また時には「異言を語ること」で、だれもが自由に自己表現できる。さらに教会は、決して口やかましいことは言わないけれども、しっかりした道徳規則を教えてくれる――これは自明な伝統的規範から根こぎにされた人々が大いに必要とするものであった。

当時ウェーバーの著作に夢中になっていたことを考えると、私が論文のなかで「プロテスタンティズムの倫理」を語らなかったのは奇妙である。そうした関連を私が理解したのはずっと後になってからなのだ。そのヒントは得ていた。通りに面した教会で見つけた「床に唾を吐くことはこの聖なる場所に対する侮辱であり、悪しき習慣のしるしである」という看板にハッとしたのを、よく覚えている。宗教的畏怖とブルジョワ的エチケットのこの奇妙な結合にハッとはしたのだが、この些細な事実を文章にする必要があるとは気づかなかったのである。

日曜だけでなく毎夜毎夜、ペンテコステ派の教会は隠れ家となり、安心できる場所となり、カトリック教会では決してありえないようなかたちで普通の人々のなじむ場所となった。実際、教会はきわめて強固な共同体となっていた。このことを私が認識したのは、論文のなかでいささかの省略もなしに記述したある出来事においてである。私は通りに面した教会で礼拝に参列していた。礼拝も半ばにさしかかったころ、明らかに酔っ払ったアメリカ人の女性が入ってきて英語で叫び始めた――流れからすると、それは礼拝をぶち壊しにしかねなかった。会衆の反応は驚くべきものであった。女性はこう叫んだ、「私はどこの教会にも属してないのよ。この部屋にいるみんなとおんなじで、このあたりじゃ異邦人てわけ。だれか私に英語で話をしてよ。英語でだれかと話をしたいの」。牧師がはなはだたどたどしい英語で語りかけた、「あなたのためにみんなで歌を歌いますよ」

(どういうわけか、いまも明瞭に覚えている牧師のこの反応は私の最終草稿から削除された)。そして、英語がおなじくらいひどい会衆は歌った、「あなたは私のために祈り、私はあなたのために祈る」。女性は落ち着きを取り戻し、みんなにこうして注意を払われることを明らかに喜んでいた。するとどう見てもひとことの英語も解さないプエルトリコ人の女性が闖入者に近づいてひざまずき、彼女に微笑みかけ、やさしく叩いた。これは妥当なことだと思うのだが、私はこの出来事を共同体の強靭さの例証として書いた。この緊密な共同体は、どうしても自分らに対する脅威と受けとめがちな異邦人を抱擁することができたのであった。

プエルトリコ人の信者を有する非ペンテコステ派の諸教会を論じたさい、私はそれらの教会の礼拝が、もちろんもっと穏やかで、「精霊に満たされている」ことを示すもっと派手なしるしと相容れるものではないけれども、ペンテコステ派の礼拝にある程度似ていると主張した。彼らの礼拝も形式ばらないもので、子どもたちは勝手にそこらを走りまわり、大人たちも喋ったり、出たり入ったりしていた。音楽にも似たものがあった(もっと静かであるが!)。おそらく最も重要なのは、説教の基本が聖書を逐語的に読むことにあり、個人の改宗の重要性を強調したことである。私はそういう言葉を使わなかったが(当時それを知っていたかどうかも定かでない)、私が見たのは、これらの礼拝がまさしく深い意味で福音主義的(Evangelical)だということであった。その意味を充分に理解するところまではいかなかったけれども、ほとんどすべてのラテン・プロテスタンティズム——そして南半球のプロテスタンティズムの事実上ほとんどすべて——はきわだって福音主義的であるという非常に重要な事実に、私は逢着したのである。

たかだか二十一歳の私が論文として提出した一篇の著述が、今日なお宗教社会学のまともな作品として読めるとしたら、それはまことに驚くべきことである。実際それは、経験的研究の有益な練習台として用立てられたのだ。またそれは今日まで私が関心を持ち続けてきたたくさんのテーマを予想させるものとなった——それは信仰と社会的文脈との関係、とりわけ社会の周縁にいる人々の信仰、またカトリシズムと民衆的プロテスタンティズムの（神学上の差異ではなく）経験的な差異である。しかし、それ以来ずっと頭の中にあったのは、なかんずくそのとき私がペンテコステ派にいだいた強烈な印象である。何十年もあと、ペンテコステ派のキリスト教がまさしく津波となって、ラテンアメリカ、サハラ砂漠以南のアフリカ諸国、アジア各地、またその他の一見ありえなそうな土地まで押し流すような現象を起こしていることに気づいたとき、それは私の意識の前景にせり出してきた。一九八五年に文化・宗教・国際問題研究所（CURA）を創始したとき、私はペンテコステ研究を調査計画の重要な一部とすることを決定した。研究所は「ペンテコステ研究の長老」デイヴィッド・マーティンによるラテン・アメリカでの先駆的調査を支援した。現在ではこのテーマに関して他にたくさんの文献が出されているけれども、彼の仕事は今日なお研究所の大きな財産であり続けている。

博士号取得のためのもう一つの論文、バハーイー教に関する私の博士論文へ話を移すまえに、いくぶんこじつけになるが、これまたフィールド調査の実習といっていいある経験に触れておかなければならない。一九五〇年の夏、修士号は（いわば）手中におさめたものの恒常性金欠病にかかっていた私は、当時のアメリカにおける統一ルター教会の「教会拡大」事務局でアルバイトをした。

簡単にいえば、それはマーケット・リサーチのようなものであった。私は神学を学び始めたばかりのもう一人の青年とペアになった。われわれは中西部のたくさんの田舎町にやらされたが、それはみな新興の郊外地であった（そこは戦後の郊外大膨張が起きた地域であった）。われわれは教会拡大事務局のスタッフという身分で（ただしルター派であることは前面に出さずに）家々を訪ねてまわり、基本的に二つの質問をした。まずは、㈠インタビューを受ける人（たいていは女性であった）あるいはその家族が教会に所属しているか、という質問。答えが「イエス」だったら、「ありがとうございました」と言って退散するのだ。〔答えが「ノー」だったら、〕つぎに、㈡もしこの土地にルター派の教会ができるとしたら関心があるか、という質問。答えが「ノー」なら、それでまた退散。だが関心があると言われたら、コンタクトを取るための基本情報を書き留める、という次第である。膨大な数のこうしたデータが各田舎町から宗派の本部にある事務局（当時ニューヨークにあった）へ送られた。われわれの調査がルター派教会の新設に役立ったかどうかは、まったくわからない。だがその夏の経験はけっこう有益だった。私はそこから、目の前で乱暴にドアを閉められても仕方ないような人々にどのようにインタビューしたらいいかを学んだ。そして、英語がわかる人々にインタビューすることは気分転換にもなったのである。

その夏の記憶の中心は、猛暑のなか埃っぽい風と吠える犬に追い立てられながら、多くはまだ未舗装の道路を、はてしなくとぼとぼと歩いていたことである。私はシカゴの郊外に住む若い女性と激しい恋に落ち（このエピソードはどこへもつながらなかった）、シカゴからセントルイスに向かう列車のなかで私たちは朝鮮戦争の勃発を知った。だが、どちらの出来事も本書にはふさわしくないものであろう。

「どうすればペルシャ人になれるか？」

アルバート・サロモンの授業の一つで、私はモンテスキューの風刺小説『ペルシャ人の手紙』について期末レポートを書いた。パリを訪れた二人のペルシャ人が郷里に向けて書いた架空の手紙というレンズを通して、モンテスキューは自分の社会で自明視されている思い込みを掘り崩そうと試みている。パリっ子たちは「どうすればペルシャ人になれるか」と問い続けるが、モンテスキューが本当に問いたかったのは「どうすればパリっ子になれるか」であった。ともあれ、卒業研究の次の段階に入ろうとしていた私は、自分流儀の「ペルシャ人の手紙」を書いてみようと思ったのだ。

私は博士論文のためにイースト・ハーレムのプエルトリコ人プロテスタントから思いっきり遠いテーマを選んだ——「バハーイー運動——宗教社会学への貢献」がそれである。方法論もまるきり違っていた。それまでの研究は完全に経験的調査にもとづくものであった。博士論文にも経験的要素がごくわずかあるにはある（ニューヨークにおけるバハーイー共同体のメンバーに対する二つのインタビューと質問票の回答分布）が、大半は十九世紀イランにおけるその創始から現代アメリカにおけるその性格へといたる歴史的素材にもとづくものであった。

バハーイー運動にはそれ以前にも遭遇したことがあったが、博士論文のテーマとしてそれを選んだのはたまたまアーマド・ソーラブという名の年長のイラン人紳士と出合ったことによる。前記のようなアメリカ的宗教多元主義の遍歴の途上で、私はアッパー・イーストサイドにあるバハーイー教反体制派の小さなセンターにたまたま出くわした。東西キャラバンという名のそれはリーダーがソーラブで、裕福なアメリカ人未亡人の援助を受けていた。センターそのものはほとんど関心を惹かなかった。だがソーラブはかつて一九一二年から一九一五年の間、バハーイー教の開祖の息子アッバース・エフェンディの通訳だったことがある。そのころ、アッバースは欧米への布教旅行を何度もやったことがある。ソーラブは英語で日記をつけており、アッバースが何をやり、人々がそれにどう反応したかを毎日記録していた。私は十一冊の手書きのノートにおさめられたこの日記を読むことを許された。それはそれで魅力的な読書となり、うまく活用することもできた。だが結局は、論文のほとんどは公刊された資料にもとづくものとなったのである。

おそらくはスペイン語の前例にならって、私は現代ペルシャ語の学習を始めた。だがすぐに、目的のために必要なものはみな英語とフランス語の文献で手に入るとわかったので、現代ペルシャ語に見切りをつけた。そのかわりに私はニューヨーク公立図書館の東洋部で長時間を過ごした(ここは他の多くの領域と同様、この場合も掘出し物であった)。本章を書くため、私は修士論文と博士論文を順に読み直してみた(提出してからたぶんはじめてだ)。両者がおそろしく違っているのに私は驚いた。

博士論文はマックス・ウェーバーの「カリスマの日常化」——非日常的指導者が指導する熱狂的な運動が官僚たちに管理される公式組織へと変容してゆく過程——理論の詳細な応用であった。その理論をバハーイー教に応用するために、私はその運動史をある程度詳細に追わなければならなかった。その歴史、とくに初期の歴史は劇的な出来事に満ちている。その時代は二つの段階からなっている。第一段階は自分のことを「バブ」(「門」)とよぶ預言者的人物とその弟子たちの遍歴である。彼らはイランの国王を廃位し、メシア的祭政一致を樹立しようとする目的をもって武装蜂起を開始した。その結末は大殺戮であった。バブみずから処刑され、弟子たちは手あたりしだいに惨殺されたのだ。のちに自分のことをバハオラ(「神の栄光」)と呼ぶようになった弟子の一人は、オスマン帝国へと脱出し、やがてみずからを新時代の預言者と宣するにいたる。この変遷の過程で運動は暴力的性格を放棄し、本質的に平和主義的になった。バハオラの死後、前述のアッバース・エフェンディが運動を西洋へと率いていったとき、この変化はそれまで以上に喧伝された。

アッバースの死後、「日常化」はウェーバーが描いたとおりの軌跡をたどり、いわゆる後見職制度にあたる非常にフォーマルな聖職者組織が確立された。同じ過程で運動の宗教的内容も変容した。秘教的な要素は大半打ち捨てられ、少なくともアメリカにおけるバハーイー教は穏健で尊敬に値する「進歩的な」共同体――若干のペルシャ風味を持つある種のユニテリアン主義――となった(イランにおけるバハーイー教の方向性はまったく異なっていて、とりわけイスラム革命の勃発以後はとても穏健などと言えるものではなかったが)。

すべての博士論文は独創的な貢献をなすべきものだとする学界のイデオロギーとは裏腹に、本当にそんな貢献をする論文はごくわずかしかない。私の論文は副題に忠実に、わずかながらも貢献をなした(独創性があると言えるのは、私の知る限り、だれもペルシャの宗教的想像力のこのドラマにマックス・ウェーバーを当てはめたことがなかったというだけのことだが)。私は「モチーフ研究」（スウェーデンの宗教関係のある学派による造語である）という概念を用いた――それは宗教的伝統にある中核的モチーフを探し出すということである。宗教の歴史はみなそうしたモチーフとその制度的具体化とのたえず変化する相互作用として理解できる、と私は主張した――バハーイー教の場合、私はモチーフが「千年至福説」的で「霊知主義」的であるとした。バハーイー教の初期の歴史においていろんな人がつぎつぎに現われて自分こそ抜きん出たメシア的指導者であると主張した事実を理解しようとして、私は「カリスマ域」（charismatic field）という文句を作った。初期カリスマ運動の広範な熱狂状況においては、カリスマ的指導者が複数出現する余地があるのだ。これはけっこう有効な概念ではなかろうか。バブとバハオラの死後に起きた継承をめぐる紛争を見て、私は思い切って以下のような仮説をのべた。すなわち「日常化」が始動する前には、運動メッセージのなかで最も過激なものがより穏健なものに対して勝利する、という仮説である。ひょっとするとこれは間違いかもしれないが、検討には値しよう。

もっと面白いのは、〈セクト／チャーチ〉という類型論に関する私の再検討である。マックス・ウェーバーとエルンスト・トレルチは厳密な社会学用語でこの二類型を定義した。セクトは現世に対して距離をとる自発的集団、チャーチは現世の一部となる既成の制度。要するに、ひとはセクトに加入し、チャーチのなかに生まれてくるのだ。カール・マイヤーはその小著『セクトとチャーチ』（一九三三年、ドイツ語での出版――私の知る限り単行本となった彼唯一の出版物）のなかで、ウェーバー＝トレルチの類型論を受け容れつつも、それは個々の宗教的内容をまともに考えていないと批判した。私はその立場から論じようとしたのだ（彼はきっと大喜びしたに違いない！）。

二つの類型は精神（すなわち宗教的信仰の対象）に対する関係の違いから理解しうるのではないか、と私は主張した。セクトの場合は近接さ、チャーチの場合は疎遠さ、したがってまた媒介の必要性、というのがそれである。私は改宗に関する論議でも「翻身」（alternation）という言葉を作った。必ずしも不可逆とは限らない、ある現実から別の現実への移動だ。この概念は実はアルフレッド・シュッツの著作にヒントを得たのだが、私のその後の著作で役立つものとなった。

現在という有利な地点からこの博士論文を眺めていちばん興味深いのは、後年の知識社会学におけるる私のさまざまな定式を予感させる主張がたくさん見られることである。自分たちの知識こそ優越的な地位にあるという、セクト的集団によってなされるのが通例になっている主張を私は論じ、その議論を宗教の領域外に敷衍した。この文脈では「認識論上のエリート」という言葉を作り、それをセクトだけでなく、ある種のチャーチ、とりわけローマ・カトリック教会、マルクス主義、精神分析にも適用した。宗教的なものであれ非宗教的なものであれ認識論上のエリートは、外部からの批判のみならず、内部の者にも生じうるであろう懐疑の念に対して自己の主張を防衛するために、認識論上の防衛システムを発展させなければならない。トーマス・ルックマンと私は、知識社会学に関する後年の二人の著作のなかでこうした洞察を活用したのである。

博士論文に取り組んでいるときに起きた一つの出来事が認知的防衛の概念を生き生きと説明してくれる。アルバート・サロモンが自分の授業の一つにバハーイー教徒の学生がいると教えてくれた。私の研究のことを彼に話したところ、彼は私に会いたがっているという。私の電話番号を教えてもいいかと訊かれたので、「いいですよ」と答えたところ、ほとんどすぐに電話があり、会いたいとのこと。彼は明らかに改宗したてだった（彼の名前が思い出せないが、ユダヤ風だったと思う）。彼は両親と同居しており、その家を私は訪問したことがあった。彼が私について知っているのは二つのことだけだったことを強調しておかなければならない。すなわち、博士論文に取り組んでいるということ、また（これは電話で言ったのだが）私はバハーイー教徒ではないということである。家に着くと、彼はコーヒーテーブルへ通してくれた。その上にはたくさんのパンフレットが広げられていたが、それは――「バハーイー教とは何か」とかいった――初めてバハーイー教の礼拝を見物にきた人に渡されるようなたぐいのものであった。それらはきっと役に立つよ、と彼は言った。私はこの場違いな贈り物に驚いた。バハーイー教について博士論文を書くほどの者なら、そんなものに書いてあることなどみな知っているに決まっているのだ。私はこの出来事を正しく次のように解釈した（それは〔論文の〕脚注に詳しく書かれている）。私の相手は私を不信心者として扱うこともできるし、信仰について無知な者として扱うこともできるが、無知ではないが信者でもない者としては扱うことができないのだ、と。

さて、どんな研究をしているのかと彼が訊いたので、私はあらましを話した。それに続けて彼は奇妙なことを訊いた。いわく、私が信者でないことは知ってるけど、もし信者だったら、私が発見したことのなかには何か私の信仰の妨げになるようなものがあるんじゃないか、と。私ははじめ良きウェーバー流儀で「価値自由な社会科学」を云々することでこれに応じようとした。しかしそのあと、別な考えがひらめき、たしかに妨げになるものがあったと私は答えた。アッバースは運動の主導権を引き継いだあと、公式のバブ解釈に矛盾する初期の歴史を事後的にもみ消すべく体系的な探索をおこなうよう命じた。作戦はほぼ成功した。が、アッバースの工作員が見落としていた一冊の本の写しをあるイギリスの学者が発見した。そして彼は現代ペルシャ語のテキストを英語注釈つきで出版した。これはかなり悩ましいエピソードではないかと私は思った。もちろんそれは私の相手にとってまるで聞いたことのない話だった。彼は長く見て三、四分黙り込んでしまった。そして彼はそんな事実が起こりうるはずがないという理由を七つも（！）私に挙げてみせた。換言すれば、認知的防衛が即席で立ち上がったわけである。

私の博士論文に関して、けっこうおかしい出来事がもう一つある。博士論文を書き上げるとすぐに私はアメリカ軍に徴兵され、その後二年間、ほとんどをジョージア州のフォートベニングで過ごした（私はこのあと、この期間が社会科学者としての私の成長にもたらした意図せざる貢献について論じることになるであろう）。私はそこでシカゴ出身の一青年と知り合いになったのだが、彼は基地病院の理学療法士であった。話をしていると、自分はバハーイー教徒だと彼が言うので、博士論文のことを話すと、彼はそれを読みたいと言いだした。私はたまたま写しを持ってきていた。宗教社会学の雑誌に要約論文を書いていたのだ。彼に写しを貸したが、二週間後何のコメントもなしに返却してきた。私は彼のことをさほどよく知っているわけでもなく、その後数カ月、接触する機会がなかった。たまたま路上で出会ったとき、彼には女性の連れがあり、彼女を妻として紹介した。私が誰かわかると、彼女は私を抱擁し、キスしてこう言った、「お会いできてすごく嬉しいです。私たちの結婚を救ってくださって、あなたに感謝しなければなりません」。そのあとのやりとり（私は当然あれこれ詮索した！）で、宗教が結婚の主な障害となっていたことがわかった。妻には夫のバハーイー信仰が理解も受容もできなかったのである。ところが私の博士論文を読んだ結果、彼は信仰を棄て、かくて二人の間の摩擦に終止符を打つことができたというわけだ。私は何と言っていいかわからず、もごもご「おめでとう」と言って、そそくさとその場を去った。この出来事から私はいかなる知的教訓も得なかったが、おそらく学問的努力の意図せざる結果については学んだのであった。

しかしながら、博士論文に取り組んでいるときにもう一つ、認知的防衛が作動した非宗教的事例というべき出来事があった。私はルースという名前の魅力的な若い女性と出会った。たしか看護婦であった。二人の関係はあまり深まらなかったのだが、それは主として政治的理由のためである。彼女は自分が共産主義者であることを公言していた。私はいかなる政治組織とも関係を持たず、政治に大した関心も持っていなかったが、あらゆる形の全体主義を嫌悪していた。ソヴィエト連邦がその勢力圏でやってきたおぞましいことを知りながら、どうして共産主義者などでいられるのかと私は彼女に訊いた。私自身、個人的にそういう経験をしたことがあるかと彼女が訊くので、いや自分はないが、そういう経験をした人たちなら知っていると私は答えた。すると彼女は不用意なことを口にした。その人たちに会ってみたいと言うのだ。手配することはできると私は答えた。そして実際に手配した。

私はラトヴィアからアメリカに着いたばかりのカップルを知っていた。私は電話をかけ、ルースが言ったことを説明した。二人はぜひ会いたいと同意し、私たちを食事に招いてくれた。彼らはクイーンズ〔ニューヨーク市東部の区〕の僻地に住んでおり、ルースと私は地下鉄に延々と乗って彼らのアパートを訪ねた。食事の雰囲気はひどくぎこちないもので、話題は瑣末な事柄に終始した。だが、デザートが終わりコーヒーに移ると、ラトヴィア出身の友人たちはソヴィエトの占領後何が起こったかを語り始めた――次から次へとおぞましい話が続いた。これが四十分ほども続いたであろうか。ルースは一言も喋らなかったが、取り乱している様子が次第に露わになり、ついには顔面蒼白になった。すると突然彼女は手で耳を覆い、こう言った、「もう聞きたくないわ」。ラトヴィア人カップルは続けたがったが、たぶんまたいつか続きができるはずだと私は言い、私たちは足早にその場をあとにした

そのあと、地下鉄の駅へと戻る長い道すがら、とても奇妙な会話が続いた。カップルが嘘をついているとは思っていないか私は訊いた。いや、嘘をつく人間たちという感じはしなかったと、彼女は言った。そしてしばらく沈黙したあと、彼女は実に面白いことを言った。「でもねえ、彼らの言っていることを完全にひっくり返すようなことが何かあると思うんだけど、それがわかりさえすればねえ」。私はずっと後になって、このとき彼女は変容の魔法に対する深い待望を表現していたんだと理解するようになった。アルフレッド・シュッツは「ドン・キホーテとリアリティの問題」という論文のなかでそのことを書いている。ドン・キホーテは、あるリアリティから別なリアリティへと――彼の場合だと日常生活の現実、サンチョ・パンサの世界から、騎士と巨人と苦境にある高貴な乙女というドン・キホーテの現実へと――切り換える能力を持った魔法使いを呼び出す。二つのリアリティは両立不能なものなのだが、魔法使いの力を借りれば両方のリアリティに住まうことができるのである。

ラトヴィア人たちが言ったことを調べてみる、とルースは言った。「それは共産主義の仲間を情報源にして調べてみるっていうことだよね」と私は言った。彼女はうなずいた。「いいよ、でもそのあとでほかの情報源も見て、彼らが言ったことを調べてみるんだよ」と私は言った。彼女は再びうなずいた。その夜はそれ以上何も起きなかった。私はそれ以来ルースに一度も会っていない。何度か電話をかけたし、ルームメイトと話もしたが、外出中とか、病気とか、何らかの理由でルースと話をすることはできなかった。

　ニューヨークでの大学院生生活にいくらかはしぶしぶきりをつける前に、語っておかなければならないエピソードがもう一つある。カール・マイヤーがあるアメリカの財団から、戦後ドイツにおける宗教と政治の研究のためにかなりの金額の助成金を受けることになった。三人の若手研究者が研究資金をもらえることになり、私は研究のプロテスタント部門担当ということで雇われた。〔しかし〕私はドイツへ行けなかった。それどころか徴兵されて、トーマス・ルックマンが代わりにチームに入った。だが私はそれまでに多くの文献探査を済ませており、それは兵役を終えて別な調査研究のためドイツに行ったおりに役立った。

　結局、ニュースクールでの研究生活から私は何を得たのだろうか。明らかに多くを得た。本章で概略のべたように、私は古典的な社会学理論と宗教社会学の基礎をしっかりと習得し、具体的な経験的・歴史的現象へのその適用方法を学び始めた。教授会メンバーの重篤な「ヨーロッパ中心主義」志向にもかかわらず、私はアメリカ社会学史に関するまずまず妥当な知識を得た。研究の数量的手法という点では私の修業には欠陥があり、その欠陥を私は結局どうしても克服することができなかった。こうして私の社会学的アプローチは、歴史学や哲学の視点に近いという意味で「ヒューマニズム」的なものに仕上がった。おそらく最も大切なのは、最も重要な問題は学際的に取り組まなければならないと私が早くから理解したことである。

この最後の理解は大学院のいわゆる「一般セミナー」に制度化されていた。それは教授と学生の全員の定期的な集まりで、ふつうは一人の教授が書いたペーパーで開始される。議論はしばしば非常な熱を帯び、不愉快きわまりないものになる時もあった。そこには政治学者、経済学者、哲学者と議論する社会学者がいた。軍隊の基礎訓練時の休暇中、セミナーに出席したのを覚えている。その日の議論はとりわけ熱を帯びた。何がテーマだったか思い出せないが、私は非常なくつろぎを覚えていた。と同時に、一学問としての社会学について、明確な全体像が描けないでいた。それから数年後、そもそも社会学とは何なのかを知りたいと思う学部学生に社会学入門を教えなければならなくなったとき、私ははじめて社会学について包括的な見方を得たのだが、こういう人間はおそらく私一人ではないであろう。

私がしっかり学んだことの一つは、社会科学という自分の仕事を、その当時私が大いに心奪われていた自分の宗教的関心から峻別することであった。もちろんこれは「価値自由」な社会科学というウェーバー的概念の応用であった。カール・マイヤーはこの立場の良き役割モデルであった。個人的な彼の講義や（数は少ないが）著作から彼の宗教的見解を推論するのは不可能であった。そんなとき会話のなかでのみ彼はそうした見解についてわずかに手がかりめいたものを語ったが、そんなときでさえ明らかに仕方なくという感じであった。数年後、学部学生たちを教えているときにも、私は自分がこの教えをしっかり学んだのだと再確信した。というのも、私は無神論者にちがいないという意見が学生たちのあいだに広くいきわたっていると知ったからである（教室外での会話で私のことを知っており、ときには「在俗の神学者」としての私の著作を読んだこともある院生たちはたいていもっと事情に通じていた）。私はこれまで首尾一貫して「講壇の預言者」（ウェーバーのいう Katherderprophet）の役割を拒絶してきた。この役割を押し付けられそうになると、私はたいていこう言ってそれを拒んできた。「大学は社会学を教えるようにと私に給料を払っているのであって、宗教的な——〈政治的な〉でも同じことだが——プロパガンダをやってくれと言って払っているわけではない」と。私はどこの大学からもお金をもらって本書を書いているわけではない。けれども、ウェーバー流のコーシャー料理的概念にならって——つまり学問という肉から宗教という乳を隔離し——、私の宗教的遍歴を私の社会学の冒険から取り除けておくのが適切だと思われるのである（たいていの人と違って、私の場合には両者は直接的関係があるのではあるが）。

私はもう一つの旅をした。それは大学院での勉学に入る二年前から始まった——すなわちこの国への到着後始まったアメリカへの精神の旅である。だがじつは私は、自分がこれからニュースクールで学ぶことになる社会学の性格に関する最初の思い違いを別にすれば、この時期を典型的な移住者の発見物語とよぶことができない。私はオハイオの大学［の講義］に出席することで一年過ごしたのだが、その一年、中西部じゅうをヒッチハイクして回った（当時ヒッチハイクは酔っ払ったドライバーの車に乗らない限りは安全で、そういう事態は一度しか起きなかった）。だから私はまるきりアメリカ体験にうといい状態でニュースクールにたどり着いたわけはなかったのだ。だがこうした経験は社会学には何の関係もなく、私の学問的研究も私がアメリカ人になるうえでおおいに資するところがあったとはとても言いがたい。この過程は兵役期間中おおいに後押しを受けたが、その後押しと社会学にはいささか奇妙な関連があった。その点については次章で触れることにしよう。

だが、ニューヨークもまあ（否定するひともいるが）アメリカである――とても特殊なアメリカではあるが、アメリカであることは間違いない。私はとうとうニューヨークを発見し、その発見の過程で独特のコスモポリタニズムを身につけた。博士論文に取り組んでいる一年間、私はアメリカ聖書協会で奇妙なアルバイトをした。この組織は、おそらくこの体裁なら聖書を読む気になるだろうという（きっと間違った）思い込みのもと、『タイム』や『ニューズウィーク』を髣髴とさせる雑誌の体裁で『新約聖書』の冊子を数冊出版していた。私のアルバイトは文章を図解するための写真を見つけることで、それは芸術作品ではなく、場所や人工物の写真であった。そして私はそれらの写真の下に説明を書かなければならなかった。私は適当な写真を求めて街へ出かけ、写真図書館、博物館、また何人かの個人蒐集家を訪ねた。だがこの作業はたいてい午前中でおしまいにすることができた。その結果、私は残りの時間をニューヨーク公立図書館で本を読む――その気になったときにはマンハッタンを隅から隅まで探検して過ごすことができた。私のニュースクール時代の知的酵母は、自分がニューヨークにいるんだという純粋な興奮のなかで醸成された。それは避けがたくエロティックな色彩を帯びたきわめて強力な情動の混合であった。私は一度、バルザック的気分で、自分は（もしパリやオックスブリッジに行っていたなら受けたであろう教育とはまるで違った）ニューヨークっ子教育（une éducation newyorkaise）を受けているんだと言った。私の記憶のなかでニューヨークはわが青春の街となり、いまでもそうあり続けている。そしてそのとき、私たちはみな感動的なほど若かったのだ！

第2章　ありえない地平

ニュースクールでの学生時代は突然終わることになった。勉学が終わるやいなや、在学理由での徴兵延期がきかなくなったのだ。計画通りカール・マイヤーのプロジェクトで調査研究者として仕事をするためドイツへ向けて出航するかわりに、ロワー・マンハッタンの入隊センターに出頭すると、すぐにニュージャージー州フォートノックスで基礎訓練が始まった。取り立てて言うほどのことではないが、私の兵役は一九五三年から一九五五年まで続いた（一九五四年に博士号を得たとき私はすでに制服を着ていた）。言うまでもなく、軍隊時代は私が予想だにしなかった地平を切り開いてくれた。そのほとんどは不愉快なものであったけれども。だがいま振り返ってみると、そのあと一九五五年（除隊になった）から一九六三年（今度は教授会の一員としてニュースクールに帰ってきた）の八年間もやはり私はひと続きの地平へと駆り立てられたのであって、そのほとんどがおよそ予想外の、そしていくつかはとうていありえないような地平であった。もちろんこの年月に起きたことの多くは、私が正式に社会学者として認められたこととも、また私が学んだ多くのこと（たとえば暗闇のなかでどのようにM１ライフルを組み立てるかといったこと）とも何の関係もなかった。しかしながら、当時はあまり意識することがなかったけれども、この時代もやはり、社会学者であることの可能性に関する私の理解を発展させてくれたのである。私は想像もできないほど多様な意味で十二番街から巣立ったのだ。

やる気のない兵士とニセ心理セラピスト

私は軍隊を嫌っていた。基礎訓練の段階は身体的にきつかっただけでなく、心理的にも落ち込んだ。私はそれを人間としての尊厳に対するはなはだしい暴虐として経験した。その後事情はましになったが、いまでも私は軍隊制度に対する自分の意見が間違っていたとは決して言いたくない（私が中産階級出身の学者であることで、きっとその意見は特に激しいものになっているのであろうが）。しかしいま振り返ってみると、制服を着て走り回っているあいだにも多くのことを学び、またその多くが社会学者としての私の成長に確かに役立ったことに、私は驚かざるをえないのである。

最も重要なのはアメリカの多様な現実と出逢ったことで、これは他のいかなる環境でも困難であったろう学習経験である。この時代がアメリカ史において徴兵が有効な時代であったことを思い出しておかなければならない。在学中という理由で私が兵役延期になったように、いささかの階級バイアスがあるにはあった。だがそれでも、のちに徴兵制度から志願兵制度に切り替わったとき突然そうでなくなったとはいえ、その時代の軍隊はある意味でこの国の多様性を反映していたのだ。結果は簡単であった。ニュースクールで社会学を学ぼうと決断したときに学びたかったことを、今度こそついに私は学んだのである。文字どおりの意味で、私はありとあらゆる種類のアメリカ人と肩触れ合ったのだ。フォートノックスでの訓練仲間はたいていニューヨーク地域の出身で、そのなかにはかなり多くの大学出身者がいた（彼らは一人残らず軍隊について私と同じ感想を持っていた）。だがジョージア州フォートベニングへ移動となってこの事情は変わり、私は残りの兵役期間をそこで過ごすことになった。

私はフォートベニングの兵舎でオクラホマ出身の靴のセールスマン、移住後間もないエリトリア人、ユタ州出身の元モルモン教伝道師、聞くたびに出身地が違う元男娼と、同室になった。思うに、私は極端なかたちでアメリカという坩堝《るつぼ》を経験したのだ――これはかけ出しの社会学者にとって悪くない経験であった。その数カ月後フォートベニングで起きたことによって、この経験は大いに高められ、いわば公式に保証されることになった。いかにもお役所的なミスによって私は心理セラピストになり、事実上、アメリカ社会のさまざまな暗い側面を探るスパイ調査官となったのだ。

私が兵役についたとき、私の個人情報を記入する係の軍曹が私にこう訊いた、「民間での君の仕事は何だね？」

私は誇らしげにこう答えた、「社会学者です」。

彼は即座にこう訊いた、「そりゃ何だね？」

自分が何と言ったか覚えてないが、彼にとってそれは明らかに無意味な答えだった。

「そりゃソーシャルワーカーみたいなもんかい？」と彼は尋ねた。

「いやあ、それとはちょっと違うんですけど」と私は言った。

彼は肩をすくめて「大したこっちゃない、似たようなもんさ」と言い、私をソーシャルワーカーに登録してしまった。このお役所的ミスが結果として運のツキだったのである。

フォートベニングで私はまず同盟連繋班という部隊に配属になった。この部隊は巨大な歩兵学校のなかにあり、そこではとりわけアメリカ合衆国と同盟関係にあるか、少なくとも敵対関係にはない外国軍の士官たちが学んでいた。わが部隊は訓練とは直接関係のない何らかのかたちでこの士官たちの世話をすることになっていた。われわれは語学力をもとに選抜された。実際には語学力はまったく不要だった。韓国人を例外にして（彼らにはお付きの通訳がいた）、外国の士官たちはかなり上手に英語をしゃべった。ときどきわれわれは預かり物を町のどこかの目的地まで車で運ばなければならなかったが、そんな機会はごく稀であった。その結果、われわれはたいていいつでもおそろしく退屈しており、あてがわれた小さな小屋の台所に坐って、コーヒーを飲んだり、おしゃべりしたり、本を読んだりしていた。ときには歩兵学校から、トラックから資材を降ろせとか、どこかで護衛に立てといった、他の任務を仰せつかることもあったが、その作業は小屋でじっと坐っているよりもさらに退屈で、おまけに不快であった。

私は、やはり間違ってソーシャルワーカーに分類され、いまはソーシャルワーカーとして基地病院の精神科診療所で仕事をしている社会学者とたまたま出逢った——ベントン・ジョンソンという、ハーヴァード大学から博士号を取得したてであった（私が軍隊で到達した最高位が上等兵であったのに対して彼が伍長まで達しえたのは、たぶん二人の出身大学の名声の違いによるものであろう）。彼は私に、診療所にはソーシャルワーカーの空きがあり、その立場でそこでする仕事は民間での生活に可能な限り最も近いものだと言った。私はこのことを仲良しの言語学者に話した。彼は世慣れたニューヨーカーで、スペイン語が母語だった。彼は私に何をすべきか助言をくれ、私はいくらか不安を感じながらも助言に従うことにした。

私はわが部隊を管轄する士官に面会の約束を取りつけた。いちばん上等な制服を着て彼のデスクの前に進み出て、いかめしく礼をし、基地病院への転属を願い出た。そして私は仲間から助言されたとおりに言った、「上官殿、私のもつ技能は外国士官の必要よりも、病めるアメリカ兵の世話に向いているのであります」。彼はうなずいた。数日後、公式に登録されている私の本職にふさわしい任務を果たすべく、診療所へ報告書を送るべしという命令を受け取った。

ジョンソンの言葉は誇張ではなかった。汗をかく特別任務も、護衛の勤務ももうなかった。私は疲労困憊というものをもう二度と感じなかった。私は町の中に住む許可を得た。制服着用の義務はあるものの、基本的に九時—五時の事務仕事となったのだ。予想できなかったのは、新しい任務が結局はユニークな学習経験——診療所の実際の仕事ではなく（それもひどく面白かったが）、アメリカに関する——となったことだ。私はアメリカ軍のおかげで、かつて自分がまさに社会学の研究に求めながら、ニュースクールからは得られなかったものを手に入れたのだ。徴兵制の結果、診療所にはアメリカ社会のあらゆる領域から患者がやって来た。そしてこの驚くべき多様性が次から次へと私のオフィスを通り抜けて行った！

診療所のスタッフは少人数であった——精神科医が三人、心理学者が二人（心理鑑定をしていた）、そしてソーシャルワーカーが四人（ソーシャルワークの修士号をもった本物が二人、それにジョンソンと私）。ソーシャルワーカーは診療所への来訪者すべてに対する受け容れ業務をおこなった。われわれは来訪の理由を記録するだけでなく、たいていは一回、時には二回以上の面談で履歴を全部聞き出すことになっていた。これはこの仕事ならではのユニークな学習経験となった。

　履歴がわかると、患者を精神科医の一人に診察してもらうよう予約を取った（そこで精神科医は心理鑑定を受けるよう指示することもあった）。けれども、精神科医がわれわれのところへやって来てこんなことを言う時があった。「おいおい、こいつのために俺ができることなんか何もないじゃないか。彼の問題は精神科の治療に向いてないんだよ。しばらくおまえが診ろよ」。かくて、語るも不思議、私はニセ精神科医となったのである。しかも（自分で言ってよければ）それほど悪い医者ではなかったのだ。

　もちろん私は（受け容れ業務をした数例をのぞけば）完全な精神病の患者を診たわけではない。私の患者はわれわれとさほど変わりがないようなごくありふれた神経症患者か、ありきたりな社会問題をかかえた人々であった。言うまでもなく、こうした派生的な面談からの方が学ぶことが多かった。私は彼らの話に魅了された。私はほんとうに耳を傾けたのだ。心理療法とはほとんどこのことに尽きるのではないだろうか。私は何回か常識的な提案をおこなった〔が、〕たいてい耳を傾け、事情をはっきりさせるか、もっと詳しく訊くために質問するだけであった。これは確信をもって言えるが、私はだれも傷つけたことがない。いくつかの場合には、人助けできたと思っている。

　私は診療所で約一年働き、その一年の終わりに除隊になった。何カ月にもわたって、私は疾病記録を蓄積し、分厚いファイルを作ったが、これはアメリカ風物誌のちょっとした掘出し物となった――まさしくバルザック『人間喜劇』の時期遅れレプリカといったところである！

一連の不法侵入罪で軍法会議にかけられようとしている人物の履歴を記録していた。わが精神科医たちは、裁判にかけても問題ないほど彼が正気かどうかを決定しなければならなかったのだ。

私はある士官とその妻に何度か面接したが、彼らは結婚したばかりで、物事の適否について朦朧たる感覚しかもっていなかった。典型的な軍人タイプの夫はかつて軍医に、自分が週に何回妻と寝ていると思うかと尋ねたらしい。軍医が二回だと答えると（軍医はいつも果断である）、すぐさま彼は自宅の週カレンダーを取り出して見せたが、それは歩兵隊の訓練スケジュールによく似たもので、火曜日と金曜日に赤でマークしてあった。

私はあるアフリカ系アメリカ人の憲兵と仲良くなった――彼はセックスに問題をかかえていたのだが、人種について話をしているときに打開の道が開けたのであった。

みんながこう言った、もし私が兵役期間中に学んだのと同じくらいアメリカという国について学ぼうとしたら、アメリカ研究の授業を何学期も何学期も履修しなければならなかったであろうと。

社会学者が「役割葛藤」とよぶものを、私は非常にためになるかたちで二度経験した。

一度目は、ジョージア大学の地方分校の校長に会い、連続で公開講義をおこなったのち、宗教社会学の通常講義をおこなうようにと言われたあとのことだ。これは私にとって初めての正規の教師の仕事であった。それはまだ同盟連携班にいたときに始まった。ある日、わが部隊はトラックから機材を降ろすために派遣されていた。小休憩となり、われわれはくたくたに疲れ、汗まみれになって草上に坐っていた。一人の兵士が携帯ラジオを持っていた。アナウンスが始まり、「現在フォートベニングのアメリカ軍で兵役についている宗教社会学の専門家ピーター・バーガー博士」の講義への出席を呼びかける案内がなされた。軍での等級への言及はなかった。

二度目の経験はセラピストとして仕事しはじめたあとに起きた。私は最初の教室へ歩いて入っていった。当然のことながら受講生の大半は軍人であった。最前列に坐り、両耳に届くほど口をにんまりさせているのは病院分隊の指揮をとる少佐であった——言いかえれば軍隊の上官である。私はかなりうろたえたが、そのあと気分を取り戻し、自分の職業役割を成功裏にやり終えた。受講生は期末レポートを書かなければならず、私はそれを採点しなければならなかった。ジョンソンは私に、もしレポートの出来が悪くても少佐を合格させる気かと訊いた。私は即座に、もちろん合格させると答えた（ジョンソンはこの答えにショックを受け、実は私もショックを受けた）。幸運にも私はこのシェイクスピア的ディレンマを免れることができた。少佐の期末レポートはきわめて優秀なものであった。

これらすべては私のアメリカ南部との最初の出逢いという状況で起きた。当時私は、南部に対してまるで別の国だという印象を持っていた（今日ならほとんどありえないことだ）。ジョンソンと私は精神医学と心理学に関連ありそうな社会学的概念に関する非公式のセミナーを開いた。ジョンソンはノースカロライナ出身で、彼があげる例の多くは南部のものであった。セミナーは諸宗派合同のプロジェクトに似ていた。われわれは二人とも宗教社会学の研究をしていたのだが、ジョンソンはタルコット・パーソンズの弟子で、私は熱烈なるウェーバー主義者であった。そんなセミナーなら、どこの大学でやってもためになるものになったであろう。

ある日、南部の実情を如実にしめす出来事が起きた。ミシガン出身の主任精神科医が部屋に入ってきてジョンソンにこう言った、「今朝、患者が一人来たんだけど、自分は毎朝イエスと話をしてるって言うんだ。郷里でなら彼を統合失調症だって言うだろうと思うんだが、ひょっとすると南部では違うかもしれない。君なら何て言う?」

ジョンソンはこう答えた、「たぶん統合失調症は統合失調症なんでしょう。だけどこちらでは、毎朝イエスと話をしているごく普通の人がたくさんいますよ」。

だがいちばんびっくりした違いは、もちろん人種問題であった。時代はトルーマン大統領が軍における人種差別を劇的に廃止した朝鮮戦争後のことである。フォートベニングの境界線内には人種差別が完全に撤廃された社会があった。だが、杭から外へ一歩踏み出すやいなや、旧来の人種差別制度が完全に生きていた。私は本当にいらいらした。実情をもっとよく知ろうとして、黒人の研究機関であるウィルバーフォース大学を訪ね、そこの教員と懇意になった。実情を知れば知るほど嫌悪感が強まった。南部の人種差別とのこの最初の出逢いによってその後長年にわたるこの問題に対する私の態度が方向づけられた。

本書の数頁まえからの部分を読むと、この時代が私にとって幸福な時代であったかのような印象をもたれるかもしれない。でもそうではなかった。私の最初の結婚はダメになりかけていた(少なくともその理由の一つは、当時の妻がジョージア州コロンバスで兵役についている男の配偶者として生活することを耐えがたく感じたからである——たとえそこが胸を張って世界のピーナッツ・キャピタルを自称しようとも、あるいは自称するがゆえにこそ）。同盟連繋班を脱出したあと生活ははるかに快適になったが、それでもなお私は軍隊を嫌悪しており、軍隊内での地位によって課される種々の制約に苛立っていた。今になって振り返ってこそ、社会科学者としても人間としてもこれが私の人生にとって重要な時期だったとわかるのである（もし本書に主題などというものがあるとしたら、社会科学者であることと人間であることのあいだには関連があるということだ）。ちょっとだけ誇張していうなら、私はこの時代にアメリカ人になったのだ。なかんずく私はこのころ一つの、いやこれこそまさにという原型的なアメリカ体験をした――最初のクルマを買ったのである。

「君はいまやプロテスタント教会に奉公する身だ。それにふさわしく行動したまえ」

私はたまたま耳にした条項により三カ月早く除隊となった――「季節労働者」として。想像するに、この条項は、たとえばピーナッツ農家出身者が収穫の手伝いに遅れずに駆けつけることができるよう、農業州選出の国会議員によって法律に挿入されたのではないだろうか。私はニュースクールの夏季講座で教えてほしいという招請状をもらって、早期除隊の申請をした。驚いたことに申請は認可された。言ってみれば、お役所による突飛な作り話の結果、私はニセのセラピストとして軍隊に入り、ニセのピーナッツ農家としてそこを出たわけである。おそらくこうした事実からある種の社会学的教訓を引き出すことも可能であろう。

その夏、私が教えた講座にはいささかのインチキもなかった。それは宗教社会学に関するものであったと思う。そうこうするうちに私は、ドイツのバート・ボルにあるプロテスタント・アカデミーで研究プロジェクトに従事してみないかという招請状を受け取った。というわけで、徴兵後ちょうど二年ばかり、ドイツの宗教と政治に関するカール・マイヤーの研究に従事することから遠ざけられていた私は、いまや別な宗教社会学のプロジェクトのためにドイツに渡航することとなったのである。職業的にも個人的にも前途洋々であった。私にとって社会学者として一人前と認められてから最初の専門領域での研究であり、たまたま成人してから初めてのヨーロッパ帰りでもあったからである。このプロジェクトで過ごした一年は、やはり職業的にも個人的にも私の成長にとって欠くことのできないものとなった。

「プロテスタント・アカデミー」（ドイツ語では Evangelische Akademie ——ドイツ語の evangelisch は英語の Evangelical とは意味が違って、ただ「プロテスタント」という意味である）についてひとこと。それは第二次世界大戦直後に設立された、出来たての組織である。それは多くの人々——そのほとんどはナチズムによる侵食に抵抗したドイツ・プロテスタンティズム内の運動であるいわゆる告白教会に加わった神学者たちであった——の対話から生まれた。対話は二つの問題をめぐってなされた。その（一）は「民主的な戦後ドイツにおける教会の役割とは何か？」というもの。そして（二）は、「第三帝国のようなおそろしい体制が絶対にもう二度と権力を握らないようにするために、教会はどんな力になりうるか？」というものであった。新しい組織は両方の問題に対する答えの一つとなるはずであった。目論見としては二つの機能が考えられた——公共的関心を集める諸問題について一般の人々に教育をすること、また利害を異にする集団の代表者たちが一堂に会し、礼儀正しい雰囲気のもと、彼らが関心をもつ諸問題について話し合う空間を提供することである。二番目の機能は、教会の社会的役割に関する理解としては非常に新しいものであった。

プロテスタント・アカデミーという組織は現在も存在する。大きさも重要度も違う約二十のセンターがドイツじゅうに散在している。開催する会議やセミナーに年間約十万人もの出席者があるこの組織は、ドイツ・プロテスタントの教会生活の特徴、しかもきわだった特徴の一つとして確立されるに至っている——カトリックにもドイツ以外のプロテスタントにも模倣はあるが、ごく近いものはまったくない。もちろん、設立以来五十年を経て組織は変化してきているが、核となるその目的は変わっていない。しかしながら、非常に重要なのは、いまや初期のわくわくするような斬新さを失なってきていることである——マックス・ウェーバーの「カリスマの日常化」論を読んだ人なら予想するであろうように！

バート・ボルのアカデミーは最初に設立されたもので、いまでも主要なアカデミーの一つである。それはドイツの南西部、シュトゥットガルトの近くで、いわゆるシュヴァーベン・アルプスの静かな田園地方にある。バート・ボルの村は、よく知られた温泉があることに加えて、十九世紀に興味深い歴史を有していた。そこは二つの理由で有名なプロテスタントの牧師、ブルームハルツ父子の教区であった。第一に彼らは、広範な社会奉仕に携わってきたプロテスタント組織、福音教会内国社会事業（Inner Mission）の創始という点で重要である。第二は、彼らが数多くの事件で悪魔払いをおこなった点である。なんと、プロテスタント・アカデミーはこの両方の活動を受け継いだのだ！

バート・ボルのアカデミーの創設者エバーハルト・ミュラーはこの新しい組織を生むもとになった大戦中の集団のメンバーであった。彼は一九四五年の夏にアカデミーを始めた。弁護士であった私の友人が最初の会議に出席した。当時はまだ郵便が十分に機能しておらず、地方教会へは招請状が自転車で配達された。会議のテーマは「ドイツはいかにして再び法治国家（Rechtsstaat）となりうるか?」であった。自分たちは歴史的な出来事に参加しているのだと出席者たちが感じたことは明らかである。

数年前、まだ学生だった時分、私はミュラーに会ったことがあった。ルター世界基金（Lutheran World Relief）の仕事で通訳をしたときのことである。彼は初の訪米で、英語がしゃべれず、彼がニューヨークに滞在した数日間、私は通訳として彼について回った。私は彼に感銘を受け、明らかに彼も私に好意をもってくれた。断続的なかたちではあるけれども、彼が亡くなるまで私たちの接触は続いた。私が「季節労働」をしていた夏のある時、彼は手紙をくれて、一年ばかり彼のところで仕事をする気はないかと訊いてきた。どのくらい多様な職業集団が教会に関係しているかという、アカデミーにとって関心ある調査研究をするため、ドイツ語が話せる社会学者を雇いたいのだという。私は歓喜し、即座に受諾した。私はパリで、焼きたてのバゲットの味わいからコンコルド広場の華麗さまで、パリの喜びを再確認しながらうきうきするような数日を過ごしたのち、一九五五年の秋にバート・ボルに到着した。

ミュラーは当時、三十代半ばか後半であった。彫りの深い大きな角ばった顔をした非常に背の高い男で、デューラーの肖像画に似ていた。人を威圧するような貫録があったが、それを庶民的なシユヴァーベンなまりがいくぶんか和らげていた。ドイツに到着後、最初の面会をしようと彼の部屋の外で待っていると、明らかに政府の役人と思われる人物を彼が怒鳴りつけているのが聞こえた。「君んとこの……大臣殿《ヘア・ミニスター》のところへ行って、言えばいいんだ」。私はもうそれ以上聞けなかった。彼は私には怒鳴らなかった。たいへん温かく迎えてくれた。私たちは調査についての彼の考えと計理上の段取りについて話し合ったが、そのあと彼はこんな訓戒をもって私を前途へと送り出した。「いいかい、君はいまやプロテスタント教会に奉仕する身だ。それにふさわしく行動したまえ」。私の行動がこの規準にかなうものであったかどうかは疑わしいのだが。

調査地として彼はロイトリンゲンを提案した。バート・ボルから車で約一時間の中規模の産業都市である。調査地がロイトリンゲンになったので私はロイトリンゲンに住むことにしたが、アカデミーの催しに出席するため、しょっちゅうバート・ボルに来なければならなかった。移動を楽にするためミュラーはなんと私に車まで買ってくれた(それが車と呼べるとしてだが)――イセッタという名の乗り物《ヴィークル》で、小さく、まん丸な死の落し穴であった。ドアが一つしかなく、前方から開くようになっており、開くとハンドルもそれにくっついて踊り出るのであった。速度制限のない高速道路のアウトバーンでこの珍妙な機械を運転していたのを思い出すと、いまでもぞっとする。私のイゼッタは鮮やかな赤で、私は若気ののん気さで地方をくまなく駆けめぐっていた。

私が出席した催しでいちばん興味深かったのは、当時のボン政府が計画中の新しい軍において、従軍牧師はどんな外観であるべきかを議論した会議であった。会議の出席者は、教会の役員、神学者、ボンの当局、ドイツ国防軍の前従軍牧師、そしていちばん面白かったのはアメリカ軍の従軍牧師であった。彼らは制服で来ていたが、カラーの片方には軍の徽章、他方には十字架がついていた。ドイツの従軍牧師の一人がアメリカの従軍牧師の一人にこう訊いた。二つのシンボルのあいだに矛盾を感じないか、と。アメリカ人は質問の意味をただ理解しそこねただけだった。何年かあと、ヴェトナム戦争の時代、戦争を悪と感じている従軍牧師の役割を議論する会議に私は出た。そこではみな質問の意味を理解していたのであった。

他のすべての催しと同様、アカデミーでの会議は、組織は「仲買人ではなく公共広場」であるというミュラーのモットーをしっかりと堅持した――すなわち、それは自由討議の場であり、参加者はそのあとで自分自身の結論を導き出せばよいのであって、アカデミーはある立場をとったり、あれこれと推薦をしたりしないというモットーであった。しかしながら、アカデミーの催しが間接的に実際上の結論をもたらすことがあった。この場合でいえば、新西独軍における牧師の外観はその前にバート・ボルでおこなわれた対話に大きな影響を受けた。たとえばドイツの従軍牧師は政府ではなく教会の雇用であった。だから、士官の地位を持つな、制服は現場でのみ着用せよ、着用の際には軍の徽章をつけるな、とされたのであった。

私はロイトリンゲンの小さなアパートに腰を落ち着けた（再び独り者になっていた）。はじめて役割葛藤がない状態になった――公けに社会学者として規定された、というだけのことだが。私は気分がよかった。どのくらい気分がよかったかを、気分よからざる角度から私に思い知らせてくれる一つの事件がある。私はいつも街角の同じレストランで朝食をとることにしていた。入店すると店主が「おはようございます《グーテン・モルゲン》、博士《ヘア・ドクトーア》」と言い、レジ係とウェイトレスもテーブルに来ると同じことを言った。つまり、一日の最初の社会的相互作用は私の学問上の地位の儀礼的確認だったわけだ。するとある日の朝、恐ろしいことが起きた。たまたまその日は、店主もレジ係も不在で、おまけにウェイトレスは新人で私のことを知らず、「おはようございます《グーテン・モルゲン》、博士《ヘア・ドクトーア》」がなかったのだ。私は不快になったどころか、本気で怒ってしまった。こう言うと弁解がましいが、すぐあとで私は自分の態度に恥じ入ってしまったのであった。

調査の中味は法律上プロテスタントとして登録されている住人のサンプルにインタビューすることであった。氏名と住所は教会の納税記録から得た（どの宗教にも属していないと自己申告すれば免除される点では、この税は自由意志にもとづくものであるが、当時、政府が教会の代理で徴税しており、これは現在も同様である）。インタビュー対象者にはごく簡単な質問にたくさん答えてもらうのだが、そのほとんどは彼らの職業と教会への参加の度合いであった。インタビューを実施し、結果を表にまとめるために、私は近くのチュービンゲン大学の学生を数人雇った。インタビューを実施するために学生たちが外へ散らばっているあいだ、私は（すごく小さな）軍隊の司令官のように、カフェに坐ってレポートを受け取り、あらゆる問題に対処することにしていた。調査の結果はちっとも世の中を震撼せしめるようなものではなかった。基本的に、われわれは予期したとおりのものを発見した――中産階級的職業に就いている人は労働者階級の人より、また女性は男性より、年配の人は若年の人より、積極的に教会に関与している傾向があった。女性に関しては、驚いた発見が一つあった。前記の男女差は女性が被雇用者でない場合に限って妥当だった。被雇用者である場合、関与の仕方は男性の同僚たちのそれに似てくるのだ。いずれにしても、ミュラーはいたく満足した。のちに私はこの調査に関する論文をドイツのプロテスタント雑誌に公表し、自分の履歴書を強化した。もっと重要なのは、私がまったく異なった環境のもと「調査で手を汚した」ことである。

全体主義との教訓にとんだ出会いが二度あった。一度は同時代の、もう一度は過去の。調査研究が完了したとき、ミュラーはご褒美をあげようと言った――ベルリンでの短い休暇がそれだった。私は西ベルリンも楽しんだが、二回の東ベルリン訪問はもっと劇的な経験となった。これはベルリンの壁ができるよりもずっと前のことで、まだ地下鉄で境界線を越えることができた。列車は西側の最後の駅で長時間停留した。これが西側最後の駅だと拡声器が何度もくり返した。西側の新聞はみな投げ捨てられた。ベルリンっ子はたいがいおしゃべりだが、列車が駅を出ると、会話はみな途絶えてしまった。不気味な静寂があった。次の駅に着くと、人民警察の警官が乗り込んできて車内を歩き、何人かの乗客に身元を尋ねた。私は緊張してアメリカのパスポートをじっと握りしめていた（これがあるおかげで私はベルリンのどこへでも行けるのだ）。東ドイツで私はいくらか会話し、いくらか観光し、ドイツ社会主義統一党の本部の前で誰かに写真を撮ってもらった。

もう一度はナチの過去との遭遇である。私は教会関連の週刊誌の編集長と知り合いになった。当時四十代か五十代だったはずである。活気ある会話のあと、彼は記事を二つ書いてくれないかと言った。これが私にとってジャーナリズムへの最初の冒険になった。編集長は私が書いたものを気に入ってくれた。もうじきドイツを離れるというころ、彼は私に彼らの「駐米人」になってくれないかと問い合わせてきた。私は同意した。この申し出は私の好奇心をそそった――別な人生の可能性が開けたのだ。するとドイツ人のある知り合いが、ナチ時代にその編集長が書いた本を私に見せてくれた。それはショッキングな読書となった——そこにはとんでもない反ユダヤ主義を含むナチのプロパガンダがあふれていた。私は彼あてに短信を書き、ナチ時代に自分が書いたものをいまどう見ているかと尋ねた。会わなければならないというのが、彼の答えであった。

私たちはシュトゥットガルトのエレガントなレストランで会った。彼は気さくで、まるでおじさんみたいに親切だった。彼の基本的なメッセージは、君は若すぎてこれがどういう問題なのかを理解できないだろうが、自分も弁明すべきいかなる理由もないというものであった。私はいささか気おされる思いで、考えてみるとしか言えなかった。そして私は彼に手紙——どこかにまだあるはずだ——を書いた。そのなかで私はこう言った。ひとは時として間違いをおかすものだが、過去に何を書いたかを人々が知らないことを前提にして今日何かを書くことは許されないし、公けの場での間違いは公けの場で撤回されなければならない、と。そんなわけで、彼の雑誌にアメリカから寄稿するという同意を私は取り下げざるをえなかった。返事に受け取った短信には、年をとったとき私がもっと寛容になってくれたらと書いてあった。この一件があったとき、私はまだ若く、最初はどうしたらいいかわからなかったのだが、いま振り返ってみて、これでよかったのだと思っている。

その時は気づかなかったのだが、滞独中の一年に起きたいちばん重要なことはブリギッテ・ケルナーとの出逢いであった。当時彼女は社会学の学生で、シュトゥットガルトの研究センターで勉強していた。私たちは四年後に結婚した。出逢ってから何度か楽しい会話はしたが、私とは関係のないことで彼女がアメリカに来るまで、真剣な気持になることはお互いになかった。出逢ったとき彼女は同じセンターで研究している年上の社会学者と婚約していた。最初の出逢いのとき、われわれは三人で食事に行ったのだが、そこで社会学者は自分がコートを買おうと思っているデパートへ、彼らのお供をして行ってくれないかと私に頼んだ。彼は自惚れの強い男だった。彼がコートをとっかえひっかえしているあいだ、私たちはそこに長時間いさせられるはめになった。彼はコートをとっかえひっかえしては似合うと思うか尋ねつづけたのであった。

デキシーへ帰る――美女と悪漢

一九五六年の夏に私はドイツからニューヨークへ帰った。大学の就職市場へ参入するには遅すぎる帰還であった。大学以外の職にたくさん応募したが、どこも雇いたがらなかったので、履歴書を下方修正した（最終的には学士以上の学位を全部伏せることにした）。「資格過剰」だとして万引き監視員の仕事を断わられたことさえある。ようやくのこと仕事を得たが、そこで新しい調査経験を積むことになった。マーケット・リサーチ会社のフィールドワーカーとして数週間働いたのだ。

一つの業務はサンプルとなるバーに行き、売られているビールの銘柄を数えることで、明らかにビール会社のためのものであった。もう一つの業務はもっと不愉快だった。アパートに行って慎重に無作為抽出された家の玄関ベルを鳴らし、どのくらい気に入ったかを言ってもらうという条件で商標なしの煙草を何カートンか提供するというものであった。頼みもしないのにやって来る販売員に対して、ニューヨーカーは数年前にルター主義を売り込みに行った頃の中西部の人々よりもはるかに無愛想で、私は素晴らしく多様な怒気を含んだ呪詛や威嚇の言葉を浴びせられながらアパートを後にしなければならなかった。

そして幸運がめぐって来た。故郷ノースカロライナで教職にあったソーシャルワーカー時代からの仲間ベントン・ジョンソンが、よそで仕事を得るためにそこを去ることになり、面接がうまく行けば自分の跡継ぎになれると私を誘ったのだ。空きポストは当時のノースカロライナ大学女子大学部（Womans College of the University of North Carolina）、通称「WC」（最初にイギリス人から英語を教わった人には不運なる略称である）にあった――その後男女共学となり、いまはただUNCグリーンズボロという名で知られている。私はかの地に飛び、ミシシッピ生まれのやんごとなき上流階級の南部出身者である社会学部長のリダ・ゴードン・シャイバース（「リダ・ゴードンと呼んでね」とのこと）の面接を受けた。きっと私は好印象をもたれたに違いない。というのも、その場で雇ってくれたからである。私は数週間後、ものすごい高熱と最悪の花粉症に襲われながらキャンパスに到着した。

WCには二学年いただけであるが、それは私にとって重要な年月であった。とりわけ重要なのはたくさんの学部学生に教える最初の経験となったことで、私は自分のかなり異端的な社会学の知識を、ウェーバーはおろかバルザックも耳にしたことのない若い学生たちでも理解できるように整理させなおされたのである。WCは州立大学で、圧倒的多数の学生はノースカロライナの出身だった。はなはだ筋の通った教育上の理由から、学生たちに社会学を伝えるには彼らがよくなじんだ情報を活用するのがベストだと考えられていた。だから入門講座には「南部地方」と名前がつけられ、私はそれをたった二週間の準備で教えなければならなかった。最初の学期のあいだ、私はずっと学生たちの一歩前にいるだけだった。だが私は南部の歴史とその現在の社会について多くを学び、それを素材に用いて社会学のキーコンセプトをなんとか説明しようとした。私は人気のある教師になった。

知的軌跡をあつかう本にはあまりなじまないかも知れないけれど、少なくともＷＣの社会的脈絡については触れておかなければなるまい。ここにみな私より数歳若いだけの二五〇〇人の女性の集塊があり、月曜日から金曜日までキャンパスに閉じ込められている（週末になるとチャペルヒル〔ノースカロライナ大学の所在地〕やデュークから男たちが侵入してくるか、男友達をもとめてＷＣの学生たちがそちらへ行った）。思い出す限り、教員のなかには五人の未婚の若い男性たちがいた。そのうち一人はゲイであったため、この状況がほかのわれわれにもたらすだろうエロティックな雰囲気に影響を受けることがなかった。

自分がどんな状況に置かれているのか、最初の学期の初めに起きた小さな事件によって劇的に明らかになった。入門講義のテーマは家族と性行動であった。キンゼー報告が出る直前のことで、私はあやしげな統計資料のいくつかに言及した。私が処女率に関する（間違いなく誤解を生む）文書に言及したとき、一人の魅力的な若い女子学生が木蓮のしたたるような南部なまりでこう質問した。「バーガー先生、ＷＣの学生の処女率はどのくらいだと思いますか?」　私はデータがないからとかもごもご言ったあと、一年生と上級生では差があるに違いないが、ほとんどの学生はアメリカのなかでも保守的とされる地方の出身だから、全体の比率は八五％くらいかなと言った。その学生は慎ましやかにありがとうございますと言った。そして翌日、私の研究室の前には「一五%クラブより」と書かれたカードつきの花束が置かれていたのである。

まるで正夢になった青春ファンタジーみたいに一見思える状況に、独身の男たちのわが小隊が各自どう対応したか、詮索するつもりはない。だが、ここで擬似社会学的観測をお許しいただきたい。それは、十分に長いこと生きているとすべてがもとに戻ってくるということだ。一九五〇年代は、もし学生と寝たらクビになった。六〇年代後半から七〇年代には、もし学生と寝なかったらファシスト呼ばわりされた。今日では、学生と寝たらまたクビにされるようである。もちろん制裁のイデオロギー的理由は変化しているけれども。

私はたいてい、いくつもの講義の準備をすることに追われていた。さきに触れた入門講義のほかに、理論と宗教に関する専門的な講義を加えた。それでも「調査で手を汚す」時間があり、初めて他人と協力して調査することになった。心理学者のロバート・ラドローは男女こみの小さなわが同志たちの一人であった。自尊心とゴシップ行動のあいだには関係があるのではないかという仮説について、われわれはちょっとばかり会話した。節操なく噂話をする人間には自尊心が欠けているのではないかという仮説をわれわれは立てたのだ。この仮説の背後にある推論は複雑だし、ここでくり返す価値も実際にない。われわれはまことにささやかな量的研究をおこない、それは仮説に（かろうじて有意な）統計的支持をあたえてくれた。だがわれわれは無名の心理学誌に論文を発表した。若輩の教員の至上命題——どこでもいいから発表せよ、そして履歴書を増強せよ——に従って。

人類学者のリチャード・リーバンとの共同研究はもっと興味深いものとなった。彼とその妻ルースはよく私を夕食に招待してくれた。われわれは親友になった。アメリカの葬儀産業を風刺したイーヴリン・ウォーの『愛されし者』がちょうど出たばかりであった。われわれは葬儀屋の職業的イデオロギーを研究したのだが、主に焦点を当てたのは死という赤裸々な現実を葬儀屋はその言葉や慣行的行動によってどう避けているかということであった。われわれは当時出されていたいくつかの業界紙（そのなかには『棺と日なた』などという覚えやすいものもあった――「日なた」は共同墓地の婉曲表現である）の内容分析をおこない、州内の葬儀屋に対する深層面接でそれを補強した。これは非常な記述的研究で（リーバンは民族学の実習だと言っていた）、この種の研究としてはたぶんアメリカで最初のものである。われわれは研究を、またお互いの仲間を楽しんだ。私はまた面接の過程で極端に気味の悪いジョークを聞かされた。

その例を一つ。葬式のまえに会葬者と対面できるよう、葬儀屋が男の遺体に身づくろいした。そして未亡人にこれでいいかと訊いた。彼女はいいと答えたが、夫がグレーのスーツを着ているのは、紺のスーツの方がいいと指摘した。「けっこうです。ちょっと外へ出ていてください。ほんの一分でお呼びします」と葬儀屋は言った。じっさい彼はちょうど六十秒で再び姿を現わし、棺のもとへ戻るよう未亡人に言った。彼女は着替えに満足の意を表したが、どうしてそんなに早く着替えできたのかと訊いた。「簡単ですよ」と葬儀屋は答えた、「頭を付け替えるだけですから」。

フォートベニングでは私は軍隊という管理された区域のなかに住んでいた。そこにはたしかに南部が存在し、しかもひどくいらいらさせられたが、それはあくまで背景であった。グリーンズボロでは南部のなかに住んだのだ。ベントン・ジョンソンも含めて何人かが、ノースカロライナはディープ・サウスじゃないとか、ノースカロライナ、とくに州立大学の体制には進歩的な伝統があるとか請け合ってくれた。それでも南部の人種状況が私を取り巻いていることには変わりがなかった。私はそれを耐えがたく感じていた。

　私はコミュニティ講座を教えており、地域社会のいくつかのセクターから講師を招いた（葬儀屋を含む！）。全国有色人種向上協会（ＮＡＡＣＰ）の地方支部の所長と知合いになり、彼を招こうと計画した。リダ・ゴードンの承認を得ておくのが賢明であろうと思ったところ、彼女は「あなたがしようとしているのは正当で進歩的なことだと思うわ」と即断してくれた。講師をだれにするか、すでに意中の人物があったが、私は形式上、彼女に何か案があるか尋ねてみた。彼女の返答は承認の「進歩的」風味をひどくかき消してしまうものだった。「そうねえ、私は「黒んぼ《ニグラ》」社会の人をあんまり知らないのよ。でもいい考えがあるわ。うちのコックに訊いてみる」。

　二、三週間のうちに相次いで起きた二つの出来事は、一九五〇年代後半の南部の社会学的風景を鮮やかに示すだけでなく、私の宗教社会学の理解にも資するものとなった。公民権運動はまだほんの初期段階にあった（すぐあとでグリーンズボロは最初の坐り込みの場所となった）。マーティン・ルーサー・キングはモンゴメリーでのバス・ボイコットに参加した直後、ＮＡＡＣＰ集会で演説するためにやって来た。リーバンと私はある教会でおこなわれた集会に参加した。いちばん印象的だったのは、それがきわだって黒人的な性質をもちながらも、古風なプロテスタントの伝道集会の特徴をすべてそなえていることだった――キングのレトリックのスタイル、会衆の歓喜あふれる参加（「アーメン」「ハレルヤ」）、そして歌われる賛美歌（「ちとせの岩よ」「ダウン・バイ・ザ・リバーサイド」「オールド・ラグド・クロス」）。

その集会後ほどなく、クー・クラックス・クラン（KKK）が集会を開くと声明を出した。リーバンと私は少々おびえながら、こっちにも出てみようと決めた。それは市街地から少し離れた野外で夜に開かれた。KKKの派遣隊は悪名高き白い頭巾をかぶり、悪名高き人種差別主義の怒号をわめきながら現われた。ここにも熱狂的な観衆の参加があった――そして「アーメン」のたぐいのすべて。式次第のクライマックスは十字架の点火だった。十字架が燃え立つと賛美歌が歌われた。「オールド・ラグド・クロス」であった。

私にとって劇的な教訓となったのは、宗教的伝統にある同一のシンボルがまったくの対極にある二つの敵対的な政治運動――一つは道徳的に賞賛されるべきもので、もう一つは道徳的に忌まわしいもの――に用立てられるということである。これは忘れられない教訓となった。

私はこうした催しの観察者であって活動家ではなかった。不首尾に終わったが、つかの間、私も人種問題で行動しようとした。ロス・マカフィーという黒人男性が「第一級不法侵入罪」で死刑を宣告された。思うに、この犯罪は他の重罪を犯す過程で生じる重罪と定義できる。マカフィーは不法侵入の過程で、自宅にいた白人女性を性的に暴行したと思われる。私は「南部地方」についてたっぷり勉強していたので、死刑につながったのは不法侵入よりむしろ暴行であると想定できた。州の最高裁判所は死刑判決を支持した。死刑を停止できるのは州知事による慈悲措置だけであった。州知事に訴えるよう、私はたくさんの組織に働きかけた。諸教会の役員たちはそうしようとしなかった。NAACPも同様であった。もしマカフィーが無実ならそうするであろうが、彼は告発されている行為を実際にしたのだからと、彼らは説明した。地域のクエーカー教会だけが知事に訴える文書を書くことに同意してくれたが、私に対する説明によると、それはただ死刑への一般的な反対のゆえであって、個別のこの事件への言及はないとのことであった。私は州知事に書簡を書き送ったが、もちろんいかなる効果もなかった。マカフィー処刑後のある日、私は授業で二つの新聞記事を読んだ――一つは処刑を詳述したもの（自分はイエスを見出し、死ぬ覚悟ができている、とマカフィーは断言した）、もう一つは自己満足に満ちたバプテストの州大会を報じたものであった。私はそれがある種のレクイエムだと思った。ほとんどの学生は私の態度が理解できなかった。

ほぼこれと同じころ、「ソドミー」裁判として広く報じられている裁判が地方裁判所であった。町の名家の一員たるある既婚男性が十五歳の少年と性行為をおこなったかどで逮捕されたのだ。いかなる強制もなく、これが初めての犯罪であった。男性の弁護士や家族によって慈悲を求める弁明が雄弁になされたが、裁判官は却下した。「私の規則では、これは間違いなく凶悪な犯罪である」と。この男性が十五年から二十年の懲役を言い渡されたとき、私は法廷にいた。刑が宣告されたとき、私はたまたまその男性の母親の顔の表情を見ていた。

数年後、死刑や人種差別や同性愛者への迫害の基底にある残忍なイデオロギーを暴き出すという点で、社会学には「ヒューマニズム的」な目的があるなどと、私がなぜ書くようになったのか、こうした経験がその理由を説明するのに役立つであろう。この見解は「価値自由」な社会科学というウェーバー流の理念を私が信奉していることと矛盾しないということを強調しておかなければならない。社会学の分析の仕事はもちろん「価値自由」でなければならないが、その実践的応用はよりヒューマンな社会への貢献によって道徳的に正当化されるのである。

個人的なレベルでは、ブリギッテ・バーガーと私の知的関心と道徳的信念がどれほど収斂してきているかを理解して、彼女との関係が深まったのはこの時期であった。彼女は一度ノースカロライナの私を訪ね、私は足しげくニューヨークの彼女に会いに行った。それ以来彼女は私の第一の対話者、批評家、共同研究者となった。私が南部を去って一年後、一九五九年に私たちは結婚した。じつはさきにあげたエピソードの一つに関連して、彼女の性格がパッとわかった一瞬があった。私は彼女がNAACPで仕事をしている若い弁護士と知り合いであることを私は知っていた。彼と接触するのを手伝ってくれないかと私は彼女に電話した。私はマカフィー裁判の要点を文章一つか二つで話しただけである。彼女は私にまったく何にも訊かず、ひとこと「もちろん」と言った。事件にはNAACPも無関心だったのにである。

プロテスタントの微笑に包まれて

総じてカロライナの大学、ことにWCは人種問題に対して概してリベラリズムの名に値するものであったけれども、それでもやはり限界があった。近くの黒人大学から学生の一団を私のある授業に招いたとき、私は一つの境界を超えることになった。彼らがキャンパスに到着すると、それは当然衆目を集めることになったが、その一部は露骨に不快げであった。学部長のところに来るように言われたので、面会の場（そのときたしか彼女は社会学クラブの司会をしていた）に一人の学生を連れて行くと、彼女は呆気にとられたような顔をしていた。それでも学生はとても気さくで、私の人種観に同感だと念押ししつつも、私が社会学者として当地の習俗に配慮すべきことを説明した。これに対して私は、そうした習俗の不道徳さについての、いま思えばかなり馬鹿げたお説教めいたもので応じた（私はきっと学生に感銘をあたえたかったのであろう）。すると学部長は目に見えていらだって、こう言った、「そうよね、それが南部で教えることを好まない人がいる理由の一つだものね」。

私は彼の提案を受け入れ、メーソン゠ディクソン線（アメリカ北部と南部の境界線）の北側での仕事を探し始めた。すぐに一つ見つかったのだが、それはキャリア志向の高い社会学者（私は全然そうでなかった）にとってはとても型破りな代物であった。短時間の参観のあと、私はコネチカット州ハートフォードのハートフォード神学校の社会倫理学の准教授として雇用され、そこで一九五八年から一九六三年まで教えることになったのだ。

そこは気の置けない居心地のいい場所であった。イエール神学校が過度にリベラルになりすぎていると感じた保守的な会衆派の集団によって十九世紀初期に設立されたものである。しばらくするとハートフォード自体の神学もリベラルになった。その特徴はかつてだれかが「プロテスタントの微笑」――部外者なら最初不まじめだと判断するかもしれない、しかし実は中庸という内的世界観の外的な表われとしてのあふれるような上機嫌さ――とよんだものにあった。私は以前それに出会ったことがあった。それはアメリカにやってきて間もなく、ニューヨークのメソディズムの本部で使い走りとして働いていたときのことだ。私はたんに愚かしいほど若く自意識過剰のヨーロッパ人だというだけでなく、新正統主義のルター派であり、我流の実存主義者であった。当時、私はこの上機嫌さが嫌だったし、ハートフォードでそれに再会したときもそうだった。私が憧れていた情熱に欠けているように思えたのだ。しかし、たぶんしぶしぶながら、私は愉快な雰囲気を楽しむようになった。はじめは気づかなかったのだが、それは私の思考に影響をあたえた。私は円くなったのだ。

ハートフォード神学校には三つの部門があった――神学校そのもの（エキュメニカルではあるが、当時会衆派が合流しつつあった統一キリスト教会〔一九五七年に会衆派教会と福音改革派教会が共同で設立した米国のプロテスタント教会〕とゆるやかにつながっていた）、教育学の大学院、ケネディ神学校という名の存在。ケネディ神学校は名前が紛らわしいけれども、学校全体のなかで断然面白い部分であった。そこは実際には任地から帰還した伝道師がそれ以外の人々に混じって三つの分野――言語学、人類学、イスラム教研究――でより高い学位を得るために勉強できる場所であった。言語学というのは聖書にもとづく諸伝統への関心から、また人類学は伝道師たちが仕事をすることになるであろうエキゾチックな環境を理解しなければならない必要性から来ている。そしてイスラム教研究のもともとの起動力が、イスラム教徒をプロテスタントへ改宗させたいという願望にあったことは間違いない――これはいつでもそうだが、当時は今以上に不吉な企てであった。ともあれ、ニューイングランドのピューリタンの子孫たちにおいても、プロテスタントの微笑がプロテスタントのしかめっ面に取って代わるにつれて、改宗させたいという願望は、イスラム教を理解し、会話をかわしたいという関心に変容していった。今日でも刊行され、学問上の信望も篤い雑誌『イスラム世界』はそうした変化の反映である。

ハートフォード神学校のキャンパスは小さくコンパクトであった。学生たちのほとんどがそうであるように、教員もほぼ全員がキャンパス内の住宅に住んでおり、まるで村のようなコミュニティを形成していた（そういう場所に住むことにともなう長所・短所とともに）。キャンパスの中央にはほんとうに素晴らしい図書館があった。中心的な蔵書はもちろん神学、世界の諸宗教、社会科学、言語学といったところであったが、そのほかの部門の書籍もあった。図書館の利用者数が少ないので、探している本がいつでも閲覧でき、その場で借りられた——なんとも稀有なる贅沢。

私の最初の問題の一つは自分が教えるよう指示された分野——「社会倫理学」——をどう定義するかということであった。それは何をするものと思われていたのだろうか。私に対してそのことを明快に説明してくれる者は誰一人いなかった。自分自身の定義を見つけよと私は放っておかれたのだ。私はその名の講座の歴史を本で調べてみた（私は間もなく終身在職権《テニュア》つき正教授に昇進し、その講座の主任となった）。その講座は十九世紀の終わり、ハートフォードが（そのカルヴァン主義的ルーツをはるかに超えるところまで）強い一体感をもった社会的福音《ゴスペル》（工業化・都市化した米国でプロテスタントが社会秩序をイエスの教えに一致させようとした運動）の時代に創設されたのであった。私はとうてい一体感がもてなかった。私は宗教社会学を教えることが自分のノルマの一部だということにした。これなら確かにできた。だがそれにしても「社会倫理学」とは何なのだろう。すべての倫理は必ず社会的であると私には思われた。人が倫理的に考察しうる非社会的行動といえば、マスタベーションと自殺くらいではないかと。

自分にあてがわれた分野にもっともらしい定義をあたえようとする私の探求は、一つの意図せざる発見によってさらに促進された。講座には「教会の社会奉仕研究所」なるものが付設されていた。私はそこの所長に指名され、その権限で秘書を一人雇うことができた（これまた贅沢）。所員が一人いたが、それはソーシャルワークの講義を受け持っている初老の紳士で、もっともなことだが私に腹を立てていた。私は彼の神経を逆なでしないようにしながらも、センターの名前を「教会とコミュニティ研究所」と変えた。それに合わせて私は自分の使命をこう定義することにした。すなわち、自分はアメリカ版バート・ボル〔本書六七頁参照〕を立ち上げようとしているのだと。私は手始めに労働現場における人間と道徳の研究というプログラムにとりかかった。すると間もなく初老の紳士が（腹を立てて）辞めたので、私は副所長を指名できることになった――かつてたいへん若いころボストン近郊の会衆派教会で牧師をしていたジョゼフ・デュフィを呼んだ。

われわれはさまざまな職業を持つ人々のためにたくさんのセミナーを開催した。そうしたセミナーのために書かれた論文のいくつかはのちに私が編集し、本として刊行した（その本は書評も出ず、ほとんど売れず、私は自分の分もなくしてしまった）。思い出すのは広告の道徳的問題、また雑役夫であることに人間として感じる困難さを論じた論文である。前者の領域での主要な道徳的問題は、製品とサービスに関して説得力ある嘘を練り上げなければならないことだと思われた。雑役夫に関する論文に驚いたことを覚えている。私は周縁性と屈辱の物語を予想していた。ところが逆に論文は、大きなアパート建築の雑役夫は住人たちの多様な秘密、生ゴミをひっくり返すことで発見できる秘密を知っていることからパワー感覚を得ていると主張しているのであった。

われわれはまた労働組合との関係も育んだ。私はそれを求めて米国労働総同盟産別会議（AFL-CIO）〔米国最大の労働組合連合体。一九五五年にAFL（米国労働総同盟）とCIO（産別会議）が合併してできた〕の一職員と親密になったのだが、この女性は私生活において熱烈なる趣味を有していた――バード・ウォッチングである。ブリギッテと私は稀少種の鳥を探しに森林地帯へと探検に出かける彼女とその夫のお供をして、悲惨な日を過ごさなければならなかった。大変に攻撃的な蚊がいるうえに、私には現地の花に猛烈なアレルギー反応が出たのだ。だがその結果、私は非常に印象深く、またそれ以後の労働関係理解に大きな影響をあたえた出来事に関わることができたのだ。

それはアンダーウッド・タイプライター社の労使折衝であった。議題は就業規則――労働者は何をすべきと考えられているか――だった。大きな作業工程表にはさまざまな作業が色分けしてあった。たまたま私は中心的な経営側代表の隣りに坐っていた。労働側代表の中心人物が彼に向かってこう言った、「自分の工程表を部屋に忘れてきてしまいました。あなたのを見せてくれませんか」。するとと私の隣りの人物がこう答えた、「だめだ。君の糞ったれ表を持ってこい」。組合の人は立ち上がり、二十分ほどしてようやく帰ってきた。彼の部屋は工場の正反対の隅にあったのだ。私は隣りの人物の対応が不必要に無礼だと思ったので、なぜそんなことを言ったのか訊いてみた。彼はこう答えた、「ここが一つの大きくて幸福な家族だなんて、まさか誰も思っちゃいないよ」。たしかにこれはタイプライター工場以外の多くの組織にもあてはまる洞察ではある！

この時期、コネチカット大学の人類学者デニスン・ナッシュと協力して地味な経験的調査にも従事した。それはアメリカにおけるいわゆる宗教リバイバルの時代で、そのことは教会出席者数の増加を示すデータに表われていた。この現象を神学的理由にもとづいていささか不純なりと批判する向きもあった。社会科学者には宗教現象が「純正」であるかないかを判定することができないが、現象の経験的形態を調べることはできる。そこでわれわれはハートフォード地域における多くの主流プロテスタント教会の新規メンバーに加入動機をインタビューしてみた。データの大半はわくわくするようなものではなかったが、一つだけ例外があった。子どもに道徳教育をほどこすのが主要動機であることをわれわれは発見したのである。実際、多くの大人たちは子どもたちがそこの日曜学校へ出席するようになったあとで教会に加入したのであって、これは「幼な子をして彼らを導かしめよ」という聖書の金言に対する妙な社会学的脚注となった。われわれはこの小さなプロジェクトについて二つの論文を出した。一つは『キリスト教の世紀』誌（*Christian Century* いまと同様、当時も主流プロテスタント出版の筆頭格であった）に載った一般向けのものと、『宗教学研究ジャーナル』（*Journal for the Scientific Study of Religion*）に載った意識的に学術的に書いたものである。前者の表題は「子どもたちの第二回十字軍」であった。

ハートフォードでは三人の同僚が重要な話し相手となってくれた。人類学者のポール・レーザー、教会史家のフォード・バトルズ、ヒンドゥー教を教えていたマルコム・ピットの三人である。

レーザーはいわゆる文化伝播論者で、諸文化がお互いにどう文化を借用しあうかを研究していた（彼は鋤の歴史に関する重要な本の著者であった）。彼の主要な理論的関心の一つはあらゆる機能主義的な社会理論を覆すことであった。ある文化が他の文化から借用したものはたいていの場合はなはだ逆機能的であると彼は論じた——たとえばある種の鍬を借用した部族は必ず土壌をダメにすると。また私はピットの授業を受講し、南アジアと東アジアの宗教的伝統についてはるかに深い知識を手に入れることができた。

　だがいちばん興味深い教訓を得たのは、レーザーとバトルズが一緒に教えるゼミである。名前を「資料批判」といい、二人はどのようにそうしたのか教員たちを説得してそのゼミを博士課程の学生全員の必修にしていた。このゼミは、それが文献資料への批判的アプローチ法を獲得するための最善の方法だという（たぶん正しい）前提のもと、おおよそ学生たちに剽窃を発見させることだけで成り立っていた。学生たちは最初のうちこのゼミを嫌悪した。それと組み合わせられる他のどの授業よりも多くの勉強が必要だったからである。だが彼らはしまいには、従来と同じような目で文献を見られなくなったと認めざるを得なくなった。根本的な教訓はとても単純で有益、「あらゆる文献資料を疑ってかかれ！」である。

　学校にいちばん濃い色をあたえ、プロテスタントの微笑に対する例外のほとんどを提供していたのはケネディ神学校である。ハートフォードをハートフォードへの道をどうかして見つけた種々の非常に非プロテスタント的な人々に対する寛容な安息の地としていたのは、逆説的にもまさに中庸のプロテスタンティズムだったのだ。イスラム教からキリスト教に改宗したために、自分自身と家族に破局的な結末を迎えざるを得なかったパキスタン人がいた。それと同じ年、一人のイタリア人フランシスコ会修道士が到着したが、彼は、カトリック信者はムハンマドに預言者としての地位を認めるべきだと主張する本を書き、結果として自分の身分との深刻なトラブルに陥っていた。

老母をともなった中年のロシア正教の神学者もいた。老母が話せるのはフランス語だけで、彼女はエレガントなたばこ入れからたばこを取り出しては吸っていた。二人はドイツの難民収容所で何年か過ごした後、アメリカにあるロシア正教の修道院で暮らし（彼らの話によるとそこで鞭打たれ餓死寸前だったそうである）、エキュメニカルな機関の力でハートフォードに預かりの身となった。彼らをどうしたものか、だれにもわからなかった。息子には図書館に事実上架空の仕事があたえられた。結局彼は、中西部の神学校に教員として招かれて行くことになった。彼らは列車で行こうとした。親切心にとんだ私の助手が彼らを手伝って列車まで彼らのおんぼろ荷物を運んでやった。列車に乗り込む直前、息子がスーツケースにつまずいたところ、スーツケースが開き、中から大量のポルノ雑誌があふれ出てきた。

神学校が名声を要求してよいものの一つは、文句なしにシュヴェンクフェルト研究の世界的センターだという事実であった。シュヴェンクフェルトはいわゆる宗教改革左派のさほど有名でない人物である（ルターは彼のことを「シュティンクフェルト」（「シュティンク」は悪臭という意味）と呼んでいた）。彼の運動はヨーロッパでは消滅したが、小さな弟子の集団がアメリカへやって来た。いくつかの信徒団がペンシルヴェニアで生き残り、ハートフォードのシュヴェンクフェルト・プロジェクトに助成金を出していたのだ。その主任は神学校の教員の教会史家であった。プロジェクトの主たる活動はシュヴェンクフェルトの全集をドイツ語とラテン語で刊行することであった。それは第一次大戦のころにハートフォードのある学者によって始められたのだが、私のハートフォード在籍中も続いていた。本はハートフォードで編集され、シュヴェンクフェルト出版社から出版された。私の記憶が正確なら、私の赴任時点で十七巻が刊行されていた（その後、全巻セットが完成した）。新しい教員はみな全巻をもらう権利があると言われたが、私にはこの「シュヴェンクフェルト著作全集」の使い道も、それを置くスペースもなかったから、提供の申し出を辞退した。

ハートフォードを辞めたあと訪れたときに、私は自分の分をもらってないとプロジェクトの主任に言った。二週間後、運送業者のトラックがブルックリンの私の家にやって来て、この神学的奥義を全巻吐き出して行った。私は書斎のいちばん目立つ書棚に本を並べ、自分が格調高く来客たちの一枚上を行けるようにした。「何だって？　君は自分用のシュヴェンクフェルト著作全集を持ってないのかい?!」

しかし、本といえば、ハートフォード時代、私の知的生活に大きな変化が起き始めた。私は、自分で、い、い、い、い、か、か、本を書き始めたのだ！

「書籍奔出」の始まり

ほんの数年前、『カボチャ食い』という題名の映画を観たことがある。妊娠しているときだけ幸せを感じる女性の話だった。ひとたび子どもが生まれるや、彼らのその後の運命にはごくわずかしか関心が持てないのだ。私も六〇年代の初めから「カボチャ食い」みたいなものになってしまったのだ。私の「カボチャ」は本である。

私は一九五九年、『キリスト教の世紀』誌に長文の論文を載せた。この論文は近代世界における宗教の見方という観点からアルベール・カミュとディートリッヒ・ボンヘッファーを比較したものであった。神学的にはまだ新正統主義の時期で、私は「宗教なきキリスト教」というボンヘッファーの概念に強く惹かれていた（数年後私はこの概念を信じられない撞着語法として放棄することになった）。論文が公刊されるとすぐに、クレメント・アレクサンダーというとうてい本物とは思えない名前の（「クレメント」は「慈悲深い」という意味）イギリス人――ダブルディ出版の編集者――が接触してきた。論文を膨らませて本にしてみる気はないかと彼は訊いた。本を一冊丸ごと書けるかどうか、いささかおじける気持ちもあったが、わくわくすることでもあり、私は同意した。その結果が私の最初の本『ゆらぎの眼差し――社会的虚構とキリスト教への社会学的視点』（*The Precarious Vision: A Sociological Looks at Social Fictions and Christian Faith*）で、一九六一年にダブルディから出版された。

本は私のその後の宗教に関する著作の多くに共通するパターンとなったやり方で編成された。最初は神学的に「価値自由」たらんと志向する社会学的議論（私の仲間アントン・C・ザイデルフェルトはこのアプローチに「方法論的無神論」という言葉をあてた。同じことを表わすスコラ的言回しは etsi Deus non daretur「あたかも神の存在を前提としないように」である）。そして次に帽子を脱ぎ替え、自分の神学的論点をのべる。その本の第二部における神学的内容は本書にはなじまない（もし書籍奔出がさらに展開して自分の神学の軌跡を書くことにでもなるなら、そこで取り上げることになるであろうが）。だが『ゆらぎの眼差し』の第一部には、若干の修正はあるものの、私が今日なお首肯しうる社会学的視点が概観される。

その初期の版ではその視点は非常にういういしいもので、実存主義の影響を強く受けている。社会は虚構の構造体である。そうした虚構は社会が個々人に割り振る役割によって組織されている。社会化の結果として諸個人が自分の役割に同一化すると、虚構が道徳的なアリバイとなる。換言するなら、虚構はジャン＝ポール・サルトルが「虚偽意識」(mauvaise foi) とよぶものを可能にする。ひとは行為していながら、行為していないふりをするのだ。サルトルは好色な例をあげている。ある男が女性の太ももに手をあてる。彼女は黙って従いながら、気づいていないふりをする。事実上、彼女は誘惑の自発的参加者となっているのだが、いま自分の身に起きていることがあたかも自分の参加なしに起きているかのようなふりをしているわけである。この例に限れば、虚構はまるで無害なもののように見えるかもしれない。けれども虚構は時として人を殺害するものともなるのだ。

この本のなかで私は、死刑の決定に含まれる虚構についていささか詳細に論じた。死刑を宣告する裁判官は個人として行為しているのではなく、法の代理人に過ぎないと考えられている――つまり行為しておらず、社会が裁判官にあてがった役割を介して法が行為しているだけなのだと。そこから同様な虚構の連鎖がずっとつながって死刑執行人にいたる。彼にも自分が行為しているのではなく、行為しているのは役割なのだというアリバイがあるのだ。こうして最後には、一人の人間存在が殺害される――そして殺害者はいないのだ。

宗教は究極の正当化を付与することによってこの殺人劇に加わる場合がある。

「あなたの主イエスこそ裁きの主」というロンドン塔に展示されている死刑執行人の刀剣の銘刻は、こうした宗教の社会的機能のぞっとするような例証である。言い換えるなら、刑を執行するのは刀剣を振るう人間ではなく、神にほかならない――人間は神の手の受動的な道具に過ぎないというわけだ。完璧なアリバイ！「人間が虚偽意識を必要とするがゆえに社会には宗教が必要なのだ」。

社会的機能を暴露するという点で、社会学は喜劇に似ている。同じ理由でそれは人間を解放する力を潜在的に持っている。人々が役割の背後に隠している「虚偽意識」を暴き出し、彼らにみずからの自由の現実に直面せざるを得なくするからだ。社会学はまた同様な過程でもって社会的虚構の宗教的正当化を暴露せざるをえない。私はさらに進んで、キリスト教信仰はこれと同様に暴露的であると論じた。もしキリスト教信仰が宗教でないとしたら、こんな主張ももちろんできるかもしれないが、この主張はそういう力わざをあてにしたものではない。はるかのちに私はそれをこのように表現した。法は死刑執行人にみずからの人格的責任を免除してくれる。だが神は「文盲」である。神には法律書が読めない。神は一人の人間存在が他者に何をしているかを見ているだけなのだ、と。

私が『ゆらぎの眼差し』の刊行を待っているあいだに、全国学生キリスト教連盟（主流プロテスタントの組織）から連絡があり、連盟の学生たちの勉学ガイドとして使えるような、アメリカの宗教状況に関する本を書いてくれないかと問い合わせてきた。連盟は急いでいて、私も原稿を非常に早く書いて応じた。それは『ゆらぎの眼差し』より早く出たので、私のどの出版リストにも間違って私の最初の本として載っている。『荘厳なる集いのざわめき――アメリカにおけるキリスト教徒の責務と宗教体制』（*The Noise of Solemn Assemblies: Christian Commitment and the Religious Establishment in America*）という表題をもつこの本は、社会学的記述のあとに神学的批判が続く同じ構造を持っている。

　今になってみると、社会学というのは悪くなかった。教会と国家の憲法上の分離のせいで、国教の法的廃止にもかかわらず宗教が社会的に確立しているという事実が見えなくなってはならない、と私は論じたのだ。そうした立場にあることで、宗教は私が言うところのアメリカ社会の「けっこう《オーケー》世界」を正当化する役割を果たしていたのだ。この見方は一九五〇年代のいわゆる宗教リバイバルに大きな影響を受けたものであった。問題なのは、「けっこう世界」の概念に押し込むのがより困難であった福音主義的な集団を無視してしまったことである。他のどこの社会と比較してみてもアメリカ社会は実際に道徳的に「けっこう」なのだと、私はかなり長々と語り続けたのだ。だがキリスト教的観点から見て何がまずいといって、ここで宗教はいかなる社会も正当化すべきではないとしたことであった。

　『キリスト教の世紀』誌の論文から最初の二冊の本にいたるこの時期、自分の思想がどのくらい流行に乗っているかを私がよく認識していたとは思えない。アイゼンハワー時代の表面上の宗教リバイバルは真の意味での宗教ではないと論じる書物がおびただしく出た。そのうち非常に影響力があったのが、ラインホルト・ニーバーの新正統主義神学の強い影響を受けたユダヤ人の著作家ウィル・ハーバーグによる一九五五年の『プロテスタント・カトリック・ユダヤ教』である。ある書評家は私のことを「預言的」と評した。私はこういうのを求めていたのだと思う。「荘厳なる集いのざわめき」という言葉は、神はイスラエルの「荘厳なる集い」に何の喜びも見出しておられぬと主張した預言者アモスから来ていると。けれども私は、いかなる「預言者のマント」も否認するために、また『キリスト教の世紀』誌に短文を書く必要があると感じた。むしろ自分は社会学者として仕事をしており、したがって社会学的発見が意味するものをキリスト教の一在俗信徒として描き出そうとしているのだと。とはいえ、時代精神の好みに浴することは不愉快ではなかった。「時代精神と結婚するものはすぐに男やもめとなる」というイング司祭〔ウィリアム・ラルフ・イング（一八六〇―一九五四）。英国の聖職者・著述家、セントポール寺院の司祭。文化・時事問題への悲観的見解で知られ、「陰気な司祭」の異名を持つ〕の有名な言葉を肝に銘じておくべきであった。

「書籍奔出」は止まらなかった。一九六二年、私は次の本を書いた。『社会学への招待――ヒューマニズム的視点』（*Invitation to Sociology: A Humanistic Perspective*）がそれである。私は約三週間でこれを書いた。一九六三年に出版されたのだが、社会学の雑誌にたった一つの書評が出ただけで、しかも非常に否定的なものであった（私はたしかに時代精神《ツァイトガイスト》と歩みをともにしてきたのだろうが、六〇年代初めの社会学の精神《ガイスト》とは歩調が合わなかったのである）。にもかかわらず、それはほとんどあっという間にベストセラーになった。現在でもそうである。アメリカのアンカー・ブックス版は一九八一年に百万部に達した。今までに何部売れたか全然わからない。現在までに二十一の外国語に翻訳されている――すぐにわかるようなメジャーな言葉だけでなく、なかにはたとえばバスク語、リトアニア語、バハサ・インドネシア語などもある。この本で社会学者になる気になったと語る人々に私はしょっちゅう出会う。これが往々にして非難めいた口調を帯びる。というのも、今日のほとんどの社会学者がやっていることとこの本が伝える社会学像がほとんど関係がないと知るからである。

本章を書くために、私は今まで一度もやったことのないことをやってみた。自分の最初の三冊の本を順に読み返してみたのである。驚いたのは『社会学への招待』が『ゆらぎの眼差し』のある種の非宗教版だということであった——〈ある種の社会学的な視点〉引く〈神学的注釈〉だ。そして『ゆらぎの眼差し』の方がはるかに興味深く、真に独創的であった。

『社会学への招待』の副題となっている「ヒューマニズム的」という言葉には二つの意味があった。その意味するところは、社会学の方法論はこの学問を人文科学《ヒューマニティーズ》——特に文学、歴史学、哲学——と近いところに置かなければならないということである。もちろんこれは私がニュースクールで会得した方法論である。だがその言葉はまた、社会学は人間の解放という目的——人々を幻想から解放し、社会をもっと人間的《ヒューマン》にするために役立とうという目的——に貢献しうるものだということを意味するものでもあった。これは本の主題のいわば実存主義的な側面であり、『ゆらぎの眼差し』ではそれが大変な情熱をもって論じられたのであった。

『社会学への招待』は社会学を科学的な学問というよりは意識の一形態、人間的条件の一つの特徴的な見方として呈示したものである。私はここで、後年の著作で社会的現実の根源的弁証法として分析したものをずっと単純な言葉で定式化した。社会のなかの人間——人間のなかの社会——〈ゆらぐ〉ドラマとしての社会、というのがそれである。社会学の道徳的正当性は抑圧や残忍さのアリバイとなっている虚構を暴き出すことに由来する。とりわけ重要なものとして私は人種迫害、同性愛者に対する迫害、死刑、極限的な残忍さを取り上げた。自己の社会的習俗の外側に立つこと（文字通りの「エクスタシー」――ekstasis）、したがってまた自己の自由を認識することを促進することによって、社会学はひとを解放する。本の最後で私は今日広く知られるようになった一つの比喩を用いた。われわれは社会の操り人形であるが、操り人形と違ってわれわれは上を見上げて自分に括りつけられた糸を見つけることができるし、そうして糸を見つけることが自由への第一歩ともなるのである。

◆◆◆

私はハートフォードを出たかったが、それはそこで不遇だったからではなくて、（たぶん誤解されがちだが）社会学の大学院生を有する社会学専門の学部にいたかったからである。かくして『社会学への招待』は言外に社会学仲間への呼びかけという意味を帯びた。つまりは「どうぞ私を招待いいいしてください」というわけである。

早速に招待がやって来た。というか、あの懐かしき指導教授《ドクター・ファーター》カール・マイヤーが招待してくれたのである。私はニュースクールの大学院に招聘され、一九六三年にそこで教え始めた。学部は五番通りの隅にある新しい建物に移転していたが、象徴的に私は十二番街に戻ったのである。

ハートフォード時代は私の人生にとって知的にも個人的にも重要であった。ブリギッテとの生活が始まり、二人の息子もそこで生まれた。当時の彼女の著述から私は多くを学んだ――彼女の修士論文はサン＝シモン公爵（ルイ・ド・ルヴロワ・ド・サン＝シモン公爵（一六七五―一七五五年）。その厖大な回想録は当時の宮廷の様子を物語る史料としてよく用いられる）に関するもので、ルイ十四世の宮廷における彼の厖大な回想録を彼女は没落しつつある階級の意識を表現したものとして解釈し、ヴィルフレード・パレートに関する彼女の博士論文は彼を知識社会学の祖として巧みに解釈したものであった。ハートフォード時代の終わりごろになると、私はついに新正統主義の神学から離れ、自分をリベラルなルター主義という角度で定義するようになった（これは今でも変わらない）。換言するなら、私は何らかの種類の狂信者となる可能性をいっさい放棄し、ウェーバー流の職業としての社会科学理解を唯一固持しつづける正統性としたのである。

第3章　派閥から挫折せる帝国へ

かくして私は一九六三年の秋、ニュースクール大学院の正規メンバーとしてニューヨークへ戻ってきた。二重の意味での帰郷であった。まずは自分にとってアメリカ最初の到着地ニューヨークへ――当時魔術的に見え、いままたその魔術で私を魅了する都市。そして学生時代に大きな知的興奮を味わった場所であり、それを再びもっと大きなかたちで約束してくれそうなニュースクールへ。兵役のためにニューヨークを離れざるをえなくなってからちょうど十年たっていた。私はいまや三十四歳、夫であり、二人の男の子の父親であった。しかし、これを懐旧の幻想とよびたくないのだが、帰郷の経験は私を若返らせた。私は一九七〇年までニュースクールで教え、この七年間は私の履歴全体のなかで最も生産的な年月となった。私はまるでウサギのごとくせっせと本や論文を書いた。だがもっと重要なのは、社会学への特徴的なアプローチを具体化したことで、もちろんそれは数年前にぼんやりと思い描いたものが、いまや強力な定式をもつ理論的基礎によって補強されたのである。さらにいえば、私はこれを一人でやらなくてもよかった。私には私を助けてくれる派閥《クリーク》ができたのである。

十二番街へ戻る

もちろんニュースクールは私が不在にしていた十年のあいだに変わっていた。大学院の設立メンバーを構成していたヨーロッパ人の学者たちの多くはいなくなっていた。アルフレッド・シュッツは一九五九年に亡くなっていた。しかし私の懐かしの指導教授であったカール・マイヤーはまだいたというだけでなく、社会学部長でもあった。友人トーマス・ルックマンも学部で教えていた。最も重要なのは、場所の雰囲気が変わっていなかったことである。まだ夜間授業があり、生き生きとして知性を刺激してくれる学生たちがおり、放課後にはカフェやビストロに出かけられるグリニッジ・ヴィレッジという環境があった。全体として、ハートフォードに残してきたプロテスタント的静謐のあとでは陶然とせざるを得ない魅力をもつものであった。ウッディ・アレンのあのいちばんニューヨーク的な言葉が思いだされる。「これからの問題は、それがあるかないかってことじゃないんだ。どのくらい長くオープンしてるかってこと、マンハッタンの町なかからそこまでタクシーで行けるかどうかってことさ」。

最も重要なのは、派閥《クリーク》とよぶのがいちばんぴったりするものがここで初めて私にできたことだ。中核にいたのはルックマンと私である。われわれはほぼ毎日顔を合わせた。またモーリス・ナタンソンがいた。この哲学者はチャペルヒル〔ノースカロライナ州の町で、ノースカロライナ大学の所在地〕の教員であったが、ニューヨークへ頻繁にやって来た。さらに二人、若いのがいた——ブリギッテの弟で当時ニュースクールの社会学の博士課程の学生だったハンスフリート・ケルナーと、やはりニュースクールで博士論文、しかし哲学のそれを書いていたスタンリー・プルバーグである。ケルナーもプルバーグもグリニッジ・ヴィレッジに住んでいた。これまた非常に重要なことに、博士論文の最終局面にあったブリギッテ、トーマスの妻で新進の政治学者であったベニータ・ルックマンもいた。ナタンソンを例外として、われわれはみな簡単に行き来できるところに住んでいた。

私としては空前絶後のことなのだが、いつも同じくらい洗練され活力に満ちた継続的な会話に参加した。アルフレッド・シュッツの思い出がこの会話の上を浮遊していた。われわれはほとんどがかつてシュッツの学生であり、彼の思想、さらにもっと一般的には社会科学への懐かしいニュースクール流のアプローチに大きな影響を受けた面々であった。

すでにハートフォードを離れるまえから、ルックマンと私は知識社会学を編成しなおすプロジェクトについて語り合っていた。一九六三年一月、われわれはそのアイディアを文章にしてみた。わがグループ（言うまでもなく「派閥」などという言葉を使ってはいなかった）は、その再編成に着手することになろう本の構成に協力してくれることになっていた。われわれは一九六七年までにはプロジェクトが完成する――つまり完成した本を手にする――であろうと予想した。

プロジェクトに乗り出したときの文書を私はまだ持っている。それはいささか気取った文章で始まっている。「本プロジェクトは知識社会学に理論的成文化をもたらすという目的を意図している」。成文化とはそれ以上あまり彫琢されなかったシュッツの所説を具現化することであった。それは「もし知識社会学が真にその名に値するものであろうとするなら、日常生活のなかで知識として通っているものすべてを論じなければならない」というものであった。この言葉には説明が必要であろう。

知識社会学は社会学のかなり周縁的な下位領域である。この言葉は社会が思想にどう影響をあたえるかに関心を持ったドイツの哲学者マックス・シェーラーによって作られた。その後この言葉は英国と米国の小さな学者集団によって採用されるところとなった。本質的にそれは思想史に対する一種の社会学的脚注であった。シュッツはこの研究領域と争おうとしたわけではなかったが、「知識として通っている」のは思想や理論や高度な文化の産物だけでなく、普通の人々（本など書くわけではなく、多くの場合全然本を読んだことのないような人々）が自分で「知っている」と考えているものもまたそうであると指摘した。換言すれば、シュッツは知識社会学を「民主化」したわけである。この切り換えはもちろん研究領域を大きく拡大することになるであろう。そして思想の創造者よりも普通の人の方がずっと多くいるわけだから、その拡大は知識社会学をずっと重要なものとすることになるであろう。

われわれの小さな派閥によってひそかに練られたプロジェクトは、こうしてけっこう控え目に始まった。プロジェクトの論理からすればはるかに野心的なもの――すなわち社会学理論の根本的な再編成――につながるだろうことが、初期のころから次第に明らかになっていった。とりわけ、われわれが着手したのは往々にして矛盾しあうものとして理解されてきた複数の理論的要素の統合であった。一つはふつうマックス・ウェーバーに帰せられるいわゆる主意主義的アプローチで、これは社会が個々人の有意味な行為によって創造されることを強調する。もう一つのアプローチはフランス社会学のデュルケム学派が力強く体現していたもので、個々人の行為の壁となる事実としての社会的諸制度を強調する。そして最後に、おおよそジョージ・ハーバート・ミードを淵源とするアメリカ社会心理学の伝統で、これは人々がどのように役割へと社会化されてゆくのかを研究した。プロジェクトが壮大になるにつれて、われわれは一つの学問帝国を夢想し始めた。無論それはニュースクールを中心として、社会学の性格を変化させてゆく帝国である。事実はそのようには進まなかった。人間の営みの他の領域と同様、学問においても帝国の夢想はたいてい痛ましい最期を迎えるものだ。

やがて語ることになるであろういくつもの理由から、わが帝国は事成らなかった。だがわれわれは独自の社会観を作り出し、それは非常に多くの経験的研究に役立つものとなった。計画した本の枠組みはルックマンと私が書き上げた『現実の社会的構成』の組み立てと非常によく似ていた。この本は大きく「意味の客観的構造としての社会」、「意味の主観的構造としての社会」と名づけられた二つの部分からできている。また、いくらかの人類学的・現象学的諸前提を論じた序章と、意味の社会的編成の歴史的多様性を論じた結論的部分とがあってしかるべきであった。しかし最後の部分は結局、盛り込むことができなかった。そのかわりに、ルックマンと私はもともとの枠組みを丹念に記述したのだが、ただもちろんそれをはるか詳細に展開したのである。

指の練習

一九六三年のマニフェストを手に携え、われわれは創造の熱狂に駆られながら活動を開始した。論文が次々に書かれ、書かれてはすぐに多種多様な雑誌に発表された（その多様性は興味深い。学術雑誌は今日よりも度量が広かったのだ）。

ルックマンと私は「宗教社会学と知識社会学」を書き、『社会学と社会調査』誌に掲載された（一九六三年）。社会学の下位分野の妥当な編成としては、宗教社会学は知識社会学に属するものと理解すべきだ——宗教も人々が「知っていると思っている」ものなのだから——と、われわれは論じた。

ケルナーと私は「結婚と現実の構成」と題するけっこう面白い論文を発表した（『ディオゲネス』一九六四年）。われわれは「夫婦の会話」なる言葉を作った。それこそ夫婦が、それぞれの過去の再解釈を含め、二人に固有なものの見方を作り上げてゆく媒体だというわけである。

ルックマンと私はまた協力して「社会移動と人格的アイデンティティ」を書いた（『ヨーロッパ社会学評論』一九六四年）——これはわれわれの社会観にもとづくアイデンティティ論への第一歩となった。

私はまたプルバーグと協力して「物象化と意識の社会的批判」を書いた（『歴史と理論』一九六五年）。われわれはマルクス主義的概念の彼の特異な用法を、われわれ共有の構図のなかに組み入れようとした。この試みは首尾上々とはいかず、論文は私がいままで書いたすべてのなかでいちばん不明瞭な表現になっていると思う。

これで終わりではない。私は単独で「精神分析の社会学的理解に向けて」(ニュースクールの季刊誌『社会研究』一九六五年)を書いた——これはいまでも振り返ってみると厚顔無恥の爽快な産物で、精神分析を近代社会に応答しようとする不毛な努力として暴露したものであった。私はさらに単独で「知識社会学の問題としてのアイデンティティ」を発表した(『ヨーロッパ社会学評論』一九六五年)——社会学を心理学に取って代わらせようとするもう一つの試みである。

ケルナーと私は二人で「アーノルト・ゲーレンと制度の理論」を書いた(『社会研究』一九六五年)——これはこのドイツの重要な、しかしわが国では当時もいまもほとんど知られていない社会理論家の著作に関する英語でのおそらく最初の論述である。

最後に、これまたルックマンとの共著論文「世俗化と多元主義」がある(『宗教社会学国際年報』一九六六年)——その後われわれは現代宗教をそれぞれ別個に分析するようになったが、これはその最初の論述である(いま振り返ってみれば、それらの分析にはきわめて大きな欠陥がある——だが、その点についてはあとで論じるとしよう)。

以上のリストを見ると、まるで集団履歴書の退屈な叙述のように思われる。けれども私は、われわれが本当にせわしない男の子の群れのようであったことを示すために、それをここに再現したのだ(女の子、ブリギッテとベニータも博士論文でせわしなくしていた)。これらすさまじい走り書きはみな、後年われわれが共同で、あるいは単独でおこなった仕事にとって非常に有益な指の練習となった。私個人としては、自分がこれらの活動のすべてから多くを学んだことをよく知っているのである。

わが派閥は長くは続かなかった。ナタンソンは教職を得てカリフォルニアに赴き、ケルナーはドイツに帰り、プルバーグはさまざまなマルクス主義理論家と研究するためにフランスへ行った。ナタンソンとプルバーグは実質的に舞台から姿を消してしまった。ケルナーの場合はもちろんそれとは違っていて、彼と私はその後一緒にいくつかの冒険的な試みをおこなった。しかしルックマンもドイツで教授職に就くためにニューヨークを去ることになり、彼との共著における最終作業は、大西洋をへだてながらの精力的な協力というかたちをとることになった。一九六三年に着手したプロジェクトについていえば、ルックマンと私は最初に構想した本が書けるただ二人の派閥メンバーとなっていたのである。

「君はほんとに文学者だねえ」

というようなことを、何年も前にあのフランス文学研究者に言われた（彼としては社交辞令のつもりだったのだが）。一九六〇年代の中葉、前記のような社会学的理論構築の真っ最中、二篇の小説を書いたという点で、私はこの予言に応えたことになる。どちらもこれといった成功を収めたわけではない。が、どちらも（はるか後になってわかったのだが）自分の神学的立場を定めようとする私にとって重要であった。だが二つの小説のうち最初の方は、（これは当時すでにわかっていたのだが）知識社会学の再編成にとって重要な「多元的現実」というシュッツの概念に関する文学的な例解でもあった（当時のことを振り返ってみて、前記のような著述活動をおこなう時間をいったい自分がどうやって見つけたのか、私にはよく理解できない。たぶん超自然的な説明がいちばん説得力がある。私は悪魔に取り憑かれていたのだ——できたら慈悲深い悪魔でありますように）。

いまやブリギッテも私も社会学を教える身となり（ブリギッテはニューヨークのハンター・カレッジの教員であった）、二人は初めて十分な収入を得られるようになった。一九六四年の夏には子どもたちを連れてヨーロッパへ行き、ティチーノ（南スイスのイタリア語圏の州）のロンコ村の家に間借りした。村はマッジョーレ湖を望む険峻な丘になんとかへばりつくようにある。眺めは息をのむほど美しい。まことに安らぎに満ちたところであった。

それはまた（少なくとも私にとっては）退屈なところでもあった。エクソシストならだれでも知っているように、退屈は悪魔に活躍の機会をあたえる。その一人が私の頭に住み着いたらしい。私は腰を落ち着けて小説を書いた。その題名は『飛び地《エンクレーヴズ》』であった（いま名づけてもそうするであろう）。それは一年後にフェリックス・バスチャンという偽名で刊行された。「文学者」に分類されたくないので、偽名を使うことに決めたのだ。アメリカ社会学のメインストリームにとって自分がどれほど周縁にいるか、私にはそれまでにわかっていた。そもそもそれだからこそ、社会学理論に対するわれわれの新しいアプローチで一つの帝国をつくろうという夢を育んだのだ。しかし小説は面白いかたちで『現実の社会的構成』の議論を反映していた。

すべての処女小説は自伝的であると、どこかで読んだことがある。私は自分が一度も経験したことのない、あるいはまったく存在しない社会的環境を書いてやろうと決めた。小説の主人公アッティラは中年のハンガリー亡命者で、「製油所からもニュージャージーの高速道路からもおおよそ等距離のところにある」カトリックの女子大学で教鞭をとる歴史学者である。この気のめいるような環境がアッティラの「至高の現実」（日常生活の強烈にリアルな現実世界をシュッツはこう名づけた）を支配している。彼はそこから別の一連の現実（シュッツの「限定された意味領域」）へと逃避する。そうした意味領域の一つの中心がニューヨーク公共図書館マジャール語部門（そんな組織は存在しない）における局地的な陰謀、すなわち東方ハンガリー人の失われた領土に関する知られざる論争をめぐって展開する学問的想話宇宙であった。もう一つの意味領域には主‐奴婢のエロティックな幻想が含まれている。アッティラは一軒の家をある心理学者と共有しているのだが、彼の研究は、タイプの違いによって人間がどのくらい多くのリアリティを許容しうるかを明らかにしようとする奇妙な実験室での実験である。アッティラも自分のさまざまな「意味領域」を生かし続けるため、しかも最も重要なのは、それらを個々別々に生かし続けるために大きなエネルギーを注がなければならないのだ。

この小説を書いたことが私の社会学理論の構築に役立ったかどうかはよくわからない。間違いないのは書くのがとても楽しかったこと（そして夏の田舎の無聊を慰めるのに役立ったこと）である。ダブルディ社はその出版に同意してくれた。たぶん彼らは勘違いして、『社会学への招待』のびっくりするような成功の二匹目のドジョウになると考えたのだ。そうはならなかった。売上げはゼロに近く、すぐに残本として安売りされた。書評はさほど好意的でないのが一つ出たきりだった。私が大いに満足したのは、評者がその偽名は明らかに著者がハンガリー人であることを示しているとと言ってくれたことであった。

それとの関連で、その偽名を思いついたときに私の頭の中にあった考えに触れておこう。「バスチャン」がどこから来たのか自分でもわからないのだが、「フェリックス」の方はフェリックス・クルル――詐欺師――をめぐるトーマス・マンの小説への引喩として思いついたのであった。偽名で小説を書く社会学者は詐欺師と評されるのが理にかなっていると私は思ったのだ。それにまた、もしだれかがシュッツあるいは彼に触発された社会学理論を教えているのなら、その授業を補足する本として『飛び地』を指定するのは悪くない考えではあるまいか。だがまことに残念なことに、それは絶版になっている。

無意識というフロイト的概念に私はいつでも懐疑的で、「精神分析とはみずからがその治療法だというふりをしている病気そのものである」というオーストリアの風刺作家カール・クラウスの見方によく賛成意見をのべてきた。この小説について思いをめぐらしていると、私はかつてないほど無意識の概念を信じていい気になってくる。青年時代の新正統主義から解放された結果、いまや自分のことを無神論者とまでは言わぬまでも不可知論者と規定しなければならないのではないかと私が真剣に考えているころに、それは書かれたのだ。出だしの文章はこうなっている。「ハンガリーはおおよそ北極と赤道のちょうど中間あたりに位置している」(それに続くのは、ハンガリーは地理的にも言語的にも中央ヨーロッパの飛び地だ、という記述である)。東方ハンガリー人をめぐる伝説を最終的に否定する文献の記述に続く最後の文章はこうだ。「兄弟分の王国は東方に存在しない。いまあるハンガリー人以外にハンガリー人は存在しない。われわれは地上で孤独なのだ」。何年も後になって、最初の文章が、人間は全と無の中間にいるという、人間の条件に関するパスカルの記述の引喩となっていることを知って、私は驚いた。また最後の文章はたしかアルベール・カミュの小説のなかである人物が語る、存在するのは人間だけだという言葉を思い出させる。換言するなら、経験的な人間世界を超えるいかなるリアリティも否定する文章でもって、この小説は終わるのである。翌年、一九六五年の夏、われわれは再びティチーノへ行き、今度はロンコの麓にある湖畔沿いの町、アスコナに庭付きの家を借りた。町の中にいることは山の頂上に坐っているよりは退屈でないので、そこでは小説に着手しただけで、それは一年後にニューヨークで完成させることになった。だがこのときはダブルディは出版してやろうとは言わなかったし、私も他の出版社を探す努力をしたいとも思わなかった。十年後、友人のリチャード・ノイハウスにそれを見せると、シーバリー出版という宗教関係の出版社に見てもらえと激励された。シーバリーは『地獄堕ちの約定』という題名で一九七五年にそれを出版した。このときは本名で出した。私は学者として十分に認められており、偽名に隠れたりすべきでないと感じたからである。だがそれも何の助けにもならなかった。売上げはまたまた取るに足らなかった。好意的な書評がいくつか出て、そのなかにはノエル・ペリンによる熱烈なものもあった（彼は気前よくそれをウォーカー・パーシーの『映画ファン』と比べてくれた）。だが二冊の小説の運命は全体として私をがっかりさせ、それ以来新しいのを書こうという気が失せてしまった。

キリスト教信仰の放棄に近いところまで私を導いたのは神議論の問題である。すなわち全能にして完全に善なる存在たる神がなぜ神の被造物とされるものに悪や苦悩を許すのか、という問題である。この小説が遠まわしに論じたのはこの問題である。そこには数年後、『天使のうわさ』という本のなかで展開した思想が暗示されている。とりわけアドルフ・アイヒマン裁判に言及しながら、私は「地獄堕ちからの弁明」を提案した。悪のうちあるものはあまりにも恐ろしすぎて、その悪をなした者を人間がどれほど激しく非難しようとも追いつかない――われわれの道徳的判断の確かさそのものが、そうした悪に必要な地獄堕ちに唯一とどきうる人間を超えた裁きをさし示しているのだ。

このたびはアスコナが舞台だ。それなりの出来栄えの小説はいくらかは新鮮に経験される地方色を帯びているべきだと私は考えた。ここで詳しく述べる必要はあるまいが、物語はバカンス暮らしをしているナチ犯罪者の発見に関するもので、彼は自分のガレージをガス室に変えられて不審死をとげる直前、ある人物によって儀礼的に死刑と地獄堕ちの宣告がなされるのだが、この人物ははじめ女のヒモという役で登場したあと、こうした預言者的な宣告をするのだ。出版のさいに小説に添えたあとがきのなかで、私は「地中海コネクション・ネットワーク」(小説の語り手で、背中に大きくグロテスクな入れ墨があるオランダ人の児童写真家が用いた言葉)に由来するものとしてこの神学的テーマに触れた。そしてこれに続けて、この隠れたテーマは「ある種のキリスト教の明白な不可避性」とでも表現しうるのではないかと言ったのであった。

機会をとらえてはこれまで何度か言ってきたように、本書の目的は私の宗教的立場の軌跡を描くことではない。たまたま社会学者となった物語を語るだけで十分に複雑なのである。しかしながら、二つの物語は明らかに多くの点でつながっており、どちらの物語であれもし意味があるのなら、そのつながりについて触れておかなければなるまい。あまりパッとしない小説家としての私の履歴は両方の物語につながっているのである。

マニフェスト

知識社会学プロジェクトがはるかに野心的な企画に変容するにつれて、またわれわれの小さな派閥の幻想が帝国という展望を帯びるにつれて、プロジェクトの最終成果を期した書物はある種のマニフェストとなることになった。われわれ以外の人々にもそれはまさにそのようなものとして見えた。一九六六年の刊行以来、『現実の社会的構成』（*The Social Construction of Reality: A Treatise in the Sociology of Knowledge*）は往々にして社会科学思想における新学派、いわゆる「構築主義」の出発宣言として言及されてきた。この不幸な展開については、すぐにのべる。

副題「知識社会学論考」はトーマス・ルックマンと私自身の胸中にあった躊躇の念をよく反映している。知識社会学という観点だけでテーマを表現するのは控え目すぎる——この本はそれよりもはるかに野心的なものに変じていたのだから。しかし「論考」という言葉は仰々しく、帝国構築の共同創始者にふさわしい。そう、帝国は事成らなかった。しかし、この本はわが派閥が始まったときの想像をはるかに超えて成功した。それは「マイナー・クラシック」とよばれてきたが、祝賀的な名詞と貶めの形容詞を合成した言葉である。ともあれこの本は、肯定的なものも否定的なものも含めておびただしい数の論評を生み出した。またその影響は社会学をはるかに超えるところにまでおよんだ。

『現実の社会的構成』は二十世紀に書かれた社会学書のなかでもっとも多く読まれた本だと言った人がいる。それはどうだかわからない。だがこの本は、刊行後アメリカでもそれ以外でもすぐに広く認知され、いくつもの外国語訳が出た。アメリカ版はこうして本書を書いている現在なお絶版にならず、よく売れている。今日までに十八の翻訳があり、最近もブルガリア語版とギリシャ語版が出たばかりである。

最初に出版されてから十年ほどしてリオデジャネイロに行き、招待者たちと列に並んでコンサート会場に入ろうと待っていたときのことだ。一人の青年がやって来て挨拶した。招待者たちは彼に私を紹介し、私の名前を告げた。彼は微笑んでこう言った、「ああ、『現実の社会的構成』」(もちろんその題名はポルトガル語版のそれであった)。ルックマンにも同じような経験がある。われわれは二人ともそうした経験から生じがちな誇大妄想を強度の滑稽感覚によってなんとか避けようとしてきたように思う。結局のところ、われわれは二人とも帝国幻想が集合的記憶の一部となっている中央ヨーロッパの出身なのだ。次の古いジョークにはおそらくそれが最もよく表現されている。第一次世界大戦の東部戦線での戦闘のあと、ドイツ軍の公報は戦況は厳しくはあるが望みなきにあらずとし、オーストリアの公報は望みはないが厳しくもないとしたというのだ。われわれが一章一章協力して本を書いていったときの心のゆとりをうまく説明してくれるのは、おそらくこれと同じように一歩距離をおくアイロニーの態度である。とはいえ、われわれは本に非常に満足したし、いまでもそうである。もし本を書き直さなければならないとしたら、どこか変えるところがあるだろうかと、われわれは何度も自問自答してきた。もっと簡単な言葉に改めたいところがあちこちにあるということを別にすれば、この本はこのままにしておこうというのがわれわれのいつもの結論であった。

簡単な本ではないし、寝床やバスタブでの読書もお勧めできない。前に指摘したように、その内容は種を異にする社会理論の系譜の統合であり、とりわけ知識社会学の意識社会学（他の著作で実際にわれわれが使用した言葉である）としての再編成である。つまり、わが「論考」は社会と意識の関係全体を説明しようとしたわけである。われわれはこの関係を「弁証法」、三つの過程の持続的な相互作用として描いた。すなわち、人間たちが一緒になって社会的世界を「考え出して」ゆく外化、この社会的世界がそのなかで相互行為する諸個人のはるか上に一見して「強靭な」リアリティを獲得してゆく客体化、そしてこの「外的な」客観的世界が、幼児期に始まるが生涯にわたって継続する多様な社会化の経験を通じて諸個人の意識の内部へ再投影されてゆく内化の過程である。

もう一つのジョーク。アメリカ人のカップルが生後六カ月の中国生まれの男の子を引き取った。彼らは中国語の集中レッスンを受けた。言葉がしゃべれるようになったとき男の子が何と言うか、理解したいと思ったのだ。われわれの理論の特色を語るなら、その語り方の一つは、このジョークがなぜ馬鹿げているか（したがってまたなぜおかしいか）が説明できるということだ。これを簡単な言葉に置きかえることができるだろうか？　やってみよう。

言語は人間どうしの相互作用の最も基本的な道具である。われわれはアメリカ人として、相互に意思疎通するためにたえず英語をつかう。言語はわれわれがそれを話すことによってのみ生きた状態がたもたれる。しゃべるのをやめてしまえば、それは生きていることをやめ、たとえば古代アッシリア語のように文字通り「死語」と化すであろう。さらに換言するならば、それは世代から世代へ遺伝子によって伝えられてゆく自然界の事実ではない（だからこそ少年はクリーブランドのベビーサークルでパッと立ち上がって中国語をしゃべったりしないのである）。しかしながら英語はそれをしゃべる人々のはるか上に客観的なリアリティを獲得している。もしそれが自分の第一言語なら、われわれはこのリアリティを当然視するであろう――たとえそれが好きでなかろうとも。われわれは自分の先生にこの発音やこの文法は馬鹿げていると言うことはできるけれども、結局は、馬鹿げていようがいまいが、英語とはそういうものであり、もし人に自分のことを理解してもらいたければそれに従って英語を使う方がいいよと言われるだけなのである。

換言すれば、客観化はかつて「内部」――一〇六六年のヘースティングズの戦い〔ノルマンディー公ウィリアムのイングランド征服の際の戦闘〕以降英語を使用し変化させ続けてきた人々の意識のなか――にあったものが「外部」の何かになることを意味している。だがそれが「外部」にとどまり続けることはない。幼年時代からのものであれ、その後の成長途上におけるものであれ、ありとあらゆる社会化の過程によって、それは内化され、再度「内部」になる。そのとき言葉は個々人の意識をかたちづくる――われわれは英語「で考える」のだ。

言語は最も基本的な人間の制度である。それが他のあらゆる制度の範型となる。たとえばそれは社会と意識の関係の範型となる。われわれは言語を通じて、また社会がわれわれの内部に刷り込む他のあらゆる制度的プログラムを通じて世界を「知る」のだ。

この引用符は重要である。世界に関するわれわれの「知識」が何らかの哲学的規準から見て妥当であるかどうかは、経験的社会科学の方法を超えたところにある。マーク・トウェインはこれをうまく表現している。「厄介なのは、われわれが知らないことではない。知ってはいるけれどもそうじゃないってことだ」。あるいは、W・I・トマスの言葉（どの社会学入門講座でも記憶させられる有名な「トマスの格言」）によれば、「もし人々がある状況を現実だと定義するなら、それは結果において現実なのだ」。たとえばある人物はある環境において自分が悪魔に取り憑かれていることを「知って」おり、またある人物は別な環境で自分がノイローゼを患っていることを「知っている」というしだい。経験社会学者にできるのはそれぞれの「知識」の内容と結末を見ることだけなのである。

どれか他の学問——たとえば哲学とか神経生物学とか——なら、自分たちには引用符をはずしたり、「知る」を「〜という錯覚のもとで作動する」に置き換えることによって、それぞれ当該の認知的前提を有効化したり無効化したりする資格があると感じるかもしれない。だが、「知識」社会学者は引用符のなかで作動するよう宿命づけられている。いうまでもなく、これは特に宗教を研究する社会学者にとって重要なことである。神々は実証的に研究できない存在であるが、神々について人々が「知っている」こと、またその「知識」からいかなる帰結が生じるかは、まさに社会学的分析がもっぱら関わることなのである。

マニフェストのあと、いったい何が起きたか？

最初のころ、アメリカでの書評は大半が好意的であったが、そこにはもちろん、われわれの主張ははるかヨーロッパの源泉まで遡りつつ、わが国の社会学の主流にしっかりと学んでいると記されていた。大きな影響力を持つ哲学者ヘルムート・プレスナーの懇切な緒言が付され、その妻モニカ・プレスナーによる素晴らしい訳で一九六九年にドイツ語版が刊行されると、とんでもない書評の爆発が巻き起こった。アメリカで私の身に起きたのとまるで違って、ルックマンは、とりわけコンスタンツ大学へ移って以降、社会学理論の一学派に近いものを確立することに成功したのであった。

出版二十五周年のおり、アメリカ社会学会の理論部門のニュースレターがこの本に起きたことを回想してくれないかと私に言ってきた。いわく「社会学理論の一学派を打ち立てようとする意図はありましたか？　もしそうだとしたら、あなたはそれを指導することをなぜ断わったのですか？」最初の質問に対しては、われわれの初期の目標は控え目だったと答えた（私はわれわれの帝国幻想を白状しなかった）。だが第二の質問に対してはこう答えた。「申し出があって初めて断われる。だれからも申し出がなかったんだ」。それに続けて私はこう言った。一九六六年からわずか数年だけ、社会学に対するわれわれのアプローチには幸運の小窓が開いていたと。というのも、特に年若い仲間たちはいわゆる構造機能主義理論と数量的方法による二重支配に失望しており、だからこそ彼らが最初にその本を好意的に受け容れてくれたのだ。

だが、ほとんどすぐそのあとに、ルックマンも私も決して共鳴できないような「イデオロギーとユートピア主義の狂宴」が起きた。この文化的激変が巻き起こす不協和音のなかではわれわれの本の落ち着いた音を味わってもらうことはできなかった。「ロック・フェスティバルで室内楽を演奏するのは不可能である」。けれども概して、この本が拒否されたわけではなかった。むしろそれは大西洋の両岸で社会科学と人文科学を支配するようになった新マルクス主義とガーフィンケルとカウンターカルチャー的言説の奇妙な混合という、うなぎのぼりのイデオロギーの一部として組み入れられたのである（この文脈ではルックマンの「コンスタンツ学派」はアングラ的な風合いを醸すことになった）。

一九九九年、ドイツ語版三十周年の機会にエッセンで開かれたあるシンポジウムで、ルックマンが議長をつとめた。彼は似たような質問を受け、私と似たような答えをした。だが彼は、多くの場合『現実の社会的構成』に影響を受けたと（その支持者や批評家に）理解されている二つの知の流れ――「エスノメソドロジー」と「構築主義《コンストラクティヴィズム》」――について論評を加えた。どちらの展開も自己の思想を出版することから生じた意図せざる結果の印象的な事例である。知識社会学の先人たちについて興味深い本を書いたヴェルナー・スタークはフォーダム大学で長年教えていた。彼は博識ではあるが、どこか風変わりな学者であった。私はかつて彼に、出版されたばかりの彼の本がどういう状況か訊いたことがある。すると彼はこう答えた、「いったん出版されたあとの自分の本については、死者についてカルヴァンが感じていたのと同じようなことを感じている。彼らのためにわれわれがなしうることは何もない。彼らはもうそれぞれ定められた道を進んでいるのだ」。

エスノメソドロジーというのはほとんどが西海岸に住む社会学者の小さな一グループによって選ばれた名前である。グループの中心人物はハロルド・ガーフィンケルで、カリフォルニア大学ロサンジェルス校で教えていた。このグループは初めのうち自分たちはアルフレッド・シュッツの著作の影響を受けたと主張した。彼らはいくつかシュッツの概念を使ったが、同時に自分らに固有の語彙も開発した。ガーフィンケルとシュッツの間には表面上いくつか合致するところがあるが、私はまったくそうは見なかった。この集団の著作を私はいくつか読んだ。そこにどんな理論的重要性があると考えられているのか私にはよくわからなかったが、経験的研究のいくつかは面白いと思った。アメリカ社会心理学におけるいわゆる「象徴的相互作用論」学派との間に強い親和性があるように、私には思われた。だが率直にいって、あまり強い興味を感じなかった（が、ずいぶん後にボストン大学の教員になったとき、そこがエスノメソドロジーの東海岸支店となっているのを発見し、グループの一人、ジョージ・プササスといくらか楽しい会話をかわしもした）。ルックマンはきっぱりと敵対的であった。彼はエスノメソドロジーの非常に多くの著作について容赦のない書評を書き、この学派を「田舎の正統派」と評した。私の知る限り、今日では民族学方法論《エスノメソドロジー》なる学問ジャンルはあまり多く残っていない。

はるかに重要だったのは「構築主義《コンストラクティヴィズム》」の名で知られる知的運動である。これは社会科学と人文科学の多くの学問にまたがる拡散した現象で、「ポストモダン理論」（これはいささか誤称である）のうちに入れられる（これは正しいと思う）。実際ここにあるのは、まとまりのある思想の一学派というより一傾向と呼ぶのがふさわしいような一かたまりの理論である。この傾向の直接の元祖はミッシェル・フーコーとジャック・デリダというフランスの著作家であるが、これらすべての背後にはニーチェと彼が推奨する哲学的方法――「不信の技術」――の長い影が射している。ここはこれら思想家たちの複雑な思想のつながりを掘り下げる場ではないが、『現実の社会的構成』との関連は明らかにしておかなければならない。

話の流れはおおよそこんな感じである。あらゆる現実は社会的に構成されるのだから、客観的な真理など存在せず、少なくともそのようなものに到達することはできない。実際、事実というものは存在せず、あるのはただ「語り《ナラティヴ》」だけである。複数の「語り」の間に認識論上の判断を下すための客観的方法など存在しない。ひとにできるのは「語り」を「脱構築《デコンストラクト》」すること──つまり「語り」が不変的に表現している利害関心の仮面を暴露すること──である。これらの利害関心はいつでも権力意志──階級の、人種の、またジェンダーの──の表現なのだ。そしてもちろんこの点で、ポストモダニズムは種々の左翼イデオロギー──マルクス主義、「ポストコロニアリズム」、「第三世界主義」、そしてありとあらゆる内容のアイデンティティ政治（とりわけラディカル・フェミニズムと「クイア理論」）──としっかり結びついている。

この理論的諸潮流の合金《アマルガム》はここ数十年にわたってアメリカの学界で非常な影響をおよぼし、多くの地でげんなりするような正統派となってきた。だが、そうした潮流は学界をはるかに超えて大衆化されてきた。それらは広範な相対主義と公然たる親和性をもっている（ちなみにこのことはアントン・C・ザイデルフェルトとの近年の共著『懐疑を讃えて』で試みたように、近代的意識の知識社会学的分析で説明できる）[1]。これは「寛容」だけを唯一の真の美徳とし、「はっきりと白黒をつける《ジャッジメンタル》」ことを唯一の真の悪徳とする広範に広まった世界観である。

こうしたタイプのニヒリズムがもたらす知的な、また政治的に実に悲惨な意味については、ここで追いかけるわけにはいかない。だが、ルックマンと私が「われわれは構築主義者ではない」と（まるで「私はマルクス主義者ではない」というマルクスの言葉をまねるようにして）くり返し言わざるを得ないと感じてきた理由は明らかにしておかなければならない。現実の社会的構成というわれわれの概念は、事実など存在しないということをいささかも意味しない。もちろん、これこれこういう大虐殺があったという事実からだれか私の車を盗んだという事実まで、経験的に判断しうるさまざまな物理的事実がある。だが客観化という概念そのものは、われわれの願望とは無関係にその存在が確認できる社会的事実も強固なリアリティをもって存在するということ（デュルケムいわく「社会的事実をモノと見よ」）を意味している。現実というものはたしかに社会的に解釈されるし、ある種の解釈にはときに権力の利害が含まれている。だがどの解釈も同じなどということはありえない。もしそうだとしたら、医学的診断や警察の捜査は言うまでもなく、科学のいかなるくわだても不可能になるであろう。こうした「ポストモダン主義」の最もラディカルな定式化――実際には多様な「語り」以外には何も存在しない――についていえば、それは統合失調症の定義に鮮やかに符合している。というのも、そのときひとは現実と自己の幻想をもはや区別できなくなるからである。

ルックマンと私は、理性を行使することによって世界を理解しようとした啓蒙主義の企図に始まる社会学の伝統に自分たちを位置づけたいと思った。だが、多くの「ポストモダニスト」は自分たちの目的を自慢げに啓蒙主義という企図の終焉として描いてきた。われわれは自分たちの社会学をこの企図の防衛と理解しているのだ。

要約しよう。『現実の社会的構成』が最初出版されたとき、それは時代精神、当時の文化的雰囲気とよく調和していた。この本が成功した原因はこれでうまく説明できる。だがその後、時代精神はたちまちのうちに変わった。結果として本が死んでしまったというわけではない。だがいまや新しい潮流の波頭に乗っている人々の多くは自分たちの目的のためにこの本を借用し、その言語を自分らの概念構築のために翻訳したのである。いわばルックマンと私はポストモダン化されたわけだ——いささか皮肉な運命である。われわれ二人がこのことを理解するにはしばらく時間がかかった。

私が事態に最初うっすらと気づいたのは、一九六八年にアルゼンチンでスペイン語版が出版されて少したってからである。私はそのときニュースクールの季刊誌『社会研究』の編集者であった（ついでにいうと、あまり楽しい仕事ではなかった）。私は十二番街のニュースクールの向かいに立つ高級住宅の地下に対になった小さな二つの部屋を持っていた。前室には元気のいい、ちょっとやそっとのことではビクともしない秘書がいた。ある日の午後、明らかにうろたえた様子で彼女が入ってきた。髭をたくわえた、危険そうな二人の男が私に面会を求めているという。私は入るように言った。ほんとに乱暴そうな顔つきである。一人は手にスペイン語訳を一冊握りしめている。彼は自分たちはラテンアメリカのある国（どこだったか忘れてしまった）から、いま身を隠している指導者に派遣されて来たのだ、と言った。さらにこうも付け加えた。「われわれは革命家である。君は社会の構成について書いた。われわれは社会を構成しなおしたいのだ。君ならわれわれの革命的企てにアドバイスをくれるだろうと、わが指導者はお考えなのだ」と。われわれはスペイン語で話した。私の方はあまり流暢でなかったが。私はできる限り丁寧に、この本は理論的な試みであり、役に立つアドバイスなど何も差し上げられないと説明した。彼らは明らかに落胆し、私がホッとしたことには（秘書は言うもがな）、すぐに立ち去ってくれたのであった。

「いったん神様《ゴッダー》ファンになったら、いつでも神様《ゴッダー》ファンさ」

『現実の社会的構成』を書くまえ、また書いている最中、ルックマンと私は知識社会学と心理学の関係についてしょっちゅう話をしていた。われわれは精神分析が（魂を癒すためのもっと安価な方法に直面して後退する以前）アメリカにおけるその影響力の絶頂期にあるという事実にたぶん感化されていた。ニュースクール関係でわれわれが知っている人はほとんど分析を受けているか、分析を受けに行こうと考えているか、数年の分析がすでに終わっているかのどれかであった。われわれは自分たちがのちに「社会学的心理学」とよぶようになるものを体系的に論じた本を協力して書こうとしていた。ほかへの関心がこの計画からわれわれを逸らしてしまったが。私はわれわれの理論なるもののために第一公理を提案した。「どんなアイデンティティでも、ないよりはましだ」というのがそれである。実際この公理、なかなか大したものだと私は思っている。

フロイトを玉座から引きずりおろし、シュッツに交代させる（だから少なくともウィーンなまりは残ったままだ）かわりに、ルックマンと私は別々に宗教に関する本を書き、どちらも一九六七年に出版された――ルックマンのは『見えない宗教』、私のは『聖なる天蓋――宗教の社会学的理論の基本』（*The Sacred Canopy: Elements of a Sociological Theory of Religion*）である。私の知る限り（この分野ではわれわれはいつも別行動であった）、当時ルックマンが何か神学的な強迫観念と格闘していたということはないが、私は格闘していた。私は兵役時代に一度、仲間の一人（とても辛辣な性格で、実に多彩な活動歴があり、ニューオーリンズで男娼として働いていたことがある）に自分は昔神学をやっていたが、今は違うことをしてるんだと言ったことがある。すると彼はこう評した。「いったん神様ファン（Godder）になったら、いつでも神様ファンさ」。

　宗教に対する個人的な姿勢の違いはどうあれ、ルックマンと私は宗教の社会科学的な概念において違っていた。宗教は経験的状況における即時的な関心を超えようとする人間の本源的な性向から成り立っているという、非常に広い本質的に機能的な宗教の定義で彼は仕事をした。したがってこの定義（エミール・デュルケムの宗教社会学と多様な流儀の哲学的人間学の実に巧みな統合である）は、宗教というカテゴリーのもとに、ありとあらゆる意味の秩序づけを包摂することになる――たとえば科学もナショナリズムも、ついでにいえば精神分析の空想的解釈もそのなかに入るのだ。この定義はあまりに広すぎるのではと私は思った。私は一度ルックマンに、彼の定義からするとだれが宗教的でないことになるのかと尋ねたことがある。すると彼はこう答えた、「犬さ」。私はそれ以来、とりわけ超自然的な世界観から成り立っているものとする、もっと狭い実体論的な定義の方がいいと思うようになった。私はこの違いについて『聖なる天蓋』の付録で詳細に説明しておいた。

　われわれの本はどちらも『現実の社会的構成』の理論的視点を宗教一般、また特に現代の宗教状況に適用したものであった。『聖なる天蓋』は二つの部分からなっている。第一部は、社会的世界を構築し維持してゆくうえで決定的に重要な要因として宗教を論じている。宗教は制度的秩序を正当化する「天蓋」として機能する聖なるコスモスを提供した。宗教社会学は、あらゆる制度がどれほど不確かであるか、またそれらのもっともらしさは制度があたかも現実であるかのように人々が行為し続けることにいかにかかっているかを示す。もちろんこれこそまえに引用したW・I・トマスの有名な格言の基本的なメッセージに他ならない。だがわれわれは人の心がどれほど変わりやすいかを知っている。宗教は諸制度の「リアリティ」をいわば宇宙論的に繋留することによって、それらを強化する。「このように行為することを選んでいるのは決して私たち人間ではない。神々がそれをお命じになるのだ」というわけである。社会的秩序に対する宗教のこうした基本的な貢献は、人間たちに諸制度が自分たちの手になるものであり、したがって高度に不確実なものであることを忘れさせるところにある。宗教は不確実性を必然性へと変える。いまや、社会は宇宙という究極的秩序のなかに不壊の場所を占めているかのように見えてくるのである。

　このような文脈のなかで、初期マルクスの「疎外」や「物象化」のカテゴリーが有益であることを発見した（それと一緒にマルクスの後期の著作全体に合意したというわけではない）。〔そして〕私はウェーバーの「神議論」概念を踏襲した——もともとこれはキリスト教神学に由来する用語であるが、ウェーバーはもっと一般的に、人間経験の否定的側面に関する社会的に確立された説明のすべてを意味するものとして用いた。宗教はいつでもなんらかの神議論を用意する。いまや苦悩や悪は超自然的な現実秩序のなかで意味を持ち、したがって社会秩序のもっともらしさを脅かすものではなくなる。これは手際のいいトリックだという言い方もできよう。

この本の第二部では近代の必然的な随伴現象として世俗化を論じた——すなわち社会と個人の意識の両方における宗教の衰退である。ここで私は宗教社会学者ばかりでなく、歴史学者、哲学者、そして最後になるが重要な存在として宗教思想家たち（彼らの多くはそれを嘆き、いくらかは現実に歓迎したが、どちらにしても彼らはみなそれを事実として受け容れなければならないと考えていた）のあいだで当時支配的であった見方に同調した。本書のあとの方で、いわゆる世俗化の理論に関する自分の考えをなぜ、またどのように変えたかをのべることにしよう。私は『聖なる天蓋』のなかでも、「合理化」（近代化を表わすウェーバーの言葉）の根源は古代イスラエルの宗教のうちにすでに胚胎していた徹底的な「世界の脱魔術化」にあり、プロテスタントの宗教改革のなかでそれがさらに徹底されたのだというウェーバーの説を頼みにした。知識社会学から得た以下の議論を私はつけ加えた。近代は信念と価値をめぐる集合的一致の弱体化をもたらし、その過程でそれらの信憑性を弱めるというのがそれだ。簡単にいえば、近代は多元主義を作り出し、ついで多元主義は世俗化を生じさせるというわけだ。これは宗教的信仰を不可能にするわけではないが、はるかに困難にする。宗教的信仰を持つ者は「認知上の少数者」となるのである。

ちょっとばかり先走った話をしよう。近代が多元主義を生み出すとした点ではきわめて正しかったことが後にわかったのだが、多元主義は必ずしも世俗化を帰結するわけではない。多元主義がそれよりずっと必然的に生じさせるのは、いかなる世界観ももはや自明視されることなく、それゆえ人々が目の前にあるさまざまな世界観のなかから選択しなければならないような状況なのである。

だが、そうした選択肢は宗教的なものでもありうる――そして、現代世界のほとんどにおいて実際にそうなっている。この状況は宗教的信仰に大きな難題を突きつける――が、それは世俗化という難題ではないのだ。

出版というかたちでひとがいったん世に放った本はそうなるものだ、とヴェルナー・スタークが言った「宿命」がずいぶん長持ちする場合がある。二〇〇八年の夏、私は中国の二つの大学で開催される現代宗教に関するセミナーの準備作業をするために、数人の同僚と中国にいた。北京でわれわれは国家宗務局（SARA）のいささか超現実的な儀式に招かれた。SARAは政府が宗教をコントロールするための機関である（幸い、あまりうまくいっていないが）。SARAの局長は私を『聖なる天蓋』の著者として、したがってまた世俗化論の最大の提唱者として温かく歓迎してくれた。本を書いたあと世俗化について考えを変えたという私の発言が、彼には耳に入っていなかったのではあるまいか。

『聖なる天蓋』もまた、学問的にも商業的にもうまくいった。これまたいまだ絶版になっておらず、これまで十二の外国語に翻訳されている。いわば、もう一つの「マイナー・クラシック」だ。しかしながら、もう一度書いてくれと言われたら、中身をそのままにしておくわけにはいかない。世俗化の部分はもちろん根本的に変えなければなるまい。だが、第一部も書き直すことになるであろう。言葉が不必要に複雑すぎる。英語に翻訳したいものである。

『聖なる天蓋』は厳密に社会学という経験科学の枠内での議論であって、神学的あるいは反神学的な意味合いをいささかも有するものではないと、私は注意深く言っておいた。だがそれにもかかわらず、後者の意味合いを持つものとして本が容易に読まれてしまうこと――つまり「方法論的無神論」という私のアプローチのうち方法論的という形容詞部分が見落とされてしまうこと――に私は当惑するようになった。そうした誤読の機先を制するために私は付録をもう一つ加え、神学者はこの本の思想にどう対処したらいいかを指示したのであった。

簡単にいえば、この本は宗教を人間の願望、とりわけ希望の余地ある意味世界への願望の巨大な投影として描いたものである。宗教的前提なしに、つまり「あたかも神はいないがごとく」世界を見るというごく特殊なものの見方の枠内では、これは正しい構図である。投影という考えは、神学を人間学に翻訳することをめざしたフォイエルバッハにまでさかのぼる。それはそれでまことに正しい。しかしもし信仰の見方に切り換えるのであれば、ひとはいわばフォイエルバッハを逆立ちさせることになる。人間学が神学に翻訳されるわけだ。そのときひとは、人間が宇宙に意味を投影することができるのは、人間自身が彼らを創造した神によって投影されることで存在できているからだと言うことができる。二つの見方は矛盾するのではなく、厳密に別種類のものなのである。私はまた、こうした認識の運動はリベラルなプロテスタンティズムの精神でなされるものであろうとも言い、そのことによって青年時代の新正統主義との訣別を確認したのであった。

以上のような考えは非常に重要なものなので、付録のなかにとどめ置くわけにはいかないと私は感じた。そこで私は腰を落ち着け、もう一冊の本を書いた。一九六九年に出版された『天使のうわさ――近代社会と超自然的なものの再発見』(*A Rumor of Angels : Modern Society and the Rediscovery of the Supernatural*) がそれである。ここで私は、自分が社会学者ではなく正式の神学の資格をもたない一人の在俗信徒として語っていることをはっきりさせておいた。この立場のおかげでこの本は、学問的隠語《ジャーゴン》からおよそ自由でいられるという利点を享受できた。

書名は、現代世界における自分の使命は神のうわさがまるきり消滅してしまったわけではないことを確認することだとする、あるフランス人カトリック司祭の言葉から思いついた。言いかえるなら、私の神学的議論は世俗化論が正しいとする前提の延長上になされたのである。宗教を信仰する者は「認知上の少数者」である。したがって神学の仕事は、この世俗化した世界にあってもいかにして超自然的な存在が「再発見」できるかを示すことである。社会学（ついでにいえば、どんな経験科学も）の道具を使ってこの仕事をすることはできない。だが、社会学は「相対主義者を相対化する」のに役立つ点で有効である――あらゆる宗教とまったく同様に世俗的な世界観にも固有の「信憑性構造」があって、それはひとたび分析されると、絶対的な真理を有しているという見せかけを失うのである。

そのあと私が続けた神学的議論は本書の範疇に属さないものである。それはリベラル・プロテスタンティズムの伝統、また不快な真実に直面した時のその「仮借ない廉直」の態度に属する私の最初の簡潔な発言であると言っておけば十分であろう。あとの点の重要な例として、私はリベラル・プロテスタンティズムが近代の批判的な学問の道具を自らの神聖な書物に適用した歴史上最初の宗教的伝統であることをあげた――これはユニークな知的勇気の偉業であり、いわゆる「歴史的イエスの探求」のなかでも最も苦痛に満ちたものである。そして私は神学の方法ともなりうるものの概略を描いた。それには二つの特徴がある。第一にそれは、人間の日常的な経験から演繹的に前進しようとするもので、それを私は「超越のしるし」と名づけた（重要なのは、そのなかに滑稽の経験とある種の残酷な行為を断固として非難する権利の両方が含まれていることだ）。そして第二は、多元主義によってわれわれの目に入ってくるようになった他の宗教的伝統との絶えざる会話のなかでキリスト教神学を構築しようとしていることである。

『天使のうわさ』は六〇年代における（またこれまでのところ、それ以後のすべての時代を合わせて）私の最後の真に成功した本となった。これまたまだ絶版になっていないし、（キリスト教神学の本としては驚くべきことに）日本語とバハサ・インドネシア語を含む九カ国語に翻訳されている。私の主要な著作はほとんどバハサ・インドネシア語で出ているが、出版しているのはイスラム教の出版社である。ジャカルタを訪れたさいに出版社の人たちと会うまで、私はなぜイスラム教の出版社から出ているのかわからなかった。彼らは信心深いイスラム教徒として、経験的視点から宗教をながめ、にもかかわらず自分自身の宗教的信仰（それがキリスト教であることは気にならない）を肯定している著者に好奇心をそそられたのであった。

「神様ファン」のインテリという私の身分は、一九六九年でおそらく人が望みうる最も荘厳な裁可を得た――ローマ教皇から？　まさかね。教皇庁は第二回ヴァチカン会議の結果を受けて、それぞれ「別れ別れになった兄弟たち」（すなわちカトリック以外のキリスト教徒）、ユダヤ教、またユダヤ教以外の非キリスト教的諸宗教（もちろんキリスト教と特別な関係にあるもの）とエキュメニカルで超宗派的な対話を進めることを目的とした三つの機関を立ち上げていた。そのとき、ローマ官僚制の奥まったところにいる誰かが、重要なグループが締め出されてしまっていることに気づいた――まったく何も信じていない人たちである。けれども、だからといって、それがだれだかわからないのに、どうやってその人たちと話ができるのだろうか。この追加分の対話を進めるために一つの機関が立ち上げられた。セクレタリアトゥス・プロ・ノン・クレデンティブスという長たらしい名称で、ウィーン大司教のケーニッヒ枢機卿がその長となったのだが、たまたま彼は私の著作を読んだことがあったのだ。大司教の特使として、社会学の学位を持つモンシニョール・アントーニオ・グルメッツリというイタリア人司祭がブルックリンの私の家にやって来た(ニューヨークへ帰ってそこに住んで二年たったところであった)。グルメッツリは私に、「不信仰」が意味するものを明確にし、教会がどのような人々と対話すべきかをつきとめるのに役立つ会議を組織し、その議長をやってくれる気はないかと訊いた。私は社会学者と歴史学者を選び、ヴァチカンは神学者を選ぶことになった。

会議はヴァチカンで実質五日間にわたって開かれた。それはほんとに素晴らしい集まりであった。社会学者のなかには、当然私の友人たちもいた――ベントン・ジョンソン(軍隊時代の大の仲良しで同僚のいんちきソーシャルワーカー)、ジークフリート・フォン・コルツフライシュ(バート・ボルのスタッフだったルター派神学者)、そしてトーマス・ルックマン(われわれの妻、ブリギッテとベニータは正式の招請は受けなかったが帯同した)。私はまたアメリカ社会学の教皇と呼ばれてしかるべきハーヴァード大学教授、タルコット・パーソンズも招請した。もっとも傑出した神学者はフランスのイエズス会士のアンリ・ド・リュバックで、彼は以前カトリック教会当局と何度かいざこざを起こしたことがあった。奇妙なことに、彼らは『世俗都市』(神学的視点から世俗化を歓迎した作品の一つである）がいささか悪評を招いていたプロテスタント神学者、ハーヴェイ・コックスも招いていた。開会のセッションには無数の人が集まったが、そのなかには完全正装の枢機卿五人と、蜂の群れのようなメディア関係者が含まれていた。会議の終わりは教皇パウロ六世との公式謁見で、彼はすべての参加者と握手し、コックスが持参した（彼の説明によると、彼のアイルランド人メイド用の）小さな十字架を祝福した。

この会議からはどんな深遠な洞察も現われなかったと私は思う（主要な文書はその後、グルメッリともう一人のカトリック社会学者の共編により『無信仰の文化』として出版された）。だがそれは魅力的なイベントであった。われわれはヴァチカンの機械がトップギアで作動する印象的な光景を観察したのである。ヴァチカンに招かれて以来、ローマのエリート・メンバーはわれわれがみな重要人物なのだと信じるようになった。

われわれは二晩、「黒い貴族」（つまりは年古き教皇庁貴族であって、最近サヴォイア王家から授爵した成金とは一緒にしないように）の朽ちかけた宮殿の晩餐会に招待された。私はあるハンガリー人の社会学者も招請していたが、彼はそんな社交界のさるご婦人に無作法にじろじろ見られたあげく、物の数に入らないようなイタリア共産党員を何人か見ただけで、本物の共産主義者はかつて一度も見たことがないのだと彼女に言われた。

だが私のいちばんお気に入りの事件は、キリスト教民主党の指導的政治家が来たパーティで起きた。彼はそれが何の会議なのかを知ろうとした。「世俗化」（secolarizzazione）をグルメッリが説明した。

「それって何？」と政治家。グルメッツリは簡潔にして要を得た定義をした。政治家は注意深くそれを聞いたあと、こう言った、「それは許せないねえ！」

二重の亡命

六〇年代はニュースクールに本部を置く新社会学帝国を築こうとする夢を断つ二重の失敗で終わった。最初の失敗はニュースクールそのもので起きた。二番目のははるかに広い範囲で起きた。私はニュースクール社会学部の性格の変化をしだいに悲しく思うようになっていた。私を最初にこの分野へとひきつけたヨーロッパ社会学の伝統は急速に消滅しつつあった。私はよそに仕事を探したいという思いにとらわれるようになった。そのうち一九六九年の秋に、私は学部長に選ばれた。私はこの地位を利用して学部の方向性を変えるため、のるかそるかの奮闘をしようと決意した。この奮闘はあっけなく、また完全に挫折したのだが。

私はとびきりばかげたかたちでとりかかった。学部の現状に関する覚書を発表した。そのなかでいくつかの実際的問題（主として学部学生の法外に高い比率）を論じるだけでなく、学部が大学市場におけるその特徴的な性格、したがってまたその固有の場を失ってしまったとのべた。覚書の出だしはこんな文章である。「私の意見では、……学部は知的な事業としては破産の危機に瀕しているる」――これは破産したとされる知識人たちがひとの提案に賛成票を投じざるをえなくなるような巧みな言葉とはとても言えない。自分が何を期待したのか定かでないが、おそらく理事会や行動力の増した学生たちの介入ということではなかったろうか。いずれにしても、猛烈な同僚たちの否定的反応が瞬時に巻き起こった。

早速に票決しなければならない問題は、学部学生の比率を改善するために明らかに必要な新任の指名という問題であったが、私はこれを失われた伝統の回復に役立てたいと考えた。私は三人の名前をあげた――ハンスフリート・ケルナー（ブリギッテの弟にしてもちろんわが派閥の一員）、アントン・ザイデルフェルト（オランダの社会学者で、彼とは少しまえに会ったばかりであったが、われわれの知的な好みにピッタリであった）、ダイアン・ウィルキンソン（ケンタッキー大学で教えるアフロ・アメリカンの女性で、私は短時間面接しただけだったが、急速に急進化しつつある「批判的社会学」なるジャンルのなかの道理のわかった人物という印象を受けた）。先頭に立ってケルナーとザイデルフェルトに反対したのはアーサー・ヴィディッチで、彼はもともと私が学部に推薦した文字通り「批判的な」社会学者であった。彼はいくつか反対提案をしたが、私はそれらを却下した――私はこれを全か無かの状況だと考えたのだ。学部の他のメンバーはみなヴィディッチに加勢して反対した。例外はデボラー・オッフェンバッハーで、彼女は私と同様、旧体制《アンシャン・レジーム》で博士号を取得した人物であった。理事会は気のない仲裁のあと、ヴィディッチの反対を是とした。学生のなかには私の側についた者もいたが、彼らの大半は当時拡大しつつあった文化革命に夢中になっていたために、大学というティーポットの中のこの嵐には注意を払ってくれなかった。

私の十二番街の戦いは労働記念日〔九月の第一月曜日〕の直後に始まった。それが終わったのは十月二十五日で、学部が私に学部長職から下りるよう要請してきたので、私はただちに下りた。私は学部の研究室を引き払い、その学年の残りは『社会研究』誌の部屋に身を隠した。そんなことをするにはちょうどいい時代であった。大学市場は好景気に沸いており、私にもいくつか話が来ていた。私はいちばん魅力的に見えた（し実際にそうだった）ニュージャージー州ニューブランズウィック（ブルックリンのわが家からはヴェラザノ水道大橋の対岸）のラットガーズ大学の話に乗った。一九七〇年の秋から私はそこで教え始めた。五人の大学院生が川向こうまで私についてきたが、そのうち三人がラットガーズで学位を修めた。それが一連の騒動のいくぶんは穏やかな終結となった。とはいえ、何だか亡命者のような気分であった。私はそれまで強い一体感をいだいてきた一つの研究機関を失ったのだ。

ニュースクールでの大失敗は当時最高潮に達しつつあった文化的な津波と直接には関係のないものであったけれども、その津波はもっと広範な背景を有し、私の知的経歴に対する影響という点では結果的にもっと重要なものとなった。当時起きていたことの強烈なインパクトは、それを生きることによってはじめてゆっくりとわれわれの多くに明らかになっていった。革命なるものにとりこになった人々はもちろん当時のことを人生の頂点として思い出すし、その後「六〇年代」と呼ばれるようになったものに対してロマンティックな見方をするよう年下の多くの人々に影響をあたえてきた。社会学者をはじめ文化的光景の観察者たちがこの影響力の大きい展開と、今に続くその帰結を説明するためにした仕事のあまりの乏しさは、興味深いこととして指摘するにあたいする。ただここはそういう説明を試みる場ではない。

最初のうち私は「運動」にきわめて共感的であった。それまでの経験から、私は人種の公平さや同性愛者の権利の承認を強調する政治的展開を好意的に見ていたのだ。権威ある者の正体暴露にある種の親和性さえ感じていた。結局、「ヒューマニズム的社会学」の特性として私が一体感を感じたのは、まさにそうしたテーマだったからだ。私はヴェトナム戦争に反対だったが、しだいにむき出しになってきた反戦キャンペーンの反アメリカ主義と社会主義志向についてゆけなくなった。

また、一九六〇年代の終わりの数年に、リチャード・ノイハウスとの友情が始まったのだが、当時彼は情熱的に「運動」に入れ込んでいた。セルマ〔一九六五年三月七日、アメリカの公民権運動に大きな影響をあたえた血の日曜日事件が起きた〕でキング牧師とともに行進し、一九六八年にはシカゴにおける民主党大会で逮捕され、ブルックリンの第十四会衆派地区の反戦候補としてしばらく活動した人物である。「ヴェトナムを憂慮する聖職者と在俗信者」(CALCAV)という名の組織の国民運営委員会に加わるよう、彼は私を説得した。だが私は、ノイハウスや他のかなり多くのメンバーと一緒に、「運動」の左派からの突き上げによってしだいに追い払われてしまった。民主主義をある種のマルクス主義イデオロギーに取り代えようとする計画に、私は断固として署名しなかったのである。

これらが幻滅へと発展するにはしばらくの時間を要した。しかしながら、一瞬の鋭い直観で自分の疑念を結晶化させた一つの経験を思い出すことができる。真に「ポストモダン」流儀で、この経験は現実的というより仮想的であった——私はそれをテレビで見たのだ。一九六八年、コロンビア大学の学生紛争〔映画『いちご白書』の舞台〕のさなかであった。キャンパスを攻撃しようとする学生群集と彼らを阻止しようとする警官隊の対峙という光景。学生たちは「人民に道をあけよ！人民に道をあけよ！」とシュプレヒコールしている。はじめはそれが何だかわからなかったが、それは何かを思い起こさせた。すると一瞬の閃光のもと、私は思い出した。それはナチによる併合後のウィーンでの幼年期の記憶である。ナチス党歌「ホルスト・ヴェッセルの歌」（別名「旗を高く掲げよ」）の二番の第一連――"Die Strasse frei den braunen Bataillonen! Die Strasse frei dem Strumabteilungsmann!" 即興で訳してみよう、「褐色の衣をまとった軍勢に道をあけよ！　突撃隊に道をあけよ！」　直観がやけつくようだった。これはあれだ！　もちろん、何から何まで一緒というわけではないが、いくつもの重要な点でそうだ――群集心理、道の神秘的解釈、自由民主主義のあらゆる制度に対する憤怒、そして最後ながら重要なものとして問答無用の好戦的反理性主義。

まもなく私はＣＡＬＣＡＶを離脱して共和党に入った（まず第一にニクソンに反対し、もっとリベラルな候補に投票したかったのだ！）。ノイハウスは「運動」から離れるのにもうちょっと時間がかかった――彼は人生の入れ込み具合がそれだけ大きかったのだ。離れたとき、彼は私よりはるかに右の方へ行ってしまったのであるが。

私が関係したこうした出来事は全体として、単純だが甚大な意味を持っていた。知的文化のなかで時代精神はアメリカだけでなく、世界の多くのところで劇的に変化した。私の思考が時代の気質と合っているように思えた瞬間はビッグバンのように終わってしまった。好機の窓は閉じてしまった。そして何ページかまえに触れたように、これはその後私が書いた本の運命にも大いに関係があった。私はこの離間を（六〇年代以来、アイデンティティ政治のなかで使用されるようになった言葉を使うならば）「被害者学」的に理解したくはない。私は迫害されはしなかったのだ。私のそれなりの規準でいえば、私はいい経歴をつんできた。たとえベストセラーにはならなかったにせよ、私の本には読者がいた。年がたつにつれて、（姿かたちは全く違うにせよ）元老の役さえあたえられるようになった。私は偏狭な母校だけでなく、より広いエリート文化からも亡命の身となった。だが後者の性格を考えると、これはそう悪いことでもなかったのである。

第4章　地球をトレッキングする社会学

かくして一九七〇年の秋、私はニュースクールの大学院生の小部隊を連れて川を渡った――イスラエルの子を率いて紅海を渡るモーゼとかセントヘレナへ落ち行くナポレオンというわけにはいかなかったが。そして、ラットガーズ大学は確かに約束の土地ではなかったが、捕虜収容所でもなかった。ニュージャージーという立地はあまり救いにならなかった。この場所柄については小説『飛び地』で書いたことがある。「製油所からもニュージャージー高速道からもおよそ等距離にある……。これら二つから発生してくる鼻をつく臭気は……ジャージー沼沢地から悪の瘴気のように上がってくる香気と対位法をなし、それはニューヨークのギャングから餌食の死体を捨てるのに好まれ、この土地のために「ガーデン・シティ」などというモットーを思いついた政治家たちの意識から深いところに抑圧されている」。

もちろんこれは口の悪い誇張であって、私が自分をどのくらいニューヨーカーと考えるようになっていたかを示す証拠である（ウッディ・アレンのではないが、いかにもそんな感じの古いジョークにこんなのがある。「どうしてニューヨーカーはしょっちゅう落ち込むんだい？　トンネルの向こう側の灯がニュージャージーだからさ」）。

私は一九七〇年から一九七九年までラットガーズで教えた。亡命であったにしても、快適な亡命であった。大学はいくつかのカレッジで構成されており、これはイデオロギー論争を避けるうえで好適であった。私の所属はダグラス・カレッジといった。左翼主義者はみなかなり離れたリヴィングストン・カレッジに閉じ込められており、彼らに会うことはあまりなかった。ダグラスの学長ハリー・ブレーデマイヤーは柔和で心の広い人物で、大学をくつろいだ雰囲気にたもち、外で出会うと歓迎したい気にさせられた。私は自分が教えたいことを何でも教えることができ、面白い学位論文を書く優秀な学生も何人もおり、そのうち何人かは専門分野で重要な貢献をなすまでになった。ニュースクールからついて来た学生のなかには、のちに知の歴史について素晴らしい本を何冊も書いたジョン・マレー・カッディー、アメリカ・ユダヤ人研究の指導的社会学者となったエーゴン・メイヤーがいる。また私のところで研究するために直接ラットガーズへきた面白い学生としては、西欧におけるロシア正教徒の離散に関する専門家となったマイケル・プレコン、早すぎる死の前に芸術社会学でパイオニア的な仕事をいくつか残したジュディス・バルフェ、ヴァージニア大学に文化社会学の革新的なセンターを開設したジェームズ・デイヴィスン・ハンターがいる。

私たちは依然としてブルックリンに住み、私はたいてい週二日ラットガーズに通った。その結果、大学周辺では社会生活を発展させることができなかった。夕暮れ時、ヴェラザノ水道大橋の上を街の灯を目にしながら家に向かって車を運転する快楽は今でも忘れることができない――ある作品のなかで「超越のしるし」としてのニューヨークについて書いた経験である。

ラットガーズそのものは私の知的軌跡に直接的な影響を何もあたえなかった。それは基地だった。だが一九七〇年代、私の思考の地理的範囲に、物理的にも（私は狂人のような頻度で地球上を行き来するようになった）、知的にも、途方もない拡張が生じたのだ。本章に別なタイトルをつけるとしたら、「バーガーのグローバル化」とでもなろうか。だがそうするうち、「六〇年代革命」の結果として起きた私の政治的転向から直接に一つのジャーナリスティックなエピソードが生まれた。

ジャーナリズム周遊

それはブリギッテ、リチャード・ノイハウス、ほか数人との（たいていブルックリンのわが家の居間での）ちょっとした会話から始まった。公民権のためになり、ヴェトナム戦争に反対し、さりとて左派に与しない、そんな雑誌を創刊するというのはいい考えではないだろうか、とわれわれは考えた。いくつかの穏健な中道右派の財団がその考えに資金を提供してくれることになり、『世界観』と名づけた月刊誌をわれわれは創刊した。他のメンバーも毎日毎日の編集作業に携わったが、冒険的事業の中心人物は明らかにノイハウスで、彼は当時きらめくような絶頂期の状態にあり、新しいアイディアに満ち、すさまじいエネルギーを発散していた。彼と私は非常にうまくいっていた（のちに二人の間で緊張が高まることになったが、それは彼がしだいにローマ・カトリックに改宗しようとしたために生じた神学的理由からであった）。私は第二バイオリンを弾くことは苦にならなかった。そして前に言及した〔七三頁〕元ナチが運営するドイツの雑誌との流産に終わった関係以来、初めてジャーナリスト気分で書くことができたのである。

『世界観』誌は一九七二年から一九八八年まで続いた。影響力があったかどうかは疑わしいが、刊行することで当時としては珍しい貢献を一つしたことは確かである。毛沢東体制の恐怖を記述した記事をいくつか発表したのだ。アメリカのリベラルなメディアには徹底的に無視されたが。

私は精力的なメンバーで、事実上の編集委員であった。事務所は当時「宗教と国際問題協議会」（CRIA）と呼ばれていたところにあり、場所的にはイースト六十四番街、レキシントン通りと三番通りの間にあったCRIAはアンドリュー・カーネギー〔一八三五―一九一九、スコットランド生まれのアメリカの実業家。「鉄鋼王」にして大慈善事業家〕が一九一四年の初めに創設した。宗教の役割は世界平和を促進することにあるとするその社是は、「文明国」間の戦争はいまや考えられない（！）からこそ、これが重要なテーマなのだという、先見の明があるとは言い難い言葉で始まっていた。

私はたいてい週に一、二回そこへ行き、再びマンハッタンに足場が持てたという現実を味わっていた。もちろんこのエリアには素晴らしいレストランがいっぱいあった。われわれの好みは三番通りの快適な店、P・J・モリアーティであった。まだ公共の場でたばこが吸える時代であった。われわれは食後コーヒーを何杯もおかわりし、昼食前のマティーニの余韻とノイハウスと私が吸う（「幕間の」）細葉巻の心地よい感覚を味わいながら会話した（思い起こせば、この習慣をノイハウスにうつしたのは私である。ハイミート・フォン・ドレーラーというオーストリアの作家が、友人が使用していたのと同じブランドのオーデコロンを使うことにした男のことをこう語っている、「これは些細な問題ではない。人が他人と同じ匂いをするようになるのだとすれば」と)。

私はコラムを一つ担当し、何でも好きなことを書くことができた。毎月の多くの問題について何か、また多種多様なテーマで書いたのである。私は世界のさまざまな地域で起きた事件の道徳的意味合いについて注釈を加えた。私は愛国心についてより哲学的な記事を書いた(アメリカの政策のいくつかについて批判的ではあるけれども、『世界観』は愛国的であるとする点で、われわれはみな一致していた)。社会的成層の最も開放的な形態として、ブリギッテと私は階級を擁護する文章を書いた。

「戦没者の谷で」という、いまでも自慢にしている一つのコラムがある(それは後に転載された)。バジェ・デ・ロス・カイードスという山に穿たれた巨大な共同墓地について書いたもので、これはスペイン内戦期に殺害されたナショナリストのためにフランコがマドリード郊外に建造したものである。私はこの場所を訪れたばかりで、そのとき、そこにある事実が示しているように、結局のところどちらの側も勝者ではなかったという事実に思いをはせたのであった(数年後に書いたように、ナショナリストたちはスペインをファティマ〔ポルトガルの都市で、カトリックの国際的巡礼地〕の郊外にしたがっていたのだが、いまはブリュッセルの郊外となっている)。

「ワシントン定期便のギルガメシュ」という表題の記事も書いた(ギルガメシュというのは同名の古代メソポタミア叙事詩の主人公で、不死を授ける植物を求めて旅する男である)。この記事を書いたのは飛行機で目撃した出来事がきっかけだ。空席が禁煙席に一つしかなく、客室乗務員が乗客にたばこを消すように言ったところ、ひどく怒り出した。ちょうど当時始まりかけていた嫌煙運動の道徳的情熱を反映して、客室乗務員は明らかに憤慨していた。この情熱は不死への希求に根ざしていると私は論じた。たばこをやめよ、さらば永遠に生きられん、というわけだ。フィリップ・モリスの顧問がそのコラムを読んだことで、私はたばこ産業と深いかかわりを持つことになった。それについてはちょっと後でレポートすることにしよう。

政治的には、自分は「保守」だと定義しはじめた。といっても「保守」というラベルは非常に特異な意味なのであるが。ノイハウスは自分を「ラディカル」と定義していたが、どちらかといえばこのほうが私の自己定義よりもさらに変わっていた。彼と私は一九七〇年に『運動と革命』(*Movement and Revolution*)という小著を出して、これらのカテゴリーを詳説し、それらとアメリカ政治の現代的諸問題を関連づけた。

一九七〇年代はまたいわゆる新保守主義が台頭した時代でもあった。ブリギッテと私は、ノイハウスとマイケル・ノヴァク(彼もCALCAV〔「ヴェトナムを憂慮する聖職者と在俗信者」〕からの脱出者であった)とまったく同じように、この運動との連携を進展させ、ある程度それに同一化しはじめた。ノーマン・ポドレッツやミッジ・デクターとのあいだに友情が生まれ、『コメンタリー』誌に数篇の記事を掲載した。数年間、この親しい関係のおかげで私は政治的な居心地の悪さを感じることが少なかった。一九八六年、ブリギッテと私は『コメンタリー』誌に「われわれと彼らの保守主義」という論説を書き、新保守主義になぜ親しみを感じているかを説明した。避妊や同性愛といった問題に対して新保守主義者が社会的保守主義者と連携するようになるにつれて、ブリギッテと私は親しみを感じなくなっていったが。というのも、それらの問題に対するわれわれの見解は非常に違っていたからである。

当時のグローバル化経験に話を移すまえに、学術出版の裏世界について私にかなりショッキングな知識をあたえることになった小さなエピソードに触れておきたい。私は人生のなかで唯一この時のみ、お金を儲けるためだけに本を書こうと決心していた（私たちはニューヨークの暑さから逃れるために夏の別荘が欲しかった）。ブリギッテと私は社会学の入門的教科書を書こうと思ったのだ。ある出版社（それがどこかは寛大に名を出さないでおこう）が関心を示した。

私たちはあるレストランで出版社の編集者と一人の中年の婦人に会ったのだが、彼女が誰なのか最初はわからなかった。編集者は、社会学入門講義の担当者たちが希望する教科書の内容を知るために、出版社の担当者たちを対象に全国調査をおこなったと説明した。そのあとで女性を紹介された。実質的なゴーストライターであった。誇らしげに彼女が言うには、すでに本は書き上がっているとのこと。調査の知見をもとにして組み立てた大枠に合わせて、ほかのいろいろな教科書から取った断片を寄せ集めたのだという。このゴーストライターには社会学の素養はまったくないのだが、同様な「科学的」手法を用いて、これまでほかにいくつかの分野で教科書を書いたことがあると、彼女は教えてくれた。

本のための名義貸しだけが私に対する彼らの希望だということははっきりしたが、もちろん私はすでに書き上がっている教科書に修正を提案できると彼らは保証してくれた（彼らは原稿を持参していたと記憶している）。これは自分が関わりたくないような企画だと私は彼らに言った（二年後、当の出版社は私も知っているある社会学者の名前で一冊の教科書を出した。それを書くためにもっと「科学的」でない手法が使用されたかどうかは不明である）。

そこでブリギッテと私はベーシック・ブックスに教科書執筆を提案した。するとベーシック・ブックスは本当に（「非科学的に」と言ってもいい）私たち自身が本を書くという理解のもと、契約を受けてくれたのである。それは一九七二年に『社会学――人生史的アプローチ』（*Sociology: A Biographical Approach*）という題名で出版された。この本には真に独自なものは何もないと思うが、形式は別である――ひとが人生史のなかで出会うであろう順番にテーマが登場するのだ。教科書は、頻繁に改訂されないと短命に終わりがちなものだが、目的は達成された。私たちはかなりの額の印税を手に入れ、そのおかげでウェスト・マサチューセッツのバークシャーに気持ちのいい家を購入することができたのである。

まぶしい陽光のなかの新思想

個人的にも政治的にも人生の激動のなかにあった一九六〇年代末、そのどちらともたぶんほとんど関わりのないところで、私の知的方向性に鋭角な転換が生じた。それは、理論から、それ以後社会学者としての私の仕事を支配してきた経験的諸問題への転換であった。とりわけ、「近代とは何か？」「近代化と成長に好適な戦略とは何か？」という二つの問題である。

一九六九年の春、何の予告もなく、メキシコから電話がかかってきた。電話に出ると相手はこう言った。「イヴァン・イリッチといいます。たぶんご存じないでしょうけど」。私は知っていると言った。それ以前、『意識の祝福』〔邦訳名は『オルターナティブズ——制度変革の提唱』〕を読んだことがあったのだが、さほど心動かされたということもなく、イリッチとはそれまで接触がなかった。その夏に私がクエルナバカへ行く予定になっていると聞いたと、彼は続けた。それは事実だった。その町で開催されるカトリックの会議で講演をするよう招待を受けており、ニューヨークの暑い夏から引き続き逃亡するために、そこで一軒別荘を借りるよう私たちは決めていたのだ。イリッチはこう言った、「CIDOC〔後出〕へ来ませんか。あなたが必要なんですよ」。この招待は抵抗し難く感ぜられ、私は受け容れた。結果がどうなるか、私には予見できなかったが。

イヴァン・イリッチ（二〇〇二年没）は魅力的で、まことにカリスマ的な人物であった。オーストリア生まれで、父親はダルマチア出身のクロアチア人、母親はフランクフルト出身のユダヤ人であった。ザルツブルクとローマでカトリック司祭としての教育を受けた。ヴァチカンの大使館員となることが決まると、彼は数カ国語に熟達し、歴史学の博士号を取得した。たぶんスペイン語の知識を買われて、彼はアメリカへ送られたのだと思う。ニューヨークのラテンアメリカ系教区に勤務したあと、プエルトリコのカトリック大学の副学長となった。彼は高位聖職者と一悶着を起こし、彼らが政治に進出するのを批判した。教会法上の彼の正式の身分を私は知らないが、聖職者としてのすべての義務を免除されたものの、彼は（他の多くの反逆者と違って）神学的には保守的なカトリックであり続けた。

一九六〇年代、彼はメキシコシティからさほど遠くない、当時は魅力的な町だったクエルナバカ（今は環境汚染と交通渋滞のために当時ほど魅力的でなくなっている）で一つのシンクタンクを始めた。彼のシンクタンクは Centro Intercultural de Documentacion（国際文書センター）というあまり意味のない名前で、ＣＩＤＯＣと略称された。そこは実際に文書――ほとんどがラテンアメリカの宗教と社会変動に関する文書――も収集していた。だがその主たる機能は、当地や欧米から来る知識人の会合場所、そのときそのときにイリッチが関心を持ったあらゆる問題について検討する継続的なセミナーというところにあった。彼の関心はたいていは新著を書く彼の仕事につながっており、広い領域におよんでいた――教育（最も有名な著書『脱学校の社会』を書いた）、健康と医療（『脱病院化社会』）、エネルギーと環境、女性の役割、そして彼が「ヴァナキュラー」と呼ぶもの――つまりは普通の人々の言葉と文化――の擁護などなど。そこには通底するテーマがあって、広く近代批判とまとめてよいであろう。イリッチはさまざまなグループ――リベラルなカトリック、あらゆる毛色の左翼主義者、カウンターカルチャー、環境保護主義者、そしてフェミニスト――の文化英雄となった。そしてそのすべてを失望させた。というのも、彼らの個々のイデオロギー的偏見に同調することを、彼は次から次に拒絶したからである。彼の広く漂泊する精神はどんな瓶にも閉じ込めることができなかったのだ。

ＣＩＤＯＣはとても変わった場所であった。美しい庭園とプール（使われているのを見たことがない）付きの借り上げた別荘にあり、皮肉にもカーザ・ブランカ〔英語に訳すとホワイトハウス〕と呼ばれていた。ＣＩＤＯＣはいかなる外部資金も受けていなかった。語学学校の経営によってすべてをまかなっていた。学校では、たいていは「グリンゴー」の学生が法外な授業料を支払って没入法〔学習中の言語を使って生活しながらその言語を習得する教育法〕のスペイン語講座を受けていた。物理的にも財政的にもこの活動は一階でおこなわれていた〔「一階で」をあらわすon the ground floorには「最低水準で」という意味もある〕。上階にはセミナー室、非常に簡素なイリッチの居宅空間、大きなテラスがあった。ほとんど毎日ここが講義、討論グループ、多くの情報交換の場となった。

到着して間もなく、彼が何を考えて私を招いたかがわかった。彼は『現実の社会的構成』を読んだことがあり、そこに自分が使えそうなアイディアがあると直感したのだ。自分のあらゆる関心はごく基本的な一つの問題に関連していると彼は理解していた——近代的意識の本質という問題である。知識社会学の概念を用いてこの問題を探求できないだろうか、というわけだ。私がそれに同意するのに長くはかからなかった。

私はCIDOCで何回か講義をした（いずれも宗教社会学を素材にしたものであった）が、その夏のほとんどはイヴァン・イリッチやかわるがわるやって来る彼の仲間たちとのおびただしい会話に費やされた——思い出されるのは南米の教育改革者、フランスのプロテスタント神学者、ドイツの左翼活動家（彼はいつも裸足になって胸の悪くなるような腫物を見せるのだった）といった面々である。ブリギッテはたいていこうした会話に積極的に加わったが、私たちがクエルナバカで夏を過ごした時期（一九六九—一九七二年）にやって来たハンスフリート・ケルナー（彼はその後の展開で重要な役割を演じることになる）や私のいろいろな友人たち——リチャード・ノイハウス、マイケル・ノヴァク、私の二人の大学院生、ダニエル・ピナード、ジェイン・キャニング——も同じであった。

私には、この時期に私の頭にあふれ出てきた新しい思想とその思考が生まれた環境とを分けて考えるのが難しい。まぶしい陽光と温かさ、いずれもその高度では不快ではなかった。熱帯植物の花の香り、メキシコ音楽の響き、スペイン語のスタッカート。それはまた家族にとっても幸福な時間であった。私たちはいつも心地よい街区の同じ家を借りた。庭とプール付きであった。車を持ち、モレロス州をくまなく旅行した。二人の息子は、教育は英語でおこなわれるが、毎朝子どもたちによってメキシコ国旗が掲揚される近所の小さな学校に通った――上の息子トーマスはこの掲揚行為のせいでアメリカ国籍を失うのではないかと気をもんだ。子どもたちが学校に行っているあいだに、ブリギッテと私はよく町の中心、コルテス宮近くの小さなカフェに食事しに行った。この王宮にはスペイン人征服者コルテスのアズテク人の愛人がいたのである。夜になると、中心部の広場では流しのバンドがマリアッチ音楽を演奏するのが聞けた。

CIDOCの知的雰囲気は尋常ならざるコンヴィヴィアリティ〔イリッチ思想の重要概念で「自立共生」などと訳すが、ここでは原義に近く「上機嫌」といった意味〕と開放性のそれであった。もちろんそこを支配していたのはイリッチの人柄であったが、彼のやり方はまったく権柄づくなものではなかったことを強調しておかなければならない。彼は他人の見解に耳傾けることを好んだ。また慎重でためらいがちに自分の考えを語った。そして彼は誰に対しても礼儀正しかった。「ヴァナキュラー」〔イリッチ思想の重要概念で、「市場で売買されないもの」といった意味〕なものに対する彼の敬意はある夜警の人格に格別の焦点を当てていた。それはライフルをいつも持ち歩いている八十代の威厳ある紳士で、そのライフルはメキシコ革命時に自分がサパタ軍で使用したものだと吹聴していた。ときおりイリッチは、民の声との相互作用よろしく、それが何であれそのとき話題にしていることについて意見を言うよう、彼に求めるのであった。だれであれ他の人に対して同じことをしたなら、このふるまいは恩着せがましく、あるいはわざとらしく見えたであろうが、イリッチの場合は違っていた。彼はこの老サパタ兵がどう考えるかを本当に知りたかったのである。

イリッチとブリギッテと私の最初のころの会話のなかで、一つの明確なプロジェクト・チームが浮上してきた。われわれ三人は近代的意識の特性について一緒に本を書こうと思ったのだ。私はイリッチの中心的関心事に知識社会学の洞察を応用したいと思った――それはつまり近代の巨大な諸制度による抑圧から「ヴァナキュラー」な伝統と生活様式を守りたいということである。われわれはそこで、もう一人の共著者としてハンスフリート・ケルナーを加えるよう提案し、イリッチは即座に同意した。〔しかし〕CIDOCでの最初の夏、プロジェクトは多くの集中的な会話以上には進展しなかった。本の概略も分業プランもまったくできなかった。そうしたものはケルナーが実際に到着する翌夏にすることになっていた。そして、プロジェクトは瓦解したのである。

その表向きの理由はバカげていた。イリッチはケルナーに何回か講義をするよう求め、それがCIDOCの活動で共同作業に携わる者の絶対的な規則なのだと主張した。この主張は間違っていた。この規則なるものに従わなかった人を私はたくさん知っているし、どのみち「CIDOCの活動」が何を意味するものなのかということさえ判然としなかったから。ケルナーはどんな講義もする気はないと言い、イリッチもこの件に関しては（ほんとに珍しく）まったく譲歩しないので、ブリギッテと私はわれわれのプロジェクトをあきらめることにした。

こんなわずかな不一致がケルナーに対するイリッチの奇妙な要求の本当の理由であったはずがない。本当の理由は、われわれ各人の前提に根本的な違いがあることをイリッチが発見したところにあるのではないかと思う。つまるところ、イリッチは近代が嫌いであった。左翼思想の賞讃者が考えるのとは反対に、彼はヨーロッパ的な言葉の十全な意味合いにおいて心底、保守的であった。彼にもしユートピアなどというものがあったとしたら、それは中世であった。ブリギッテと私は、当時も今も近代が好きである。私たちは近代を批判し、その諸制度を改善することに関心を持ってはいるが、教育や保健医療や地域政府における近代の諸制度をガンディーもどきの施策に置き換えようなどとは思わない。

そこで、家族並みのわが小隊はイリッチの参加なしで本を書くことにした。われわれはメキシコで執筆作業にとりかかった。『故郷喪失者たち――近代化と日常意識』(*The Homeless Mind: Modernization and Consciousness*) が出たのは一九七三年である。この本についてはもうちょっとあとでのべよう。

一九七〇年代の前半は、理論的にだけでなく現実の成長政策という点からも、近代と成長に関する自分の考えを明確にしようとする努力に費やされた。メキシコの卓越した人類学者ルドルフォ・スタヴェンハーゲンと仲良くなっていたのだが、彼は自分が在籍していたエリート大学のメキシコ大学で講義するよう私を招いてくれた。その結果、私はメキシコのみならずラテンアメリカ全体で支配的であった知的諸潮流に触れることになった。そうした潮流は圧倒的にマルクス主義あるいはネオ・マルクス主義であった。私はグアテマラやベネズエラに旅行することによってこの地域の知識を広げ、また貪欲に本を読みあさった（ついでながら、その過程で、もともとイースト・ハーレムの街頭で学んだだけのスペイン語も上達した）。

ＣＩＤＯＣは初期の時代の約束を果たすことができなかった。形式的な教育に対する反感に忠実に、イリッチはなんらかの基準や規則を課すことを一切拒否した（究極の侮辱の言葉が、あるトイレの壁に落書きしてあった――「イヴァン・イリッチが学校を経営してるよ！」）。彼は自分の助手の一人ヴァレンティナ・ボレマンスをセンター長に指名した。彼女はとても感じのいいベルギー人女性ではあったが、学問上の資格、さらにいえば管理経営上の資格をまったく持っていなかった（それまでの経験としては、ジャック・クストーとの深海ダイビング、北西ブラジルのレシフェの司教ヘルダー・カマラ邸のアルバイト家政婦などがあった）。

ありとあらゆる種類の変人が講義にやって来て、この場所はアメリカのカウンターカルチャー・タイプの人間たちにとって魅力的な目的地となった。彼らの行動にドラッグの公然たる服用が混じり始めると、地域の警察が関心を持つようになった。するとイリッチは、突然センターを閉じてしまった。カーザ・ブランカから人々が立ち退き、語学講座は打ち切りになり、ボレマンスとＣＩＤＯＣ文書館はクエルナバカ近郊の村に引越した。イリッチ自身もそこに小さな家を持ったが、次第に縮小してゆく欧米の弟子グループと集会を開きながら巡回してゆくという人生を送るようになっていった。彼の著作は次第に、主として中世にあるとされる近代思想のルーツをテーマにした、わかりにくいものとなっていった。そしてイリッチはドイツで亡くなった。

本の執筆をめぐる行き違いにもかかわらず、私たちは友好的な関係をたもち続けた。イリッチは何回かボストンに私を訪ねてきた。彼は空港から電話をかけ、そのあと一時間かそこらで私の家にやって来るのであった。あるときなどは、タクシーを外に待たせていたことさえある。私がこれまでに出会ったいちばん興味深い人物の一人の人生を物語る完璧なメタファーと、なぜか思える一つのエピソードがある。

イリッチがどこかから、もうじきボストンを通過すると電話してきた。一つ頼みがあるという。ニューヨークの彼の本の出版社にスカーフを置き忘れてきたらしい。リャマとアルパカの毛でできているとても珍しいスカーフで、ペルーの哲学者サラザール・ボンディからの貰い物だという（私自身もペルーに旅行したとき彼に会ったことがある）。イリッチは私の家にそのスカーフを郵送するよう出版社に頼んだ。拙宅でそれを受け取ろうというわけだ。さて、イリッチは着いたのだが、スカーフはまだ着いてない。クリスマス目前のことである。家を出るときイリッチは、これからアトランタへ行ってエーリッヒ・フロム（心理学者で『自由からの逃走』の著者。しばらくクエルナバカに住んでいたことがある）の未亡人と「新年のダンス」をするんだが、スカーフをアトランタに転送してもらえまいか、と言った。イリッチが行ってから数日後、たしかにスカーフは届いた。言われたとおり、私はそれをアトランタに転送した。イリッチはどのくらいそこに滞在する予定だったのか知らないが、よほど長いこと滞在しないかぎりスカーフはまた彼とすれ違いになるだろうと、私は計算した。そして私はこんなことを夢想した。スカーフはあちらからこちらへとイリッチの後を追いかけ続けるが、その都度彼とすれ違いになってしまうのではと。ひょっとして今も？

近代的意識とは何か

私は一九七〇年代前半までに、まずは「価値自由」な社会科学的分析が内容と言っていい本を書いたのち、そうした分析の意味内容に関する「価値負荷」的な主張をするのが習慣となってきた——ただし、この作業の第二段階はいまや神学的なものではなくて政治的なものなのだが。たとえば、まずわが家族チームと私で『故郷喪失者たち』を書いたのち、それを受けて単独で『犠牲のピラミッド』を書いた。

一九七三年に刊行された『故郷喪失者たち』は知識社会学の応用演習として世に出た。『現実の社会的構成』の概念装置を近代的意識の特性という問題に応用したのである。この応用は非常にうまくいき、複雑な経験的現象を理解しようとするさいにそれら諸概念が有効でありうることを示せたと思う。この応用演習が細部のすべてまで成功しているかどうかは議論の余地があるけれども。

われわれは近代の三つの中心的な現象——テクノロジー、官僚制化、生活世界の多元化——が意識にどんな影響をもたらすかを論じようとした。たとえばテクノロジーはわれわれが「部品化」とよぶ認知スタイル——すなわち、現実を分析可能・操作可能なバラバラの部品に分解しようとする認知スタイル——を誘導する。官僚的スタイルはこれと似ているが経験的検証との関わりがはるかに少ない——それは純粋抽象という人工的宇宙を創造するのである。多元化はひとに多様な社会的世界を生き、それぞれのなかで異なった役割を演じることを強いる——われわれはこれを「多元関係性」と名づけた。もちろんわれわれははるかに詳細に議論を展開したが、どのように進めていったかは、これらの術語でわかるであろう。ふり返ってみると、シェイクスピアやミルトンの言語に対する相当にあやしげな貢献は別にして、意識のこうした構造を記述するというまずまずの仕事をしたのではないかと思う。だがまたふり返ってみると、近代的現象に関するわれわれのリストには見逃すわけにはいかない欠落があることに気づかざるをえない――われわれは資本主義を論じていないのだ！　これはこの本の基本的な主張を練ったメキシコという環境によって説明できるのではないかと思う。すなわち、われわれは多種多様なマルクス主義者に囲まれており、彼らのイデオロギーに賛成ではなかったけれども、イデオロギー的な悶着が避けられるような分析を構成しようとしたのだ。

いずれにしても、われわれは近代化の過程を記述するうえで有益な多数の概念を動員した。われわれは「担い手《キャリア》」という、医学を連想させる古典的なウェーバーの概念を使用した。ひとは病気の「担い手《キャリア》」は何かと訊くことができる。同様に、どの集団あるいは制度――たとえば起業精神に富んだ民族集団とか教育システム――が近代化を「担う《キャリー》」のかを問うことができる。そしてわれわれはイリッチが使うのを聞いたことがある「パッケージ」という概念も利用した――それでもってわれわれは行動パターンの束とそれに付随する意識構造を意味した。さらにわれわれは「内在的」パッケージと「外在的」パッケージという有益な区分も立てた。前者はその行動が続くうちはバラバラに分離できないかたちで相互に結びついているもの、後者は多少とも偶然的に生じ、したがってはるかに容易にバラバラになるものである。

この区分を非常に明確な形でつかむことになった出来事を特定することができる。メキシコへの冒険を始めた直後、私は初めてアフリカへ旅行した（これについてはすぐ後で）。私は当時のイーストアフリカ航空ウガンダ・エンテベ発ナイロビ行きの早い便に乗っていた。私はグロッキー気味で半醒半睡の状態であった。アフリカの村みたいに装飾された客室に坐っていた。アフリカの衣装を身につけた客室乗務員がトロピカルフルーツを客に配って歩いている。機内アナウンス設備はドラムなどでアフリカ音楽を奏でている。そこで不安な考えが頭に浮かんだ。「だれがこの飛行機を操縦しているんだろう?!」そのとき、機長の声が――きびきびした英国口調で――聞こえてきて、私はホッとしたのである。

私はここで、自分は人種差別主義者ではないと念押しする必要があるとは思わない。けれども、飛行機を操縦しているパイロットのことを心配したとき、パイロットの肌の色を気にしていなかったことを書いておくのは重要である――私が気にしたのはその訓練である。詳しく言うと、その訓練は英国航空（やルフトハンザ）のパイロットのそれとまったく同じであってほしいと思ったのだ。英国口調を耳にするやいなや、生まれがイギリスであろうが、ウガンダやケニヤであろうが、とにかくパイロットが英国で訓練を受けたことは間違いないと確信することができたのである。

この小さなエピソードは近代化の論理のいいメタファーになる。近代の航空機を操縦するならだれもが内化しておかなければならない「内在的パッケージ」がある――思考様式に必然的に連動している行動様式である。たとえばパイロットは、距離、スピード、燃料容量の時間的様相を調節するために、非常に緻密な時間概念――「エンジニアリング時間」――でものを考えなければならない。この時間概念は「英国的」――いやもっと正確にいえば「西欧的」であるだろうし、またそうでなければならない。伝統的なアフリカ文化は対照的に、はるかにゆったりした、緻密でない時間概念で動いている。伝統主義者なら、そのほうが時間のより自然で、より人間らしい経験の仕方だと説得的に言うであろう。二人の村人が会いたければ、「晩に会おう」と言うだけで十分だ。「晩」というのは、たとえば八時から十時あたりの、たぶんいつでもいいのだ。時間をもっときちんと特定することは不必要にものごとを窮屈にする。これをいささか文化哲学的な視点から、「アフリカ時間」は「西欧時間」よりも優れていると言ってもらってもいい。だがそのときには、こうつけ加えたい。もしパイロットがアフリカ時間で操縦したら、飛行機は落ちちゃうよ。

換言すれば、飛行機を操縦するという行為には行動と意識を結びつける内在的パッケージがあるということだ。だが、客室乗務員の行為と制服や西欧の航空会社のエチケットの結びつきのような外在的パッケージもあって、イーストアフリカ航空はそれらを分解し、組み立て直すことに決めたのだ。簡単にいえば、コックピットで進行することには遊びがないが、客室にはかなり大きな遊びがあるというわけだ。

もう一つ例をあげよう。はっきりとした歴史的理由から英語が国際航空界の言語となっている。だから、飛行機の操縦法を知っていることと航空管制官と英語で意思疎通するすべを知っていることのあいだには結びつきがある。だがこの結びつきは外在的なものである。両者は場合によってはバラすことができる。たとえば将来、中国語、あるいはスペイン語やスワヒリ語が英語にとって代わるかもしれない――近代的テクノロジーの意味論を取り入れられさえすれば何語でもいいのだ。

さらにいえば、コックピットにいるあいだ、わがウガンダ人パイロットはきっちりと決められたとおりに行動し思考しているに違いない。しかし、義務から離れ、制服を脱いで帰路に着くと、顔つき、立ち居振舞い、言葉を、また最後ながら大事なこととして思考方法も、極端に変えるかもしれない。最近、まさにこういう「多元関係性」タイプの強力な事例が現われた。新しく選ばれた南アフリカ大統領にしてズールー文化の誇り高き伝統の男、ジェイコブ・ズマがそれである。彼は初めて国会に登場したとき、いささかも臆することなく三人の妻を連れて姿を現わしたのである。

『故郷喪失者たち』の第二部では、パッケージの伝播やその結果生じる意識の衝突という近代化のダイナミズムを論じた。われわれは近代化と反近代化のイデオロギーを論じたのだが、後者のカテゴリーには当時西欧世界で広く吹き荒れていた反近代化の多くの潮流が含まれていた（われわれはこれを「脱近代化」と名づけた）。われわれは結論で、自分たちの分析は社会主義の成長政策と社会主義以外の成長戦略のいずれをも正当化するものではないと言った。われわれは「衒学的《ペダンティック》ユートピア主義」、つまりよりよき未来像を近代の経験的事実への注意深い配慮と結びつける姿勢の必要性を訴えた。このフレーズはだれをも鼓舞することなく、われわれ自身にさえそうだった。

「君に悪い知らせがある」

クエルナバカ時代の最終局面と重なるのが、いわゆる第三世界を見る目のアフリカへの拡大である。これはウィーン成長問題研究所というオーストリアのシンクタンクの招待の結果として生じたものである。私は「成長の選択肢」という名の国際的ワーキング・グループを指揮するよう招かれた。もとはといえば私のアイディアで、このシンクタンクに関係のある知人にそれを話したのだ。アイディアは単純である。社会的・経済的成長にポジティヴな影響をあたえた西欧外の数多くの政策や制度を研究してみたらどうだろう、というのがそれである。私はこのプロジェクトのためにかなり面白いチームを編成した。〔が、〕結果は惨憺たるもので、プロジェクトは何の意義ある出版物もなしに中止になった。主たる理由は、いざ始めてみると、ウィーンの事務局、私自身、また数カ国に散らばったチームが相互に意思疎通をはかるのが厄介だったことだ。しかしながら、このプロジェクトは学際的なワーキング・グループを指揮した私の最初の経験となった。

これについていえば、首尾上々とはいかなかったわけだが（失敗の理由がわかれば、それは将来回避することができる）、その事実にもかかわらず、このタイプのワーキング・グループは私の好みのやり口となった。これに方法論という言葉で勿体をつけたいなら、それは（当然至極だが）きわめてウィーン的な原理に立脚している。私はそれを「コーヒーハウス」原理とよんでいる。もしいい人材を集めて十分な時間一緒に坐らせておけば、彼らは何か面白いものを思いつくようになるはずなのだ。

最初にアフリカに着いたときはけっこうドラマチックであった。リチャード・ノイハウスがアフリカの数カ国をめぐる長期の旅行に出ることになり、一緒に旅行しようと計画したのだ。われわれはエアアフリカでニューヨークからダカールへ飛んだ。機上では、客室乗務員たちは他の乗客にほとんど注意を払うことなく、ファーストクラスのただ一人の乗客、明らかにセネガルの大物政治家にひっきりなしに料理を運んでいた。われわれはまだ暗いうちにダカールに着いた。乱暴そうな顔をしたタクシー運転手が何人かの競争相手の先頭にいたわれわれのバッグをひっつかむと、トランクに投げ込み、漆黒の闇のなかを物騒なスピードで走り出した。われわれは窓の外の何も見ることができなかった。たしかに彼はわれわれをホテルへ送り届けた。そしてホテルでは夜警がわれわれを部屋へと案内してくれた。

私は少しばかり眠ろうとしたあと、起き上がってシャワーを浴び、ひげを剃った。一時間ばかりあと、ドアをノックする音がした。とても辛そうな顔をしてノイハウスが立っていた。彼は重々しい声でこう言った。「君に悪い知らせがある」——この文句はその後何年も私が彼をからかうネタになった。私が当惑の表情を浮かべていると、彼は睾丸が痛みをともなって急速に肥大しており、できるだけ早く医者に診てもらわなければならないと説明した。朝の七時ころであった。アフリカに着いて約二時間。もう熱帯病にかかってしまったとは考えにくかった。

私は階下に降りて行ったが、夜警は私がほとんど理解できないウォロフ語しか話せない。時計で八時を指しながら「マダム」と言うのが精一杯であった。たしかに支配人のフランス人女性がその時刻に到着した。彼女が来るまで私はノイハウスに付き添っていたが、彼は恐ろしいほどの睾丸の肥大ぶりを調べるために足しげくバスルームに通うのであった。私は何とか彼を落ち着かせようと、他の話題をあれこれ話した。私はこういう状況のなかで自分は何をなすべきかと考えざるをえなかった。象皮病にかかったアフリカ人の写真を以前見たことがあったのを思い出した。彼はその途方もない睾丸を手押し車に積み、前へ前へと押していくのだった。

このエピソードは大いなる救いで終わる。支配人は救急の電話をかけ、すぐに英語のできる医者に診てもらえるよう話をつけてくれた。医師は病める部分を診察するやいなや笑いだした。それはアフリカ旅行に備えてノイハウスが受けた予防接種の非常によくある副作用なのだそうだ。注射を一本打つと、睾丸はノイハウスを元気づけるように、すぐにいつもの大きさに戻った。ともあれ日曜日の朝、人通りのないダカールの大通りを救急センター（service d'urgence）に向かって疾走するもう一台のタクシーの窓からの風景は、私が最初に見たアフリカの風景となったのであった。そしてその朝、ノイハウスが開口一番に口にした言葉（「君に悪い知らせがある」）は、その時代、のちに私が東アジア経済の奇跡発見以前の時代とよぶようになった時代に、私が第三世界について学びつつあった多くのことの表題にもできよう。

私はウィーンから二回の旅行に行かされた。いまのべたアフリカ旅行が一つ、そしてもう一つはラテンアメリカである。スラム再生の二種類のアプローチを見るためにペルーとブラジルに行ったのだ。ペルーにはヴェラスコ左翼政権の社会主義的政策があり、ブラジルにはそれとまったく異なる右翼軍事体制の政策があった。成長の国家統制主義的モデルと資本主義モデルの違いはアフリカではさらに鮮明であった。私は零細農家にアドバイスと訓練をあたえようとするセネガルの農村活性化（animation rurale）プログラム、またいわゆるウジャマア（ujamaa「連帯」）村という社会主義農場に農民たちを入植させようとする野心的なキャンペーンを続けていたタンザニアのプログラムを見たいと思った。いくつかの大きな旅行経験を別にすれば、私はこうした旅行から多くを学んだ気がしない。だがセネガルでは目の覚めるような「なあるほど！」（aha!）体験、タンザニアでは教訓に満ちた空想を得たのである。

私は地域の農民を「活性化する」プログラムについて学ぶということで、ジープに乗ってセネガルの農村地帯にいた。われわれはその風景がまことに興味をそそるある村を通過していた。町角の木のベンチに一人の男が坐り、まわりに立っている小さな集団に話していた。私はガイドに彼は政治家か説教師かと尋ねた。いやいや彼は語り部さ、というのが答えだった。私は即座にこの男に強い共感を感じた。私が大学で教えているときにやっているのはこれじゃないか！というわけだ。この語り部を見て以来、非常に多くの同僚がそれなしでは教えることができないと感じている技術的な補助器具一切なしにやっていくことに、私は大きな自信をいだくようになった。「パワーポイントによるプレゼン」という、あの忌まわしいフレーズを耳にするたびに、私はセネガルの町角の語り部を思い浮かべるのである。

タンザニアではウジャマア村の模範とされる所を訪れた。それはそれはひどい所だった。私は「工場」に連れて行かれたのだ。ハンマーを持った五人の男が空っぽの倉庫の床に坐っていた。彼らは何かナッツの類を叩き割っては、それをかごに入れていた――「輸出用さ」と誇らしげに誰かが言った。村役人の一人が私に何か質問があるかと訊いた。何を訊いたものか、考えるのが面倒くさかった。農事に関する私の知識はロバと馬が区別できるという域をほとんど超えるものではなかった。どうしてこんな質問をする気になったのかわからないが、村には何か祭りがあるかと私は訊いた。役人は「いいご質問です」という趣旨のことを言って、嬉々として説明した。

いくつかのウジャマア村には一部族だけからなる住民が住んでいた。ここもそうだが、いくつもの異なる部族が住んでいる村もあった。部族間の連帯を促進する役目を持つ委員会もあった。部族にはもちろん違った伝統、違ったダンスがあった。委員会は年に一、二度、住民たちがお互いをよりよく理解し尊敬できるよう、各部族がその伝統的なダンスを披露する催しを組織した。

だいぶあとになってから、私はこのエピソードを伝統と新伝統主義の違いの完全な例証として思い出した。以下、一つの空想。二つの状況を想像していただきたい。伝統的な村で演じられる部族ダンスと、私が教えてもらった催しのような場でまったく同じダンスが演じられる場合だ。さらにまた両方のダンスが撮影されたとご想像いただきたい。二つの映像はまったく同じである。ひょっとすると同じ踊り手さえ出てくるかもしれない。けれども二つの状況はまるきり別物なのである。伝統的な村でひとが踊るとき、それは定められた聖なる日であり、神や先祖のためであり、行為の目的は霊的な世界とのつながりを保持することである。ウジャマア村では評議会が日程を決め、ひとは観客のために、また実利的な理由で踊るのである。

こうした旅行では私は都市と農村の成長政策については多くを学ばなかった。だが、ラテンアメリカからアフリカへという視野の拡大は次の本を書くときの自信を深めてくれた。

『犠牲のピラミッド――政治倫理と社会変動』(*Pyramids of Sacrifice: Political Ethics and Social Change*)は一九七四年に出版された。ここで私は、ラテンアメリカとアフリカではじめて第三世界の貧困と出会った結果として感じた政治的課題を直接に論じた。その課題は一つの問題に集約できた。好ましい成長モデルとは何かという問題である。この本はアメリカではかなりの成功をおさめ、いくつかの好意的な書評も頂戴した。一九七六年の全国書籍大賞にもノミネートされた。そして中国語版（出版は台湾）、バハサ・インドネシア語版（またまたイスラム教の援助）を含む八カ国語に翻訳された。アメリカ版は数年すると絶版になってしまったが。

ふり返ってみると、この本は相当な情熱をこめて書いたにもかかわらず、私の上出来の本の一つと見ることはできない。この本でいちばんいいのはたくさんの小品文──低開発の諸相の例証となる短い物語──の部分だと思う。いちばん痛烈なのは「生ゴミの中のタブロー──子どもとハゲワシ」と題されたものだ。これは美しいバロック建築と沁みわたるようなアフロブラジル音楽のリズムが結びついたブラジルの最もロマンティックな都市の一つ、バヒアでの経験を語ったものだ。そこにはラテンアメリカ最大のスラムの一つもある。私はそこへ、ある政府機関のボランティアとして「ソーシャルワーカー」をしている中流階級の婦人グループに連れて行ってもらった。壮大な生ゴミの山があって、その頂上で半裸の幼い男の子がハゲワシを追いかけているのが見えた。それと同じとき、婦人の一人が誕生日にかわいいパーティ・ドレスを着た自分の幼い娘の写真を見せて回っていた。この出来事の記述で先の問題「好ましい成長モデルとは何か」は終わるのである。

本の表題は最初の小品から取った。メキシコのプエブラ州ノチョルラにある巨大なピラミッドを論じたものである。実際そこにはひと続きになったピラミッドがあって、それはこの地を占領したメソアメリカ帝国──オルメック、トルテカ、そして最後にアステカ──が変わるたびに、以前のものの上に一つ一つ建てられていったものである。それぞれの帝国は先行する支配者の神殿として仕えたピラミッドを破壊し、その廃墟の上に新しい神殿を建てた。その結果、山というほかないものが出来あがり、その上にスペイン人は教会を建てたのだ。コロンブス以前の過去を讃えることにイデオロギー的関心をいだいている現代メキシコの政府機関は、遺跡を掘り出し続けている。

論点は二点であった——ピラミッドの化身が神話によって正統化されたこと、またそれぞれのピラミッドが神話創造者によって支配される人々に膨大な犠牲を要求したこと、である。神々は人間の生け贄の血を与えられる必要があるとメソアメリカ文明は信じ、それはピラミッドの頂上の祭壇で儀礼として実地に移された。アステカ人はなかでもいちばん血に飢えていた。そしてスペイン人が来ると、彼らは土着の民衆の搾取のうちに、また異端審問の火のうちに、独自の犠牲を課した。現代メキシコ・ナショナリズムの神話はこの連鎖を継承しているのである。

犠牲のピラミッドというメタファーを使用するにさいして、私は「ピラミッドの批判」というオクタヴィオ・パスのエッセイを借用した。彼はそのなかで、メキシコ国家は中央集権というアステカの神話を継承し、成長の神話という名のもとで生け贄を要求していると主張した。こうした神話すべてに対する批判において、彼は「三段論法の匕首」(syllogism-dagger) ——エリートによって捏造され武器として使用される理論——という素晴らしい言葉を使ったのである。

本の大半は私が成長神話と革命神話とよぶものの分析である。当時独裁体制にあったブラジルを事例として用いた前者の神話は、資本主義的成長によってもたらされるであろうより良き未来の約束でもって現在の苦痛を正当化した。毛沢東主義の中国という角度から描いた後者の神話は、革命の最終結果として来るであろう社会主義ユートピアの約束でもって現在の苦痛を正当化した。

どちらの神話も拒否されるべきだ、と私は論じた。ブラジルの場合については、私は資本主義的な体制イデオロギーに反対する道徳的理由として根深い貧困の諸現実を用いた。また毛沢東主義の主張を拒否するために、何百万人の命を犠牲にした継続的な大量殺戮をいささか詳細に記述した。ブラジルの軍事政府に対する否定的な見解はアメリカのメディアで広く報じられていた。だがこのころ、メディアと学界における中国問題専門家の多数派は毛沢東体制の恐怖について十分な説明をしていなかったのである。

私は成長政策の新しいモデルを提言するというところまではいけなかった。しかし私が痛みの計算（calculus of pain）、また意味の計算（calculus of meanig）とよんだものについては、いくらか詳細に論じた。これが意味するのは、いかなる好ましいモデルも社会変動によって生じる苦痛を最小化するよう懸命に努力すべきであり、また人間生活に意味を与えている伝統的価値観に対して敬意を表すべきだということであった。このメッセージはある種の社会民主主義あるいは民主社会主義を主張するものとして広く誤解された。私にはそんな気はまったくなかった。私はどんな流儀の社会主義にも執心したことはないのだ。そうではなく、私がしたのは二つの神話をいずれも等しく受け容れがたいものとして示すことだったのだ――両者は道徳的に等価であるというこの概念は数年後、東アジアと出会ってショックを受けてのちは放棄するにいたったのだが。

とりわけすべての政敵の弾圧、また絶望的な貧困をおそらくは知ったうえでの無頓着という点で、たしかに当時のブラジルの体制は狂暴であった。だが、一九七〇年代初期のブラジルの状況が資本主義の典型というわけではない。やはりまた、私が本のなかで批判の対象とした二つの約束は同じくらいに間違っていたというわけではない。資本主義は何百万という人間を非人間的な悲惨から人間として恥ずかしくない程度の生活水準に引き上げた。換言するなら、成長神話が掲げた約束は概して経験的に妥当だったのである。これとは対照的に、いかなる社会主義革命もその約束を果たせなかったのであって、それは（「アフリカ社会主義」の事業をやりとげたタンザニア体制のように）たとえ中国共産党より人間的な場合であっても同様であった。

というわけで、今日この本をふり返ると、入りまじった感情を持たざるをえない。私はもう資本主義と社会主義に対して、同じように両者の均衡をとるかたちで書くことができなくなった。その後私が主張するようになったのはよりヒューマンな社会主義ではなく、ヒューマンな民主的資本主義――その実例はたくさんある――であった。けれども私は、あるレベル以上の貧困は真に道徳的に受け容れがたいものであるということ、またいかなる好ましい成長政策も苦痛と意味という二つの計算を認識したものでなければならないということ、これははっきり言い続けたいと思う。

再び神様ファン

ほぼ同じころ、私は当時多くの耳目を集めたあるイベントを立ち上げることに尽力していた。リチャード・ノイハウスが共謀者であった。そのイベントは神学的な性質のものなので、厳密にいうと本書にはなじまない。だがそれは全般的な文化状況をよく示しており、宗教社会学はどうあるべきかについての私自身の理解をはっきりさせてくれた。

この時期に関わった多くのことと同様、それはブルックリンの我が家の居間での会話から始まった。主流プロテスタンティズムにあってわれわれを悩ませている主要なテーマのリストを作ったら面白いだろうと、ノイハウスと私は考えた。そのときでもわれわれ二人が神学上波長を同じくしていたわけではないと、言っておかなければならない——ノイハウスは神学的に私よりもずっと右寄りであり、ローマに旅行することによってさらに右寄りになりつつあった。だがわれわれはいわばネガティヴ・リストについて一致することができた。われわれはそんなリストを作成し、それに賛成してくれるだろうと思った少数の神学者たちのあいだで回覧した。たしかに彼らのほとんどが賛成してくれた、しかも熱意をもって。

それから私は、一九七五年の初頭にそこで開催する会議のスポンサーになってくれるよう、ハートフォード神学校の校長ジェームズ・ゲトミーを説得した。グループは活発な討論、またそれに引き続くいくらかの文書のやり取りのあと、「神学的肯定のためのハートフォード・アピール」とよばれるものを発表することで合意した。それは広く頒布され、一年後、ノイハウスと私が編集した『世界のために世界に対峙する』(*Against the World for the World*)として公刊された。この本には起草者の何人かによる論文も含まれ、彼らはそのなかで自分の見解を詳しく展開したり、批判に答えたりしている。

肯定的表題にもかかわらず、アピールは「誤っていて障害的」とわれわれが見なしたテーマのリストを基本にしている。もちろんそうしたテーマを否定するさいには、許容するものものべた。グループの多様性のために、その逆の手順が難しくなったのだ。アピールの署名者には主流プロテスタント(監督派とルター派を含む)、福音派、ローマ・カトリック、東方正教会といった面々がいた。エイブリー・デュレス(イエズス会士の神学者で、のちに枢機卿となった)、ジョージ・フォレル（有名なルター派神学者）、リチャード・マイアズ（監督派のカリフォルニア司教）、アレクサンダー・シュムマン（アメリカにおける正教会創設者の一人）といった大物もいた。まずい連中と関わりになってしまったと感じてグループから抜けた署名者も二人いた——エリザベス・ベッテンハウゼン（若く聡明なルター派神学者で、急進的フェミニストに転進中であった）、ウィリアム・スローン・コッフィン（イエール大学の宗教主事で、反ヴェトナム戦争キャンペーンのヒーローであった）である。

アピールで否定されたテーマは全部で十三、広い範囲にまたがっていた。それらに共通しているのは、超越的な（宇宙的とか超自然的とか言ってもいい）核を抜きにしたキリスト教理解を唱えていることだ。逆にいえば、彼らはキリスト教を道徳規範、セラピーの手引、あるいは政治課題として解釈しなおしているのだ。こうしたテーマはみなエリート文化で支配的な世俗主義への迎合である。これをうまく表現したのがトーマス・ルックマンの「内からの世俗化」（すなわち教会内部からの世俗化）である。本のなかの自分の論文では、私はこれを「窓なき世界」と表現した。信仰は窓なき世界に対して、超越に向かって窓を開けるのだと力説したのである。

アピールは大いに世間の関心を集めた。『ニューヨーク・タイムズ』『タイム』『ニューズウィーク』、それからもちろんプロテスタントとカトリックの出版物に関連記事が出た。言うまでもなく、『世界観』誌は（批判を公刊することも含めて）アピールをめぐる論争を報じると確約してくれた。いくらかの好意的な反応があった。まことにもっともなことが、主に自分たちが攻撃されていると感じた人々による非常に鋭い批評も出た。左寄りの神学者グループによる反対声明も出た。

それは彼らの偶像的人物、ハーヴァードの神学者ハーヴェイ・コックスの指導のもと、ボストンに集結した仲間であった。「神学的肯定のためのハートフォード・アピール」は、「新保守主義」的文書、宗教的・政治的反動の声明、さらには教皇ピウス九世による悪名高き「誤謬綱要」の複製と解されたのだ。イベントから十年たって、福音派の教会史家マーク・ノルはまことに好意的な解説を書いて、現在でもそれは有意義であると論じてくれた。だがアピールは、それよりもずっと前から世間の関心をひかなくなっていた。今日なおそれを覚えていてくれる人はあまり多くないだろう。

神学的には、このイベントに参加することによって、リベラル派プロテスタントであることは「内からの世俗化」の一部であることを必ずしも意味しないという私の見解が固まることになった。また宗教社会学者としては、当時進行していた文化革命における宗教の位置、その階級との関係、また（私にとっては当時驚きであったが）対抗勢力としての福音派の役割を理解する助けともなったのである。

第5章　あまたの神と無数の中国人

一九七〇年代が進行するにつれて、社会学者としての経歴に大きな心境の変化が生じた。だんだんといわゆる世俗化論へのこだわりを捨てていったのが一つ。そしてこれまた徐々に、しかしもっとゆっくりと、私は唯一可能な成長モデルとしてはっきりと資本主義の側に立つ決意を固めたのだ。どちらの変化も神学的あるいは哲学的な考察を反映してのものではない。証拠の重みと私が考えたものの結果である。よく学生に語っていたように、社会学者であることの醍醐味は、自分の理論がデータによってコテンパンにやっつけられるときに、データによって支持されるときと同じくらい、いやそれ以上に愉快と感じられることである。

神様が少なすぎる、いや多すぎる

近代世界は神々の不在に苦しんでいると世俗化論は論じる。このように言われる状況を表現するためにマックス・ウェーバーは「世界の脱魔術化」という忘れられない言葉をつかった。魔術が去り、近代人は全面的な合理性という「鉄の檻」に閉じ込められているというわけだ。ウェーバー（私が社会学者としての自己形成する途上、髭をたくわえたそのいかにもドイツ的な幻影がつきまとって離れなかった）に異議を唱えることは子どもとしての私の恭順の念を傷つけた——ああ、だが私はそうしなければならなかったのだ。いまや私は、あちこちの例外をのぞいて、近代世界の特徴は世俗化ではなく多元化である——つまり宗教が少なすぎるのではなく多すぎること——と言うようになった。たしかに近代人は先祖が住んでいた魔術の園を失ってしまったかもしれないが、そのかわりにそうした園のとんでもない大市場に直面し、そのなかから選択せざるをえなくなったのである。

世俗化論はもうもたないだろうという私の結論は三つの経験をもとにしている——第三世界との出会い、カウンターカルチャーとの出会い、福音派との出会いである。

宗教の充満ぶりに衝撃を受けることなく、第三世界と当時よばれた地域（現在はグローバル・サウスと言われるが、これも同じくらいまぎらわしい呼称である）に片時でもいることは不可能である。私の場合、そうした印象はラテンアメリカで始まった。そしてそれはアフリカで強まり、さらにアジアで強まった。メキシコでの最初の経験の一つはクエルナバカ大聖堂における民族音楽によるミサの聖餐式である。グアダルーペ〔スペイン中西部の町。中世からの巡礼地で十三世紀に牧人の前に聖母マリアが現われたことがその由来とされる〕の聖母マリアがいたるところにおり、さらに背後にはコロンブス以前の褐色の神々が潜んでいた。知的エリートの狭い世界を超えたところで信用されるためには、マルクス主義でさえ宗教の衣をまとわなければならないという事実に私は衝撃を受けた。多くはきわめて非宗教的な知識人たちがカトリックの解放の神学を宣伝していたが、それはまぎれもない宗教運動として「民衆階級」の人々を惹きつけようとしていた。その点に限ればその試みはおそろしく成功していたが、それはまた別な話。おそらくキリスト教社会主義は少なくとも大衆を奮起させる機会があったはずだ――赤旗を握りしめた聖母。マルクス主義的無神論は大学から出る機会をついぞ持たなかったのである。

アメリカのカウンターカルチャーにおける宗教的テーマは明白であり、無視するのは不可能であった。ウッドストックは巡礼的性格を帯び、大いに顕揚された性の革命は「霊性」、つまり聖なる狂宴という太古の性の交わりの奇妙な再受肉（文字どおり！）に満ちていた。経験豊かな神様ファンとして、私はきわめて早いうちからこうしたテーマを嗅ぎつけることができた。このような洞察を初めてのべたのは一九七四年に――よりによって――『キリスト教の世紀』誌（皮肉な名前の主流派プロテスタンティズムの旗艦的な定期刊行誌である）に発表した論文だったと思う。論文の表題は「天国の女王のためのケーキ――宗教的法悦の二五〇〇年」であった。この表題は「エレミア書」の一節からとった。そのなかで預言者は、古代近東の大地母神アスタルテの祭儀で用いられるケーキを焼いたかどでエルサレムの女性たちを叱りつける。いまわれわれのまわりで起きているのは聖なる性の回帰であり、それに対するエレミアの拒絶はまさに彼と同じ理由でいまだに有意義である、と私は論じた――すなわち、聖書的信仰の視点からすればカウンターカルチャーは偶像崇拝であり、またそれは「外国の者、父なき者、夫を亡くした者」のために正義を求めることから人を逸らしてしまうという、二つの理由である。フェミニズムや環境保護運動のより「霊的な」流れもまたカウンターカルチャーの宗教的なテーマを取り込むことになった。少なくともアメリカでは、みずがめ座《アクエリアス》の時代の到来は世俗化した文化を意味するものではなかったのである。

ジミー・カーターの大統領選挙キャンペーンの結果、福音派がサブカルチャー状態を脱して大衆の意識に躍り出てきたのは、皮肉なことであった。このジョージア州のピーナッツ農場主はひとたびホワイトハウスに身を落ち着けるや、新生リベラルというよりは新生キリスト教徒であることが判明した〔福音派や聖霊派は聖霊による霊の新生 born-again を強調する〕のだが、それはまあどうでもいい。社会保守主義者を怒りで退場させ、キリスト教右派が台頭する重要なきっかけとなったのは、かの有名な「家族に関するホワイトハウス会議」——のちに「諸家族に関するホワイトハウス会議」と改称——だったのである。これに加えて、カーターの政治的な出現は、アメリカ文化の最も非宗教的な場、知識人とメディアに、福音派に対する関心を喚起する導火線となった。どちらの場でも私は典型的な住人ではなかったが、これは私の関心にも火をつけた。私はこの宗教集団にこれまで注意を向けたことがなく、それがアメリカの人口の非常に大きな部分を占めていることも意識したことがなかった。

何が起きたのか、リチャード・ノイハウスが私に語ってくれたあるエピソードが素晴らしい例証となる。彼は福音派について書いたことがあり、一種の専門家と見られていた。それで彼は、主要なテレビ・ネットワークの国内ニュース部の集まりで話をしてくれるよう招かれた。部長自身がいくつか質問し、ノイハウスが答えた。

部長「では、それについて教えてください。救われるためには、イエスを主として、また救世主として受け容れなければならないと、その人たちは信じているわけですね」
ノイハウス「そうです」
部長「そして彼らは、聖書は権威ある神の言葉だと信じているのですね」
ノイハウス「はい、そうです」
部長「また彼らは、歴史はイエスの再臨と最後の審判の日で終わるとも信じているのですね」
ノイハウス「ええ、それもその通りです」
部長「その人たちはどのくらいいるんですか?!」
ノイハウス「まあ、宗教の統計というのはあまり正確ではないんですけどね。でも、アメリカの福音派はおそらく六千万から七千万といったところでしょう」
部長「うわっ！」

それ以来、私は福音派の世界と広範な、またたいていは非常に愉快な接触を続けてきた。だがおおよそこのころから、こんなに多くの、しかも強烈に宗教的な人口を持つ社会を世俗化しているとよぶのは困難だということが明確になってきた。

現代の宗教状況に関する私の新しい理解は、もちろん当時よりもさらに進展してきているが、ごく単純にこう言い表わすことができる。近代はかならずしも世俗化をもたらすとは限らない。近代がかならずもたらすのは多元化である、と。私は実はそれまでに近代化の所産として多元化――同一社会における多様な民族・宗教集団の平和裏の共存と相互作用――に言及したことがあった。そうした状況はあらゆる信念の自明性を掘り崩すと、私は的確に論じたのであった。だが私は不的確にも、これは宗教の衰退を導くに違いないと、おまけに論じてしまったのだ。間違いはこうだ。多元化は宗教そのものではなく、自明視されている宗教を掘り崩す。皮相な消費者の選好としての宗教から情熱的な信仰の跳躍としての宗教まで、ほかにもさまざまな形態の宗教があるのだ。もし宗教がもはや所与のものでなくなるとしたら、ひとはさまざまの宗教的な、またついでにいえば非宗教的な世界観のなかから選択しなければならなくなる――選択肢のなかには非宗教的なものもたしかにあるからだ。だが、アメリカを含めて世界のたいていのところでは、そうした選択肢のほとんどが宗教的な選択肢なのである。

　こうした考察に導かれて、私は異なった知の道筋へ進むことになった。世俗化の理論のかわりに必要なのは多元化の理論なのだと。また必要なのは、なぜ世界のいくつかの地域（とりわけヨーロッパ）は他の地域（たとえばアメリカ）よりも世俗化が進んでいるのかという説明である。どちらの理論も信仰を問題とするのだが、問題の方向性が違う。世俗化論が神々の不足を前提とするのに対して、多元化論は神々が多すぎることを前提とするわけだ。換言すれば、近代は無神論の時代だと思われたのだが、驚いたことに実は多神論の時代だったということだ。

　一九七九年に出版した『異端の時代――宗教的肯定の現代的可能性』（*The Heretical Imperative: Contemporary Possibilities of Religious Affirmation*）のなかで、私は新しい理論に向かって第一歩を踏み出した。本の表題は選択あるいは選択肢を意味するギリシャ語のハエレシス（haeresis）を語源とするヘレシー（heresy 異端）の語呂合わせである。この本（現在絶版）はかなり成功した——かなり多くの書評と五カ国語の翻訳が出た。いちばん新しい翻訳はフランス語で、二〇〇五年に出版された。それにはある学者（プロテスタントの神学者だと思う）の序論がついていて、この本はフランスでは無視されてきたが、今こそそれに注意を向ける好機だと言っている。なぜそう考えるのかはわからないが、イスラム教の存在感がだんだんと増していることがヨーロッパ人に多元主義の問題を意識させてきているのだろう。

近代化はテクノロジーから制度、ライフスタイル、信念、価値観——そしてもちろん宗教——にまでいたる人間的条件における運命から選択へという巨大な変化だ、と私は論じた。その理由を説明するのは難しいことではない。近代化のいくつかの基本的過程——都市化、大量の人口移動、大量の読み書き能力、まったく新しいコミュニケーション・メディア——は歴史の大半をとおしてほとんどの人間が生活してきた閉じられた共同体をバラバラに解体する。近代化はまたこうした過程のすべてをとおして、基本的な現実定義の自明視を可能にしてきた強固な社会的コンセンサスを解体する。近代以前、たいていのところで、人々がどんな神々を信じるかは、生まれの偶然によって決定される他の多くのことがらと同様、運命の問題であった。それがいまや、人々は世界観の市場で出会うさまざまな神々のなかから選択することを強いられるのである。私はまたさらに進んで、宗教的伝統が多元的状況にどう対応してきたか、その三つのあり方を分析した。還元（伝統を世俗の言葉に置き換える）、演繹（もともとの伝統を堂々と再肯定する）、帰納（選択肢と多元性にぶつかりあって伝統に新しい形式をあたえる）の三つである。私はプロテスタント神学者を選んでこうした適応を例証した。どの適応にもそれぞれに危険性があるが、リベラルなプロテスタンティズムに特徴的な帰納がもっとも説得力があると結論づけた。結論では、西欧における南アジアおよび東アジアの偉大な宗教的伝統の新しい現前を論じた――仏教の伝道師たちが言うところの「仏法は西へ」。こうした理由から、キリスト教は将来、アジアの伝統、とりわけ仏教およびヒンドゥー教と真剣な対話をかわさなければならないであろう、と。

私はこの提案を自分でフォローした。我流のウィーン風「コーヒーハウス方法論」〔一六二頁参照〕を用いて、多様な伝統からなる活力ある宗教学者の集団――ユダヤ教、イスラム教、ヒンドゥー教、仏教――を寄せ集めたのだ。この企画はあるユダヤ系財団から少額の助成金を受けたが、お金は旅費に使った。プロジェクトは私がニューヨークに住んでいるときに始まり、ボストンに引越してからも続いた。グループの面々が書いた論文は私の編集で一冊の本として一九八一年に出版された――『神のもう一つの顔――世界宗教の対極性』（*The Other Side of God : A Polarity in the World Religions*）である。私はいまだに、これは私が訴えた宗教間対話への独創的な貢献だと考えている。副題にある対極性とは、人間意識の奥深いところに潜む聖なるものと、人間意識の外部にあってそれを超えたところで出逢う聖なるものとの対極性である。このプロジェクトに関わったものは誰でも、これは恐ろしく入り組んだ仕事の最初の試みだと理解していた。ほかにもたくさんの関心事があって、私はそれ以上この仕事を追究することができなかったが、時折りは、それをもう一度取り上げたいという誘惑を感じてきた。

香港の摩天楼

私が初めて行った東アジアの都市は香港である。着いたのは夜なかで、空港からホテルまでタクシーからはほとんど何も見えず、ホテルについてチェックインするとすぐに寝入ってしまった。私は朝早く起きるとブラインドを開けた。目の覚めるような眺めに息が止まった――何百という中国人のジャンクが停泊する港、ヴィクトリア・パークに向かって山腹をかけ上がるような摩天楼がびっしりと林立する、超現実的な都市景観。古典的な中国的風景と超近代的な人工物が入り混じる光景は、東アジアの経済的奇跡のメタファーとして私の脳裏に残ることになった。こうした現実との出会いが成長と近代化に関する私の考えを決定的に変えたのである。

私は段階を踏んで東アジアへ近づいていった。最初の途中下車は中東であった。一九七六年、テヘランで講演するよう招待されたのだ。講演は「近代批判に向けて」の表題で公表された。旅行した時間はわずかだったが、その文化に深い印象を受けた。社会科学者として多くを学んだとは思わないけれども。いまふり返ってみると、驚くべきことに私が会った知識人はみな（慎重ではあるが）王制に反対で革命のようなものを期待しながらも、その二年後にイスラム革命が起きるとはだれも予想していなかった。よそと同じくイランでも、知識人たちは「啓蒙されざる」人々の市場で起きている胎動をやはり知らずにいたわけである。

その後、私は講演旅行でインドに行き、インド全土を回ることになった。インドに心惹かれた理由の一つは宗教の遍在性であった。列車の旅で、一人のビジネスマンと同じコンパートメントに乗り合わせることになったのだが、彼は転生についての私の見解を訊くことで会話を始めた。しかしながら、ラテンアメリカやアフリカで見たもののすべてを超える極端な貧困を（特にカルカッタで）目にしたとはいえ、ここでもその経験は社会科学者としての私の立場に大した影響をあたえなかった。

一九七七年に初めて香港へ行ったのも、やはり講演のためであった。現代世界に関する見解に初めて大きな変化をもたらしたのは、この出会いであった。

一九七〇年代の後半と一九八〇年代の前半は最も熱狂的な地球トレッキングの日々であった。ある年、私は数カ月のうちに地球を二周した。ちょっと年代記を作ってみようと思ったのだが、うまく行かず、ついにわかり切った結論に達した――本書にとって、それはあまり必要ではない（「夏休みにやったこと――ほらママ、ぼくは東京へ行ってきたよ」みたいなタイトルの章は全然いらないということ）。いちばん印象的なインドネシアとタイをはじめとする私のレパートリーに、東アジアが加わったのだ。東アジアのなかでは、私は日本へ行き、当時「四小龍」と呼ばれていたところ――韓国、台湾、香港、シンガポール――へ行った。大陸中国へは、のちに経済改革が始まるまで行かなかった。こうした知的遍歴の結果はひとことでこう言い表わすことができる――私は資本主義を発見した。

それ以後私は、『犠牲のピラミッド』でやったように、資本主義的成長モデルと社会主義的成長モデルを公平に扱うことができなくなった。東アジアとの出会いによって、軍事独裁下のブラジル（ついでにいえば「資本主義」を自称する他のラテンアメリカの場合も）が資本主義の原型的ケースでないことが明瞭になったのである。東アジアは二つの重要なことを証明してみせた。すなわち、資本主義的な成長モデルは膨大な数の人々にとって生活の物質的条件を独自なかたちで根本的に改善できる可能性をもっており、しかも土着の文化や伝統を破壊することなくそれができるのだ。換言すれば、私が『犠牲のピラミッド』のなかで道徳的に決定的に重要とした二つの項目——苦痛の計算と意味の計算——について、重要な資本主義の事例に対しては合格点をあたえることができるということである。一方、ユートピア的想像の域を出られる社会主義の事例は一つも存在しないのである。

もちろん私は、ただアジアをトレッキングしただけでこの結論に達したわけでない。私は東アジアの歴史と現状について本を濫読した。だが、理論構築の過程で姿を現わす場所を訪れること——そしてそこで見ること、聞くこと、嗅ぐこと、味わうこと——の重要性を過小評価しようとは思わない。そこで私は「社会学的観光」という言葉を使うようになった——それは、そこについて書かれた本を読み、できるだけ多くの事情通に会えるように滞在を計画してからある場所へ行き、あとはただ自分の意識にそこの現実が沁み入るようにすることである。もしことがそのように進むならば、たとえ短期の滞在でもどれほど多くのことを学べるかは驚くほどのものである。生き生きとした経験に裏打ちされた洞察には肘掛椅子に坐っていて得た洞察よりも強い説得力がある。ゲーテいわく、「理論はみな灰色である。生の黄金の樹はなんと美しいことであろう」。

苦痛の計算を理解するのは容易ではない。どんな成長計画でもある程度の苦痛が生じるだろうことは明らかである。実際ただ飯というものはないし、経済成長の初期局面ではとりわけそうである。だからいつでも、どの程度まで、またどんな種類の苦痛なら許容可能かというのが、道徳的問題となろう。「創造的破壊」という資本主義に関するヨーゼフ・シュンペーターの説明は、この道徳的ディレンマをずばり要約したものである。

意味の計算は理解するのがさらに厄介である。成長政策を立案する経済学者その他には、これがはるかに向いていないということを付け加えてもいいだろう。問題を立てた瞬間、ひとは中心的な論点に到達する――成長と文化の関係である。いかなる変化もなしに近代化の過程を通過できる文化など存在しない。そうした変化のいくらかはやはり痛み多きものとなるであろう。ではどんな変化が許容可能なのか。

すべての文化が成長に等しく貢献するわけではないと結論づけざるをえない場合は、話がさらにややこしくなる。伝統主義者は何らかの文化的価値を保持するために成長の諸目標を好んで犠牲にしようとする。一方には、経済成長こそ最優先の目標だとする経済学者ほかの「成長主義者」がいて、彼らは成長にどう貢献するかという観点からのみ文化的要因を評価する。成長政策によって生じる損失と利益のバランスを何とかとろうとする方向へひとを向かわせる点で、「計算」という言葉は有益であると私には思われる。

世界のほとんどの文化は宗教と不可分に結びついているので、意味の計算について考えることはそのままウェーバーが探究した世界へとひとを導く。彼のもっともよく知られているテーゼはプロテスタンティズムと資本主義文化の関係である。だが、主要な宗教的伝統の経済的・社会的帰結を探究した彼の膨大な作品群もそれと同じように重要である。東アジアの経済的奇跡はウェーバー的な性質をもった広範な論争へとつながった。こうしたサクセスストーリーを説明するのに助けになるような文化的要因が存在したのかという論争である。いわゆる「ポスト儒教仮説」が仮の解答となった。該当する国のすべてに儒教倫理の遺産――鍛錬、勤勉、教育、権威への尊敬を促す倫理体系――がある。古典的儒教はこうした価値観を経済に有効なものとすることができなかった。儒教エリート、すなわち士大夫階級は商業を軽蔑した。だが中国人が儒教のもともとの文脈から引き裂かれたとき、同じ価値観が突如としてその経済的可能性を発揮するにいたったのだ。帝国官僚の儒教イデオロギーではなく、香港や台北やシンガポールの華僑たちの卑俗なる儒教こそいまやウェーバー言うところの「プロテスタント倫理」の機能的等価物と見なしうるようになってきたわけである。マニラやジャカルタのようなところではこのことがさらに劇的に明らかで、そこでは少数派の中国人たちがその人数にはなはだしく不釣合いな成功を収めている。そして、とりわけ日本や韓国のような、儒教の影響を受けた中国以外の社会でも、同様な倫理が作動していることが観察できるのである。

本書でここまでまがりなりにも追いかけてきた年代記を少し先に進めていうと、私はそれ以後もこうした問題についてずっと考えてきた。一九八八年には蕭新煌《シャオ・シンハン》（台湾の社会学者）との共編で一冊の本――『東アジアの成長モデルをもとめて』――を出版したが、これは大きな関心を集めた。（この本には、もうその時には消滅していたわが『世界観』誌の刊行元であった「宗教と国際問題会議」〔CRIA：Council on Religion and International Affairs〕が主催した会議に出された諸論文が収められている）。あらゆる経験的現象と違って、この問題は長く調べれば調べるほど複雑さが増してくる。蕭も私も「文化主義者」ではない。われわれは文化が東アジア（非常に重要なことだが、今日ではそのなかに大陸中国――共産主義をいまだに自称し続ける体制によって支配される無慈悲な資本主義社会という真に皮肉な事例――も含まれるようになっている）のサクセスストーリーの唯一の説明だなどと主張したことはないし、いまもそうである。しかしながら、東アジアの民衆において支配的な特定の文化的価値観が彼らの経済的成功を説明するうえで一つの重要な要因であると、私はいまも確信し続けているのである。ただ、そうした価値観がどの程度まで「ポスト儒教」的であるかは別問題である。たとえば、蕭を通じて会ったある中国の人類学者は、儒教は中国の民俗宗教に固有な諸テーマの知的精密化に過ぎないと主張している。

　この問題に関心を持つ社会科学者たちは文献や公式の言語表現ではなく、そうした価値観が日常生活のレベルでどう作用しているかに焦点をあてるであろう。

　シンガポール滞在中のあるとき、中国民族論を専門とする若く聡明な人類学者ヴィヴィエンヌ・ウィーが稀少になりつつある伝統的なマレー建築地区の一つを私に見せようとした。その地区を歩き回りながら、公共事業機関が好む公共住宅の巨大な街区よりも伝統的な家々の方が魅力的であることに同意せざるを得なかった。すると一軒の家から旗が突き出ているのをウィーが見つけた。彼女はこう叫んだ、「中国式の聖堂だ。入ってみなくっちゃ」。聖堂と見えたものは普通の住宅だった。家の主がたまたま在宅していた。若い電気技師だったが、彼は週に一晩か二晩、霊媒となって、霊的世界に顧客が接触するのを手助けしているのだそうだ。彼は英語がまったく話せないので、ウィーが通訳しなければならなかった。

彼がわれわれに伝えようとしたことは最初から、彼が無傷の超自然感覚をもつ人間であるということにいささかの疑念も生じさせなかった。彼は、家の背後の樹木に住んでいるマレーシアの悪霊に悩まされているとこぼした。中国の聖霊は家屋のなかには住めるが、樹木や岩石のような自然物のなかには住めないということを説明しなければならないと感じたのだ。一方、マレーシアの聖霊は自然物のなかにしか住むことができない。というのもマレーシア人が言うように、精霊たちは「土の息子」だからである。

彼はそれから居間に案内してくれたが、そこには本箱があって、その何段かの棚には中国の神や精霊の小像が並んでいた。本箱の上には中国の幸運の女神像があって、小さなパンテオンのいちばん威信高き場所を占めていた。霊的世界と接触するために、今は亡き縁者たちと（いわば）オンラインでつながるために、また祈りに応えるために、こうした神や精霊たちを使っているのだと、霊媒は説明した。そして彼は、魔術の本箱のさまざまな住人について説明してくれた。「この人はとても役に立ちます。だからわれわれは昇格させて、女神のすぐ下に移動させました。でもこの人はあまり大したことありません。だから下の棚に移動させました。もしがんばらなかったら、ぽんと放り出してしまいますよ」。私にとって印象的だったのは、超自然礼拝に関するこの情報提供者が、まるで使用人に点数をつける経営者みたいに聖霊について――神話的な世界観と実務的なプラグマティズムを奇妙に混合させながら――語ることであった。他の農民文化にもおそらく似たような組合わせは見られるであろうが、このエピソードは私が儒教倫理は中国独特の民俗宗教に基礎を置いているという所説を理解するのに役立った。

幼児期に最初に学んだ価値観はずっと影響し続けるものだから、子どもの行動はとりわけ重要である（もし近代心理学に何か教えられることがあるとしたら、まさにこれである）。私は韓国でこの点で示唆に富む経験をした。

ソウルで開催されたたぶん学術上の会議に出席したときの、休憩時間でのこと。（当時は重要と思われた多くのそうした催しが思い出せないように）何の会議だったかは思い出せない。私は小さなグループと一緒に町から少し離れた場所へバスで行った。それは復元された韓国の伝統的な村落であった。そのテーマパークを視察したあと、われわれは民俗舞踊が上演されることになっている小さな円形劇場に連れて行かれた。民俗舞踊の踊り手は一人も見えなかった。われわれは観客席に坐って彼らの登場を待っていた。われわれが到着して間もなく、学校の生徒を満載したバスがやって来た。全員男の子で、年齢は六歳から八歳くらいであった。付き添いの先生たちは子どもたちをやはり観客席に坐らせた。踊り手たちはまだ姿を現わさなかった。季節は夏で、暑くて不快であった。日陰もなかった。子どもたちは何か分厚い素材でできた制服を着ていた。彼らが汗をかいているのが見えた。先生たちはそんな場面でいかにもひとがやりそうなことをした。ちょっとしたゲームをしたり、話をしたり、一緒に歌を歌ったりしたのだ。踊り手たちはまだ来なかった。彼らを四十五分くらい待ったが、われわれも先生たちもあきらめ、各自のバスに乗るためその場を後にした。

私が感動的だと思ったのは子どもたちの行動である。猛暑のなかで待っているあいだ、先生に対する反抗はおろか、規則をかき乱すいかなる行動もまるでしなかったのである。子どもたちは非常に不快であったに違いないが、ただおとなしく坐り、何であれ言われたとおりにやったのである。このように行動する欧米の子どもたちの集団は想像できないと私は思った。われわれは韓国の経済的奇跡をその一生の最初の姿で見ていたのであろうか。

ウェーバーは「現世内禁欲」という言葉を作ったが、これは近代経済の離陸の第一段階においておそらく不可欠であった鍛錬と欲求満足遅延の倫理のことである。私は旅行から帰ると、ブリギッテに韓国の男の子たちのことを話した。彼女は私のウェーバー流解釈が信用できない様子で、百年前ならドイツの子どもたちも同じように行動しただろうと主張した。このとき、これは私にとって自分の解釈に疑念を投げかけるもののように思われた。後になって、彼女の主張は実は私の解釈を支持するものではないかと思うようになった。ドイツでは十九世紀前半に経済成長があり、百年後のいま韓国がそうなっている。ずっとあとに私はつぎのような考えにまとめた。「プロテスタント倫理」も賞味期限の日が来る。富める社会だけが行儀の悪い子どもたちを養える（たぶんおまけに私も養える）と。

ここで重要なのは、東アジアでは伝統的文化の諸要素が成長と近代化というすさまじい変化に適応したということである。韓国探訪からだいぶたって、イスラエルの社会学者シュムエル・アイゼンシュタットが「多元的近代化」という概念を作った。近代化へいたる道は単一ではない。近代化は西洋化と同義語ではないということだ。私はしだいに日本をこの点で最も重要な事例と見なすようになった――伝統文化の多くの要素を維持しながら近代化に成功した西欧外の最初の国である。私はとりわけ十九世紀の最後の数十年間における急速な成長期について書かれたものを中心に、たくさんの本を読んだ。私の長男トーマスは日本を専門とする政治学者である。彼から多くのことを学び、彼が日本に住んだ三年間には何度も彼を訪ねた。

私がことに心惹かれたのは日本が近代化を成し遂げたスピードである。一八五七年、アメリカ海軍のコモドア・ペリーが蒸気船で東京湾に入り、無理やり日本に国際貿易を受け容れさせた。この露骨な帝国主義的行為がもたらしたショックは約二百年間うまく鎖国してきた国にとってすさまじいものであった。だが、中国がどのようにして西欧帝国主義の同様な行為の餌食となったかについて、日本人は無知ではなかった。一八六八年には封建的将軍体制に対するクーデターが起き、これは誤解されがちな表現だが明治維新と呼ばれる。反乱の狙いはおそらく、旧体制ではたんなる名目上の指導者に過ぎなかった天皇の権力を復元するところにあった。だが実際の権力はいまや明治天皇ではなく、旧武士階級出身の少数独裁者が握ることになった。「尊王攘夷」が新体制のスローガンであった。換言すれば、中国の運命を避けよ！ということである。たぶん彼らは天皇を敬ったであろうが、夷狄を放逐しはしなかった。むしろ彼らは夷狄から学び、その知識で夷狄に対抗し、夷狄が日本を植民地化するのを阻止したのである。

一八六八年の諸事件から間もなく、新しい支配者たちは歴史上間違いなくユニークなことをした。大使節団を編成し、日本に有益であろうものを視察するために欧米の先進社会すべてをめぐる長期の旅行を敢行したのである。使節団が帰国すると、体制は社会の主要な制度のすべて――近代海軍から近代市場経済まで――を体系的に再構築した。封建制度は廃止されて非常に効果的な土地改革がおこなわれ、それは巧みにも、封建貴族の諸集団が失った土地の補償として得た資金を投資することで資本家となることを可能にした。しかしながら、これらすべては変容させられつつ同時に保存された伝統的価値の天蓋の下で起きたのであった。たとえば、恭順と鍛錬というサムライ階級の封建的倫理は「民主化」され、社会の全階級が教育され、近代的な経営文化へと変容した。旧武士階級の規範たる武士道は品質管理と終身雇用に形態変容したのである！

こうした変容の時間的軌跡は息を呑むようである。西欧への使節派遣は一八六八年の政変からわずか数年のことでしかない。一八九五年、大幅な制度の改良がなされたとき、教育勅語は初等教育をすべての男子の義務とした（のちにそれは女子に、また中等学校へと広げられた）。しかしながら高度にメリトクラシー的なこの近代教育システムは、古典的な科挙の試験と驚くほど類似した厳しい試験を課すものであった。この過程が頂点に達したのは一九〇五年で、この年日本はヨーロッパ列強の一つロシアに陸海ともに勝利した。西欧で何世紀も要した変化が数十年のうちに圧縮されてなされたのである。

一九五〇年代以降の他の東アジア諸国での近代化による変容は、これよりさらに急速であった。もちろんこの過程は犠牲なしではすまなかった。しかし今日東アジアを訪れて、これらの社会が第三世界的貧困に泥まみれになっているとか、欧米の単なるレプリカになってしまったと考えるひとはいまい。もし中華人民共和国の現在の成長がこのまま続くならば、疑いようもなく近代的かつ非西洋的な巨大な勢力が出現することになるであろう。昔、十何億という中国人が一斉に跳んだり跳ねたりしたら地球は軌道からはじき出されてしまうだろうと皮肉を言ったひとがいる。ひょっとすると彼らはもうそうしてしまったのかもしれない。

ひょっとしていい知らせ？

こうしたグローバリズムの真っ最中、私は人生でただ一回だけ、アメリカ国内の社会政策に手を出した。この時代のほかの多くのことと同様、それはブラウンストンを張ったブルックリンの我が家の居間での、リチャード・ノイハウス、ブリギッテ、そして私の三人の会話から始まった。家族政策の諸問題にしだいに関心を持つようになったブリギッテが、何らかの根本的な社会政策の変革が非常に必要だと持ちかけたのだ。われわれはそれについて他の人々とも話をし、その結果、ワシントンにある保守的なシンクタンク、アメリカ経営研究所（American Enterprise Institute：ＡＥＩ）がノイハウスと私に、そうした改革が必要になるとしたらどのようなものかを紙媒体で概略を書いてくれと言ってきた。

われわれは要望を聞き、ごく短期間でこの論文を書き上げた（おそらくは残念なことにわれわれは全員スランプ知らずであった）。ＡＥＩは一九七七年にその論文をブックレットとして出版した――『人々をエンパワーするために――媒介構造と公共政策』（*To Empower People：Mediating Structures and Public Policy*）だ。ブックレットは出版二十周年の機会に、いくつかの論文を加えてＡＥＩから単行本形式で再版された。たった五十頁あるかないかのこの小さな文書の運命はけっこう驚きであった。私の知る限り、このＡＥＩ本はまだ絶版になっていない。われわれがでっち上げた「媒介構造」（mediating structures）なる言葉がいまやその語源に言及することなく使用されているのは、たぶん成功のしるしであろう——それは「フリッジ」〔冷蔵庫を意味する口語。リフリジレイター（冷蔵庫）の略語〕や「コーク」みたいな普通名詞になったのだ。

われわれの主張はさして独自なものでなかったから、これはますます注目すべきことである。われわれはたしかに言葉を発明したけれども、その言わんとするところは全然新奇なことではなかった。それが意味したのは、個人生活と近代社会の巨大構造、とりわけ国家、経済、その他の広大な官僚制とのあいだに立つ中間的諸制度である。社会理論にはこうした制度の重要性を主張する長い伝統がある。それはひとが社会のなかで疎外感を味わうことを防ぎ、個人個人の生ける価値観にそれらを結びつけることによって巨大構造に正統性を付与する。フランスの古典的社会学者エミール・デュルケムはそうした諸制度に強い関心をはらった。だがこれに類似した議論は、右派にも（エドマンド・バークの「小集団」賛美）、左派にも（ジョルジュ・ソレルと「サンディカリズム」のイデオロギー）ある。非常に重要なのは、こうした思想はカトリック社会思想の「補助性の原則」〔より下位の機関で処理できることに上位の機関が干渉しないという原則〕という概念に見出せることだ。これは、政策はつねに普通の人々の現実生活の身近にあるごく普通の小さな諸制度を優先すべきだというものである。またこれは最後になったが重要なこととして、われわれのアプローチは「コミュニタリアニズム」というアメリカ固有の伝統に訴えることもできた。

ともあれ、われわれの主張を簡潔にまとめるとこうなる。媒介構造がなければ、ひとは社会秩序を疎遠なもの、さらには敵対的なものとして経験し、社会の諸制度、とりわけ国家は人々が生きるよりどころにしている諸価値からの疎遠さのゆえにその正統性を失うであろうと。われわれは四つのそうした制度を論じた――家族、近隣社会、教会、自発的結社である（「教会」という言葉で意味しているのはたんにキリスト教の教会のみならず、あらゆる宗教制度である）。〔そして〕福祉国家の諸政策は往々にしてそうした制度を衰退させると提起した。そして全般的な提案を二つした。第一にヒッポクラテスの誓いの金言――「まず何よりも、傷つけるな！」――をまねて、媒介構造を破壊もしくは弱体化させないよう注意をはらうべきだと政策立案者にもとめた。第二の提案はより議論の余地ある提案である――すなわち、社会政策はさまざまの個別目的を実現するために可能なかぎり媒介構造を活用すべきであるというのである。

この本はすぐに大成功をおさめた。中道右派のシンクタンクによる出版であるにもかかわらず、政治色を超えて喝采を受けたことが本の成功を文句なしに説明してくれる。またそれは政治色を超えて誤解されたのであったが、それも文句なしの成功を説明してくれる。右派の側からいうと、媒介構造は国家以外のすべてを含むものと理解された。すなわち、それは最も広範な「市民社会」理解と同義と解されたのである。そうなるとジェネラル・モーターズなども一つの媒介構造とよべるかもしれないが、それはばかげていよう。巨大構造を生じさせるのは政治領域だけではないということだ。他方、（たとえば有権者に近いところにある地方政府のような）小さな政治的単位も媒介的機能をはたすことが可能である。左派の側では、媒介構造は社会変革の担い手となる草の根組織と理解された。もちろん、それがあてはまる場合もある。しかしながら、その他の多くは人々を動員しようとする巨大構造の単なる地方支部に過ぎず、人々は何らかの巨大組織によるいわば植民地化の対象とされるのである。またこの理解はあまりにも狭すぎるとも言える。というのも、行動目的というものをまったく持たない媒介構造も存在するからである――たとえば公民権運動時代以前のアフリカ系アメリカ人の教会がそうで、それは抑圧された人々に意味と尊厳の安息の地となったのであった。

それ以来今日まで、とりわけ周年記念式典などの場で、『人々をエンパワーするために』はアメリカ合衆国の社会政策、たとえば種々の福祉改革や信仰にもとづく議会発議につながる経済成長に大きな影響をあたえたという発言が（ノイハウスや私によってではなく）なされてきた。私はそうした発言に懐疑的である。それよりむしろ私が思うのは、この小さなブックレットはちょうどいい時機に出たということで、それはアメリカ福祉国家の有効性やその諸施策を管理運営する巨大な官僚制組織の意図せざる諸結果について重大な諸問題が提起された時代だったのだ。媒介構造という概念はそうした関心を正当化し、ほんとうにありとあらゆるイデオロギー的色合いをもった改革者の手頃な用語となったのであった。

ノイハウスと私は何年にもわたって『人々をエンパワーするために』に書いたことについて議論してきた。その主張はいまでも正しいとする点でわれわれは一致している。だが、「媒介構造」という用語の意味、とりわけその言葉が何を意味していないかは、より注意深く明確にしておきたい。二種類の誤解が生じないよう、われわれは媒介の機能面ばかりでなく、内容面をもっと明確にしておくべきだったのだ。これによく似た事例として、すぐあとで人気が出た別な概念に関する非常に異なった理解をあげることができる――「市民社会」という概念である。たとえばマフィアはどちらの概念にも当てはまると言えば言えないことはない――それはマフィアの成員にとって個人的な価値観とより大きな社会を媒介するし、決して国家の手足ではない（おそらくはニュージャージー州をのぞいて〔ニュージャージー州を舞台にしてマフィア社会を描いた『ザ・ソプラノズ――哀愁のマフィア』というテレビドラマのシリーズが一九九九年から二〇〇七年まで大ヒットした〕）。だが、それが奉じる価値観は全然市民的なものではないし、それがはたす媒介も社会的に望ましくないものである。

善玉コレステロール／悪玉コレステロールとの類比も示唆的である。かつて医師たちはすべてのコレステロールが悪玉だと考えた。ところがその後、善玉コレステロールが発見された。すべての媒介構造が善玉だとわれわれは考えがちだったのだが、悪玉の媒介構造もあるわけだ。だからひとは、たんにある制度が何かを媒介しているかどうかだけでなく、媒介される価値が何なのかも問わなければならないのである。

また私が思ったのは、草の根組織が政府の施策の代行機関となるときよく生じる腐敗効果をわれわれは非常に見逃しがちだということだ。それより数年前、「偉大な社会」プログラム〔一九六五年にジョンソン米大統領が提起した国内改革プログラム。教育改革、老人医療、貧困の追放などの実現を目指した〕はコミュニティ集団の「最大限実行可能な参加」を盛り込むべきだという指示を受けた。それがもたらした腐敗という（もちろん意図せざる）結果はパトリック・モイニハンの著書『最大限実行可能な誤解』で鋭く暴露されている。マックス・ウェーバーが社会的行為の意図せざる結果を論じたとき、自分の立場を「マーフィーの法則」〔「失敗する可能性のあるものは、失敗する」など、法則形式で表現されたロングセラーのユーモア集成〕とはよばなかったが、もし知っていたらそうよんだかもしれない。
ＡＥＩはこの本の主張に関連する研究プロジェクトのスポンサーとなってくれた。プロジェクトには気前よく資金が提供された。個別の政策領域――保健、教育、住宅、治安――で媒介構造をどのように動員できるかを明らかにするために、ノイハウスと私はチームを結成した。このチームが作成した報告書には面白いところもあった。だが、全体としてのプロジェクトはなんら瞠目すべき洞察を生み出さなかったと言うのが公正であると思う。

わが小誌『世界観』の発行元であったＣＲＩＡはプロジェクトに事務所を提供してくれた。何回かのチーム会議はやはりアッパー・イーストサイドにあるレールマン研究所の洒落た部屋でおこなわれた。ちょうど一九七九年に私がニューヨークを引き払ってボストンに移るまで、ノイハウスと私はブルックリンのわが家の居間の拡大版よろしく、二人のとりとめのないコーヒーハウス的会話のマンハッタン部門を、対話者グループの人数と分野を拡大して続けていたことになる。Ｐ・Ｊ・モリアーティ〔ニューヨークのアイルランド系料理店〕がずっとわれわれごひいきの栄養補給所であった。

最も重要なのは治安問題を検討するチームであった。リーダーは全国都市同盟《ザ・アーバン・リーグ》〔一九二〇年設立の、黒人および少数民族の社会的・経済的地位向上を目的とするアメリカの民間団体〕で知り合ったアフリカ系アメリカ人活動家ロバート・ウッドソン。それ以前、彼は人種問題に対するリベラル派のアプローチにしだいに懐疑的になっていた。彼のお気に入りのシュプレヒコールは「援助の手をもう一度打て！」であった。媒介構造というわれわれのコンセプトがたちまちに彼の琴線を撃ったのだ。彼は当時、今もワシントンで指揮をとっている組織「近隣事業のための全国センター」の基盤づくりをしていた――この名前はそのアプローチの特徴を簡潔に表わしている。それと同じような考えで、彼は少年犯罪を抑止できるような地域レベルの、またたいていは非公式のコミュニティ研究していたのだ。

AEIプロジェクト時代でいちばん思い出深いのは、非行少年たちをまっとうな経済事業へ向かわせる可能性を論じるためにウッドソンが組んだ会議である。会議はワシントンのメイフラワー・ホテルでおこなわれた。ブリギッテと私だけが部外助言者であった。ウッドソンの少人数のスタッフをのぞいて、出席者はみな東海岸のあちこちの都市スラム街の近隣社会出身の暴力団員たちであった。彼らがばっちり型どおりに革服を着て、金属のネックレスをして繰り込んで来たとき、メイフラワーのウェーターたちは明らかに全身こわばっていた。ホテルは完全な警備態勢をとっているに違いないと私は確信した。ウッドソンは大きな責任感をもって討論をあずかり、大変な気迫で仕切った。予想どおり、討論は激しく活発なものになった。ウッドソンの提案に対する暴力団員たちの反応は概して肯定的であったが、彼らがその後どのくらい頑張ったかは知らない。

いちばん鮮明な記憶はブロンクスのあるラテン系暴力団のそれである。そのリーダーは自信満々の若者で、びっくりするほど魅力的なガールフレンドを連れて来ていた。彼らは暴走族であった。ウッドソンは次のようなアイディアをリーダーに投げかけた。君の仲間は当然オートバイについてよく知っている。けれどもおそらくオートバイの修理施設は足りないであろう（そんなことをウッドソンがどうやって知ったのかはわからない）。だったら君らはオートバイ修理店のネットワークを始めたらどうだい、ひょっとするとそれは全国的なものになるよ、と。種々の専門的なことがらが討論された。私は暴走族のリーダーに、君らのメンバーはそうした店で働きたがると思うかいと訊いた。すると彼は鼻でせせら笑うようにしてこう言った、「オレが連中にやれと言ったら、やるさ!」　そしてガールフレンドはクスッと笑った。

第6章　過てる政治的小旅行

一九七九年、ブリギッテにウェルズリー・カレッジ社会学部の学部長にならないかという要請が来た。それはロングアイランド大学の教授職よりも面白い仕事のように思えた（あとでわかったのは、かなり不快なかたちで面白いということだった。ウェルズリー・カレッジは今でもそうだが、当時、空理空論的フェミニズムの牙城で、ブリギッテはそれが肌に合わず、その数年後よそへ移動する原因となった）。私はラットガーズ大学にさほど愛着を感じておらず、ボストン近辺に居を移すことにいささかの職業的躊躇もなかった。私はすぐにボストン・カレッジの正規教員に職を見つけ、大学教授としてもっと魅力的な契約内容――おおよそ社会学、宗教、神学にまたがる学際的ポスト――のためにボストン大学へ移籍するまで二年間在籍した。

私たちは二人とも個人的には、ボストンの学問世界のより静謐な雰囲気と引きかえに、ニューヨークとそのコスモポリタン的なダイナミズムを後にすることにためらいを感じた。引越して間もなく同じ移動を経験した人々を話題にした新聞記事を読んだ。そのなかに忘れられない一つの報告があった。すなわち、ボストンではウェイターがドストエフスキーを読んでいる。それはもちろん彼が学生だから。そしてニューヨークではウェイター自身がドストエフスキーの登場人物である。

その当時は自分たちがどのくらいボストンにいることになるのか予想もできなかった。本書を書いているこの時点では、ボストンに引越してから三十年たっている。私たちはそこがまずまず住むに快適なところだと知った――これは一月と二月の気候をのぞけばの話であって、私はそれを予想しておそろしく分厚いオーバーを買ったのだが、それを着ると自分がロシアの将軍みたいに見えるので、一、二度着ただけだ。

だが、私たちが生まれつきのヤンキーみたいになることはなかったと言うのが公正であろう。実際、どこのご出身ですかと聞かれるたびに、私は古いユダヤ・ジョークを思い出す。ロワー・イーストサイド出身の超正統派ラビが、ミシシッピの小さな町で商売を始めたばかりの息子を訪ねた。老人はいかにも完全な正統派の人間という様子――髭、耳に垂らした巻き毛、黒い帽子、房飾り付カフタン――を示しながら、バスを降りてきた。数人の子どもが口をぽかんと開けて彼を見ている。彼は子どもたちにこう言った、「君たち、どうしたんだい？　これまでヤンキーを見たことがないのかい？」

第一印象はしばしば教訓的である。ブリギッテは早々に気づいた。「これは都市じゃないわ。キャンパス連合よ」。言いえて妙だ。事実は諸刃の剣である。一方で、車で十五分の範囲内にその道の専門家のいない分野が一つもないということを知るのは、まことに気分の良いものである。ボストンに着いて間もないころ、ケンブリッジで開かれたあるパーティで、私はモンゴル文学専攻のハーヴァード大学教授と知り合いになった。他方では、（ウェルズリーだけでなくここにも）時に不快と感じられる左傾化した政治文化がある。ここでもう一つ、今度はユダヤ人というよりヤンキーのジョークだ。『ボストン・グローブ』〔ボストンで最大発行部数の日刊新聞〕最新の見出し――「世界は明日終わる。女性とマイノリティが最後の一撃」。

論理的には至極当然のことながら、この文化との最初の出会いはハーヴァードで起きた（社会学的発見。マルクス主義の理論とは逆に、場が富裕化すればするほど、左傾化する）。ボストン地区へ移るとき、私が楽しみにしていたものの一つは、そこの神学研究機関の非常な多さであった。神学上の話し相手がニューヨークよりも多く得られるだろうと私は期待した。いくらか探りを入れていると、一九七九―八〇年の一学年、高い威信があるらしいハーヴァード大学神学大学院のウィリアム・ジェームズ講座の講師に指名された。これはたんに宗教社会学のコースを一つ教えるだけだった。私の最初の失望は、そのとき、神学的にも政治的にも大きな違いがあるにもかかわらずいつも親しくしてくれたハーヴェイ・コックスをのぞいて、そこの専任教員の誰一人として私がやって来たことに興味を持ってくれなかったことである。すぐに私は、当地の主流のプロテスタント組織もローマ・カトリックの組織も、有益な会話をかわすことなど不可能な地域の政治的原理主義者に支配されていると悟った。二つの開拓者――福音派のコンウェル神学校とギリシャ正教のホリークロス神学校――はそれほど支配されていなかったが、そこにはもちろん他のコミュニケーション問題があった。ところで、終身在職権付き教員という身分からメディケア〔アメリカの高齢者および障害者向け公的医療保険制度〕受給資格まで「六〇年代の産物」が揺らいでいるように、こうした状況はそのころからいくぶん改善してきている。だがいちばん強烈な失望は、ハーヴァード大学神学大学院で講義を始めた直後にやってきた。

数回目の授業の終了後、私は一通の長くていささか支離滅裂な手紙を受け取った。全員ではないにしてもほとんどの女子学生の署名がしてあった。手紙の口調はかなり礼儀正しかった。それは私をドイツ語で「Lieber Herr Doktor」（敬愛する博士）とよび、署名者たちが私の著作からどれほど多くを学んだかをのべるところから始まっていた。だがそのあとは私の授業運営に対する厳しい抗議になっていた。いわく、それは「現在構成されているあなたの授業の内容・形式いずれからも（授業に出席している女性たちを）言語学的に排除している」というものであった。実際、教えた内容に対する抗議はまったくなかった。抗議は教えていない内容に対するものであった——すなわちフェミニズム・イデオロギーの標準的テーマがそれである。だが手紙の筆者たちを明らかに苛立たせていたのは、私が「ジェンダー排除的な言語」——すなわち男性総称語〔generic masculine たとえば「フレッシュマン」のように男性だけで男女両性を代表させる名詞〕——を使用していることであった。目指しているのは対立ではなく対話することだと、手紙には書いてあった。

私は（いま思えば愚かにも）対話への招待を受け容れた。原理主義者との対話は不毛であるという教訓をまだ学んでいなかったのだ。対話は通常の授業スケジュール外の時間にやることにきまったが、ほとんどの学生が臨時に姿を現わした。そうした催しによくありがちな事態を考えると、それは比較的理性的だった。何のかんのといって、結局そこはハーヴァードなのだ。その少しあと、ロンドン・スクール・オブ・エコノミクスでの私の講義は騒音で妨害され、絶叫する群衆《モブ》のために中止になってしまった（この連中を怒らせたのは、社会学は暴露的視点のゆえにラディカルであるけれども、その実践的意義からすると保守的であるという私の発言であった)。しかしながら、ここにはいかなる種類の対話もなく、あるのはただ同じ非難の言葉の終わりなき繰り返しであった。この対決にはいかなる後日譚もないが、私は講座を学生とのいかなる真のまじわりもなく機械的に終えたのであった。

ここ数十年、この種のフェミニズム的好戦性と出くわすことなく欧米の学問界に棲息することは不可能であった(といっても、前述のようにその音量は概して落ちてきているが)。思うに、フェミニズムにはまともな人間ならだれでも賛成するであろう側面がある――とくに女性に対するありとあらゆる法的・社会的差別を禁止しようとする決意がそれである。六〇年代の初め、ある男性社会学者とかわした会話を思い出す。自分の学部でいま以上に女性を採用することには断固反対すると、彼はいささかのためらいもなく語った。こんな会話は今日ではおそらく不可能で、これは本当の進歩である。また、女性が自分で妥当だと感じるすべての形のセクシュアリティをフェミニズムが肯定することにも、まったく問題はないと思う。しかしながら、女性を犠牲者として定義しつづけることは別問題である――人類史のなかで比べようもないほどの、さらにはまた他のあらゆる現代社会とも比べようもないほどの特権を女性にあたえている西欧社会では特に。

ハーヴァードの学生たちを煽り立てた言語上の問題についていえば、最初に出くわした瞬間からそれはバカバカしいものだという印象をもった。セックスをジェンダーで置き換えること自体すでに、たとえば男と女には(おそらくは性器の形状といった小さな差異をのぞけば)いかなる重要な違いもないとするような、経験的に批判に耐えない主張を意味している。セックスは生物学用語、ジェンダーは文法用語であり、――文法は完全に恣意的であるがゆえに、自由に変えられる。男性総称語についていえば、近時におけるフェミニズムの出現以前、五歳以上の子どもはみな「男」（man）の総称的用法――「人間（man）の権利」のような――において〔その「人間」からは〕「女性」（woman）は排除されていると信じていたとでもいうのであろうか。経験的現実はフェミニズム的言説のなかで想定されているのとは正反対である――旧統辞法はたんに標準的な英語で、けっして女性を排除するものではなかったが、自らの定義では「男女両性包括的な」新統辞法は、フェミニズム・イデオロギーに異議を唱える者をすべて排除し、疎外しているのである。

この問題について考えるときに役立つと思う一つのアナロジーがある（学生たちをさらに怒らせることになるだろうと思ったので、私はこれをハーヴァードの「対話」では言わなかった）。英語以外のほとんどのヨーロッパ諸言語と同様、近代イタリア語ではコミュニケーションがインフォーマルなものかフォーマルなものかで言葉を使い分ける。親密なコミュニケーションで用いられるインフォーマルな呼称はトゥ（tu）である（ドイツ語ならドゥ〔du〕）。フォーマルな呼称はレイ（lei）である（ドイツ語ならズィー〔Sie〕）。近代英語では、おそらく改良の結果、無性格の you でこうした区別をすることができない。文法的にはイタリア語の lei は三人称複数である。あたかもそれは英語でのフォーマルな会話で、ひとが誰かに「コーヒーがもっとほしいですか」と訊くときに、「彼らはコーヒーがもっとほしいですか」（Do they want more coffee ?）と言うようなものである。一九三〇年代のいつか、ムッソリーニはこのことについて演説した。lei は女々しいと彼は言った。ファシズム革命はローマ的な男らしさの理想を復活しようとしていたから、よきファシストはレイではなくヴォイ〔voi〕と言った（これは二人称複数で、実際には英語の you みたいなものだが、ムッソリーニはそこにラテン語のヴォス〔vos〕を思い描いていた）。ただし、近代イタリア語の語法の経験的現実からすると、これはまったく無意味であった。ムッソリーニの演説以前、レイが女々しいなどと思っているひとは一人もいなかったからだ。だが彼の演説後、だれもこれらの言葉を何食わぬ顔で使うわけにはゆかなくなった。ヴォイを口にする者はだれでもファシスト式敬礼（腕をグッと差し出すもので、古代ローマ流儀の復活であった）を言葉でやっていることになった。そしてレイを口にする者はだれでも、ごく抑えたかたちとはいえ、反ファシズムの身振りをしていることになったのだ。

考えてみると、ムッソリーニは一貫性に欠けていた。男も女もヴォイと言うよう訓練を受けたが、ローマ的な男らしさを求められたのはおそらく男だけだった。首尾一貫させるためには、ムッソリーニは男女別々の言葉を工夫すべきだったのだ。だがこれは現存のイタリア語に日本語の統辞法を当てはめるようなもので、それ自体の難しさということは別にしても、ムッソリーニのローマ化計画を否定することになったであろう。

「合衆国の名誉ある代表のお言葉に感謝いたします」

毛沢東派の学生たちの幾人かが希望したとおり、もし私が革命後アメリカの大衆集会で「吊るし上げ」をくらっていたら、私は少なくとも三つのとがめを受けたであろう。私は明らかにすべての女性同志に対する言語的虐待のかどで有罪であった。だがおそらくは、その上に二つの訴因が付け加えられたであろう。それはアメリカ帝国主義の煽動者たる役割を果たしたこと、また死の商人たち（彼らはたばこ産業としても知られている）に慰安と助力をあたえたことである。考え直してみると、あとの方の訴因は除外されたかもしれない。というのも、当時出会った同志は（男も女もみな）煙突みたいにたばこをふかしていたからである。

新保守主義の連中と付き合うようになった結果、選出されたばかりのレーガン政権の何人かと知り合うことになった。エリオット・エイブラムズはその一人で、はじめ国際機構局、すぐにそのあと人権局の副長官をつとめた（そのあと彼はラテンアメリカ局に移動になり、そこでイラン・コントラ事件に巻き込まれることになった）。一九八一年の初頭、彼から電話がかかってきた。彼は荘重にこう切り出した、「ピーター、お国のために一肌脱いでほしいんだが」。気味悪い一瞬、気がつけば私はある秘密の不吉な任務に関与し始めていた（すぐあとにエイブラムズの身に降りかかってくる運命についてどんな説明を受けていたというのだ?）。といっても職務はさほどドラマティックではなかった。成長への権利ワーキング・グループという名の、新しく作られた国連人権評議会の分家の合衆国代表になってくれと言われたのだ。面白そうだし、自分の能力にもあっていると私は思った。もう一つ期待がもてたのは、『コメンタリー』誌の仲間からあと二人が関係の深い地位に指名される予定だったことだ——ジーン・カークパトリックが国連大使に、マイケル・ノヴァクが人権評議会のアメリカ代表に。ワルシャワ条約機構の国に落下傘降下する必要はないということに安心して、私は指名を受けることにした。

私はワシントンで一日かけて業務概要の説明を受けた。私がエイブラムズに会ったのは短時間の打合わせだけである。そのときのほんの一瞬を覚えている。私は合衆国の省庁にやって来た他の数人と一緒にいたが、そのうちの一人がたばこが吸えるかと訊いた。するとエイブラムズがこう答えた、「この管理棟はどこでも吸えますよ」。そんな時代だったのである。

私は長時間をかけて、成長への権利というこの新しい提案の背景、またそれとアメリカの利害との関係を聞いた。それはそれに先立つ数年前、セネガルの法学教授グループによって考案されたものだった。それがどのように生まれたのかは聞けなかった。ともあれ、この国際法への貢献なるものはダカールのどこかの政府の事務室でほこりを集める状態になっていたのだが、のちにそれについて本を書いたフランスのある法学教授によって発見され、熱心に推薦を受けることになった。この人物は選出されたばかりのミッテラン政権に近いところにおり、ミッテラン政権もこのことに関心を持つようになった（おそらく第三世界の目によく映りたいという志向の一部として）。当然のことながら、ワーキング・グループにおけるかの国の代表に指名されたのはその法学教授であった――この歴史的任務における私の同役だ。

この問題におけるアメリカの中心的な関心は、帝国主義、資本主義的搾取、人種差別、アパルトヘイトその他、この類の第三世界仇敵目録の定番の罪科の主要な支持者として、アメリカを攻撃するために国連という舞台を利用しようというさらにまた別な努力の機先を、できれば制したいということであった。そこで私には、決して認めてはならない議案の大部なリストが渡された。ボストンへの帰路の機上で、私は自分がいかなるポジティヴな指示も受けなかったことに気がついた。

ワーキング・グループがジュネーヴで一堂に会することになり、ジュネーヴへの途上、私は二週間にわたってワシントンで概要説明を受けた。アメリカ使節団付き弁護士が飛行場で出迎えてくれた。まことに気分のいい人物で、私は彼を自分のベビーシッターとよんだ。最初彼は私をうさん臭く思っていた。レーガン政権に任命されたのだから、ある種の熱狂的右翼に違いないと思い込んでいたのだ。だが彼はすぐに打ち解けた。当初の思い込みに私がどうも合わないと思ったからである。きっと時差ボケに違いないのにこんなことをお願いして申し訳ないが、例のフランス人がとても私と会談したがっており、ついてはその晩会食してくれないか、と彼は言った。私はそれに同意し、午後二時間睡眠をとったあと、晩餐に出かけた。

四人の人物がいた――私のベビーシッターと私に加えて、私と同役となるフランス人の法学教授と彼のベビーシッターで、彼はアルジェリア゠ユダヤ系の外交官であった（彼はその後、問題そのものをまったく無意味とみなしていることをわれわれに理解させてくれた）。素晴らしい晩餐で、数時間も続いた。夜十時ころ、眠気で意識朦朧となった私はえらく自信満々に、アメリカ合衆国はこういう立場だとか、こういう立場は認められないとか、ほかにもその調子であれやこれや話し始めていた。おそろしく酩酊した現実感覚で私はホテルに帰り、現実感覚を取り戻そうとしてブリギッテに電話したのであった。

翌日、私はベビーシッターに、じつはワーキング・グループが招集されても、いくらかの社交辞令以外、何をしゃべっていいかわからないと言った――私は何の指示も受けていなかったのだ。彼は簡単なことだと言った――あなたは自分で自分の指示を書くべし――つまり、あなたは自分でそう言うべきだと思ったことを書くべきだというのである。私は実際にそうした。要するに、成長の性質に関する私の理解、成長の権利について計画を立てることはなぜほとんど意味がないかについて、ごく簡略な論文を書いたのだ。二日後、ワシントンから返信が来た。それは私が書いて送った文章を、ちょっと統辞法を変えるだけで、一字一句そのまま繰り返していた。たとえば、私が「アメリカ代表は以下のように言うことを提案する（suggest saying）」と書いたところが、文書では「アメリカ代表は以下のように言うであろう（will say）」となっていた。私はベビーシッターに、これがいつものやり方かと訊いた。彼はこう答えた、「いやそうじゃない。これはワシントンにとってどうでもいい問題のときだけだ」。

記憶によれば、私の到着から二日後、全員参加のワーキング・グループが初めて開かれた。それはまったくもって気のめいるようなグループであった。まことに論理的なことながら議長はセネガルの代表だった。非常に大きな黒人で、ピカピカのベンツで送られてきた彼はフランス語しか話せなかった。彼はつねに礼儀正しかった。予想では、われわれを支持してくれそうなのはただ二カ国、フランスとオランダだけだった。だがその予想は当たらなかった。両国とも斧を研いでは、第三世界の代表たちを喜ばすことに懸命になったからである。そのリストにはアルジェリア、キューバ、エチオピア（当時はマルクス主義者の独裁体制が支配していた）、シリアが含まれていた——人権をめぐる集まりの高級船員である。パナマとペルーの代表もいた——彼らが何か発言していたのを思い出すことができないのだが。あとになってわれわれサイドにとっていちばん頼りになるとわかったのは、インドとユーゴスラヴィアの二カ国であった。そしてもちろんソ連とその相棒ポーランドがいた。

これ以上活気のない集団を想像するのも難しい。ソ連代表は不機嫌な、うつ病と思われる中年の人物であった。USAとUSSRのアルファベット順だから、われわれはいつも隣り同士にすわった。もちろん二人の意見はいつも合わなかったが、少なくとも彼は最低限の礼儀は心得ていた。キューバ代表は私にとって特別の強敵で、この若きイデオローグは甲高い早口のスペイン語で私を個人的にも攻撃した（不運なことに私にはこれがイヤホンなしでもわかるのだった）。彼が夢にも現われはじめたとき、自分はおそらくすでに十分に長くこの会議に参加したと実感した。

私は二年半、ワーキング・グループのメンバーをつとめ、年に二回はジュネーヴに行き、行くたびに一週間ほど滞在した。作業（とそれがよべるならの話だが）は蝸牛のペースで進んだ。ほとんどの声明は「さらなる検討の要あり」（ad referendum）とされたが、あとで知ったところによると、これはそれらが予備的なものであり、本国政府に再委託されなければならないことを意味するものであった。成長への権利なるもののために提案されたさまざまな計画の細かい条項をめぐって、たいていイデオロギー的レトリックをまとった論争が果てしなくかわされるのであった。

さらなる遅延行為があったが、私ははじめそれが理解できなかった。だれかが演説するたびに、議長は非の打ちどころのないフランス語で「名誉あるどこそこ代表のお言葉に感謝いたします」と言ってから、いま話された内容を若干縮めたかたちで繰り返すのであった。この一見無駄な行為が二つの有効な機能を果たしていることを私は理解するようになった。それはみんなにどう反応するかを考えるしばらくの時間をあたえる。だがまた、（議長が私に対して同じことをしたときに私は理解したのだが）彼は話された内容をごくわずかに変え、粗削りな部分の角を削ることによって、たとえ小さな誤訳をおかしてでも、合意可能な方向に持っていくのであった。この男は自分の仕事がわかっていたのだ。

彼は私に対して大変友好的で、一度は自分のアパートでの昼食に招待してくれたが、結局それはきまり悪いものとなった。そこにいたのは彼と私だけで、彼の男の従者が給仕した——それは白人のイギリス人で、酒に酔っていたのであろう、足がよろめいており、皿を落としてしまった。私は不運な男の失態を見て見ぬふりをしようと努力したが、議長は恥じ入り、その場はすっかり重苦しいものとなってしまった。

ジュネーヴ通いは一つのルーティンとなったが、それは退屈な時もあれば、わりと面白い時もあった。私はたしかもう一度ワシントンに行ったが、すでに正確な指摘があったとおり、成長への権利にほんとうに関心をもっている者など一人もいなかった。ジーン・カークパトリックは概要説明をもとめた。私はニューヨークで、彼女と、彼女の数人のスタッフと夕食をともにした（私は彼女が好きでなかった。傲慢で頑固という印象であった）。

フランス代表も次第に興味を失っていったのだが、妥協に到達できるかもしれないと思われた時点で私はパリに来るよう要請された。この件に関する国務省の関心の低さは明らかであった。法律上の案件が生じそうなので私はベビーシッターに同行を求めたが、承諾が得られなかった。そこで私はパリのアメリカ大使館の顧問弁護士に会議に来てくれるよう要請したが、彼は出席しなければならない別の会議があるとのことであった。フランス側（例の法学教授のほか、外務省の二人の下級職員）の態度は慇懃無礼で、私はひどくみすぼらしいビストロへ連れて行かれて昼食をとった。

第三世界とソヴィエトのイデオロギーのどうしようもない反復、そして何度もくり返されるそれとの意見の対立はさておき、アメリカの立場は一点に焦点をしぼっていた。人権は集合体ではなく個人に属すものだというのがそれである。もし成長への権利なるものが集合体とりわけ国家に属すものと言うなら、そもそもそれは人権ではありえないというわけだ。そうした意見の相違が何度も何度も現われた。

いささか驚いたことに、私にとっていちばん有益だったのはインドおよびユーゴスラヴィア代表との接触であった。インド代表は外務省の役人ではなく、ケララ州――最も成長著しい州の一つ――の公務員であった。彼はまた非常に敬虔なヒンドゥー教徒でもあった。きめの細かい会話をもとにして、われわれのあいだには友情めいたものが生まれた。彼は成長についてよく知っていて、第三世界のレトリックがナンセンスだということがわかっていた。やがてわれわれは一つの妥協案を作り上げた。そう、成長への権利はその担い手が個人なら人権とよびうるが、それにはまた結社の権利や自己決定権を介して集合体の次元もないわけではないと。この表現を提示したところ、国務省はOKを出した（ついうっかり、だと思う）。フランスとオランダは積極的に支持してくれた。インド代表はニューデリーから合意を取りつけ、ユーゴスラヴィア代表（スロヴェニアの共産党員官吏で、ロシア代表とキューバ代表にいつも「同志」と呼びかけることによって自分が社会主義者であることを目立たせていた）はベオグラードからOKを得た。インド代表は非同盟グループ（いわゆるG77）〔G77は国連内とくに南北問題討議の場であるUNCTADにおける発展途上国グループ」からも同意が取りつけられるものと考えていた。その予想は外れた。キューバが反対意見の動員に成功し、われわれの草案は投票で否決されてしまったのである。

この時点で私は、この問題に関する私の役目は終わったと国務省に書いて出した。私はそれまで「やさしいデカ」(good cop)の役割を果たそうと努力してきた。そもそもアメリカ合衆国をワーキング・グループで代表させるというのであれば、全然妥協案を出さない「こわいデカ」(bad cop)〔やさしい警官とこわい警官が一組になって犯人から自白を引き出す〕を代表にすべきであろう(私は後任に口頭でジュネーヴの大使館の事務局長を推した。彼は「ノーに投票」以外何も言わず、これ見よがしに『ウォールストリート・ジャーナル』を読んでいるような男だった)。

ワーキング・グループに私の後任ができたかどうかは知らないが、エリオット・エイブラムズから非常に丁重な感謝状を受け取った。ワーキング・グループは成長への権利案を採択した。そこには合衆国にとって受け入れがたいすべての条項が含まれていたが、国連総会で正式に承認された。もちろんそれは世界に何の影響もあたえなかった。

いくらか愉快なこともあったというだけでなく、私はこの一件から多くのことを学んだ。アメリカの外交政策について、このたぐいのフォーラムにおいてアメリカ合衆国がいかに孤立しているかを知ったわけだが、同時に、私が演説するとき、ロシアやキューバも含めて、だれもが注意深く聞いていたことが心に残っている。私はまたジュネーヴとワシントンの両方で知り合ったすべてのアメリカの外務職員に好印象をもった。国連には私はいささかもロマンティックな幻想などいだいていなかったが、どちらかといえば、以前よりもわずかに好意的な見方をするようになった。もちろんそこで語られるのは、「国際コミュニティ」という神話的存在に関する語りを含めて、ほとんどが経験的現実と何の関係もない空虚なレトリックにすぎない。だがそこには少なくとも一つの有益な機能がある。つまり、大国はおたがいに交渉するのに国連など必要としないが、セネガルのような小国にはこういうフォーラムが必要で、彼らはそこで自分たちの言い分を聞いてもらい、事の成り行きにいくらかの影響をあたえることができるのだ。

本書に以上の一件をおさめた主要な理由は、それが社会科学者として得た洞察――この場合には成長の意味に関する――が政治的過程にも応用できる具体的事例となっているからである。たとえ適用段階でその有効性が台無しにされてしまったとしても、なおこの事実は愉快だ、と私は思ったのである。

「アメリカ帝国主義の走狗」としての経歴の終わりごろ、少しばかり風変わりな出来事があった。一九八三年も終わりに近くなってから、私は中央アメリカとカリブ海地域に関心を持つ経営者グループの会議に参加しないかという誘いを受けた。以前グアテマラに観光で行った以外、私は中央アメリカについてほとんど何も知らなかった。けれどもそれ以前から二つの理由でカリブ海地域に関心があった。かつて私の学生であったバリー・レヴァインが『カリビアン・レビュー』という新しい雑誌の編集者になっており、その生き生きしたスタイルのために、また魅力的な地域に関する情報のためにそれを読んでいた。また一九八〇年、ジャマイカの首相にエドワード・シーガが選ばれたことに興味をそそられていた。フィデル・カストロを声高に奉じ、ジャマイカを社会主義に導くのだと公表していたマイケル・マンリーを惨敗させたのだ。シーガ（ロナルド・レーガンとほぼ同時期に選ばれた）は、ジャマイカで明確な資本主義的成長計画を開始しようとしていた。実際、東アジアこそ自分のモデルだと言っていたのだ。それは明らかに私に関係あることだった。ジャマイカ文化は東アジアの「ポスト儒教」文化と言われるものとおなじくらい多様である。だから、ジャマイカは成長において文化がはたす役割のテストケースにもなれるだろうというわけだ。

私が招待を受けたのは実に奇妙な催しであった。会議は非常に裕福な経営者が所有する西テキサスの農場で開かれた。その経営者はまぎれもないステレオタイプ的なテキサス男であった（カウボーイハットにカウボーイブーツも含めて）。商業航空でダラスまで飛ぶと、そこに自家用飛行機が待っていて、もう一人の参加者と一緒に乗せてくれた。われわれは農場内の名もない場所のど真ん中にある滑走路に着陸した。自慢話で聞いたのだが、農場はおおよそデラウェア州と同じ広さだそうである。所有者は実際にはこの地所に住んでおらず、いろいろな会議のために利用しているとのこと。管理人の退職者マリーン夫妻のほか一人の若い男性がいて、このときは空路でやって来た人々を滑走路から小型トラックで送迎してくれた。宿舎はシンプルだが快適であった。

私は三、四人の招待された知識人の一人で、みなレーガン政権に友好的だと目されていた。所有者の友人の経営者が四、五人いた。彼らはみな自前の自家用飛行機で来ていた。思い出すと、われわれは実働二日、農場にいたのだが、多くの作業がなされるのを見たことがなかった。会議はインフォーマルなものであった。討論はひたすら中央アメリカ、とりわけニカラグアのサンディニスタ体制〔サンディニスタは一九七九年にサモサ大統領を倒し、社会主義政権を樹立した左派革命家集団の一つ〕と関連するかの地でのアメリカの利害に集中した。私以外のだれもカリブ海域に関心を持っていなかった。私はなぜ自分が招待されたのか、もっというと何のための会議なのか、理解に苦しんだ。理解できたのは数年後のことである。私の不在時に何か議論がなされていたかどうかを私は知らない（なにせ農場はだだっ広いのだ）。だがあとでわかったのは、参加している経営者はみなサンディニスタ体制を転覆しようとするアメリカの活動に賛成していた。他の参加者がこの活動にどんな秘密の関与をしているか私はまったく知らされてなかったので、この会議にある種のアカデミックな煙幕を張るべく自分は招待されていたのだと想像するのみである。当時は相当に困惑したものだ。グループのために何をやることに関心があるかと訊かれて、私はジャマイカをしっかり見てみたいと言った。するとすぐに、ジャマイカに行き、かの地の状況についてのレポートをグループに提出せよという指示が出て、気前よく資金があたえられた。

私はそれから数週間、ジャマイカやカリブ海地域に関する本をせっせと読み、レヴァインの助けを借りてかの地を旅行する準備をしながら過ごした。結局それは「社会学的観光」の成功せる実例となった。私はキングストンに一週間滞在し、驚くほど広範囲の人々――シーガ政府と対立政党のそれぞれ何人か、多様なイデオロギー的立場の知識人、そしてアメリカ大使館員二人――にインタビューをおこなった。濃密な一週間だった。キングストンは危険でもあり、総じて魅力に乏しい場所だと思ったので、気が散ることもなかった。去るときには、この国に関する非常に豊かな情報の貯えができていた。私は自分の「顧客」たちのために「ジャマイカの場合」と題する長いレポートを書いた。それはまったく興味をひかなかったらしく、文書として刊行してよしという許可がすぐに出たので、私はそれを『カリビアン・レビュー』に載せた。そしてジャマイカ専門家としての私の短い経歴は終わった。

ジャマイカに関して予期せざる、そしてごく一時的な価値しかもたない知識を得たほか、またひょっとすると自分が機密活動の一端に触れていたかもしれないことに後追い的に感じるかすかな喜びのほか、私はこの一件からいったい何を学んだのであろうか。

テキサスの文化について私は新鮮な洞察を得た。農場で私はわれらが主人〔経営者〕の民主的性格に感銘を受けたのだ。管理人は年を取っているので早朝から煩わせてはいけないと言って、主人は全員の朝食の準備をした。送迎役の青年はいつもわれわれと一緒にいて、食事中の会話にも（あまり知的ではないが）加わり、あるときには主人の言うことに反論したりもした（主人のほうはそれを嫌がる様子もなかった）。

主人が悩まされていたのは不法移民の問題であった。何らかの形の物理的な防壁を作ることも含めて厳格な国境警備体制をとることを彼は支持していた。彼はわれわれを飛行機に乗せてリオグランデ周辺を飛行し、国境がいかに侵害されやすいかをわれわれにじかに見せようとした。そしてそのあと、毎週何百という不法移民が自分の地所にやってくるから、彼らのためにスープ接待所を設置したと言ったが、彼らを当局へ突き出そうという考えは毛頭ないようであった。それは彼の政策提案と矛盾していないかと訊かれた彼は、こう答えた、「そんなの全然関係ないよ。私の地所にいる人間は私の客だから飢えさせるわけにはいかないよ」。

もっとも重要なのは、私にとってこれが社会科学者として最初の、社会全体を見渡す試みとなったことだ。たしかにそれは非常に大きな試みというわけではない。だがこの仕事は「社会学的観光」を愛好する私の方法論的先入見の正しさを立証してくれたのみならず、一年後に起きる南アフリカとのもっとややこしい関わりの有益なリハーサルともなったのである。

「非喫煙者も死ななければならない」

私の短い外交官としての経歴と時期的に重なるのが、欧州と北米のたばこ会社組合のコンサルタントとしての仕事である――この二つの役割をもし知ったなら、それらはわがハーヴァードの学生たちの胸中にある政治的に不適切《ポリティカリー・インコレクト》な人間という私の地位を認定するものとなったであろう（おそらくはジェンダー中立的な言葉づかいの失敗ということ以上に）。

私は当時、イースタン航空のニューヨーク―ワシントン間のシャトル便で起きた小さな出来事を目撃した。一人の中年の韓国人乗客が、喫煙席が満席なので禁煙席に坐るよう言われた。彼は怒りを顕わにして、これ見よがしにたばこに火をつけた。当然乗務員がやってきてたばこを消すように言った。だが、私にとって印象的だったのは女性乗務員の口調である。それはたとえばシートベルトを締めわすれたときに言うであろう口調とは違っていた。どちらかといえばそれは道徳的憤怒の口調であり、逆上しそうになるのをようやくこらえているというふうであった――たとえば、あたかも彼を床の上に打ちのめすかのように。この熱情はいったいどこから来るのだろうと私は自問してみた。私の下した結論は、それは喫煙は死へとつながる脅威だという恐怖心から来ており、逆にいえば、嫌煙運動は古くからの不死の追求の近代的延長だというものであった。「喫煙をやめれば決して死なない」というわけだ。

これは『世界観』誌に書きたいことを何でも書けた時期のことであった。そこで私は、前にも触れたが、一九七七年に「ワシントン定期便のギルガメシュ」と題する短文を掲載し、友人の死に心くじけ、不死をあたえてくれる植物を探す旅へ出た古代メソポタミア叙事詩の英雄に言及した（ちなみに、ようやくギルガメシュがその植物を見つけると、蛇が出てきてそれを食べてしまう。そこで彼はへたりこみ、泣きだしてしまうのである）。

数週間後、私はその短文を読んだフィリップ・モリス社〔世界最大のたばこメーカー〕の役員から電話をもらった。彼は私を喫煙の医学以外の側面に関する終日討論会に招いた。嫌煙キャンペーンには医学的なエビデンス以上のものがあるとたばこ業界が認識するようになったからである。これは約十人の参加者との面白い催しであった。経済学者は世界経済におけるたばこの位置について語り、法律家は喫煙に対する法的規制について語り、人類学者は文化的象徴としての喫煙について語った。私は近時獲得した自分の仮説を語る以外、言うべきことがほとんどなかった。

討論会の終わりに、参加者全員、たばこ業界はどんな研究に取り組んだらいいと考えるか訊かれた。これはじつは私自身さほど興味あることではないが、汝の敵を知れの原則にしたがうならたばこ業界は嫌煙運動について研究しておかなければなるまい、と私はのべた。運動をやっているのはどんな人たちか？　彼らの利害関心はどこにあるのか？　彼らの資金源は？　討論会からしばらくして、そういう研究をやってみないかと打診された。他の諸々のプロジェクトに没頭しているので自分は無理だが、研究をやってくれるだれかほかの人物を探してみよう、と私は言った。そして実際にそうした。

バークレーの傑出した政治学者アーロン・ウィルダフスキーはそれまでにリスク回避に関する著作を書いており、それは彼にとって興味ある視角であった。彼は小さなチームを招集し、アメリカとイギリスにおける嫌煙運動の研究に取り組んだ。だが私も顧問となり、とりわけ世界保健機関がストックホルム、ウィニペグ、東京で開催する三回の国際嫌煙会議に出席して報告するように言われた。これは教えられることの多い経験となった。

ストックホルム会議が開催されたのは一九七九年。それはまだ科学的な会議であると謳っていたが、明らかに嫌煙集会であった（後になると、科学はもう出尽くしており、実施戦略以外何も論じることはないという前提のもと、会議に対する後者の意味づけが公然と認められるようになった――アル・ゴアと地球温暖化の予兆！）。これはまた第三世界諸国から強力な議員団が登場する最初のそうした会議ともなったが、その代表たちはスウェーデン政府から資金援助を受けているのであった。非常に大きな集会で、たばこ業界から派遣された隠密の傍聴人も約一ダースほど来ていた。われわれは毎日朝食と夕食をともにし、朝はだれがどこに行くか決め、晩には各人の印象を交換しあった。

初日に愉快な出来事があった。レセプションが絢爛たるストックホルム市役所で開かれた。私はキューバ厚生省から派遣された三人の代表団に気づいた。話せるのはスペイン語だけで、一緒にかなりわびしげに立っていた。私は気の毒になって、相手をしようと近づいていった。彼らは喜んでくれた。少し雑談をしたあと、私はグループのリーダーにキューバ政府は本気で嫌煙主義なのかと尋ねてみた。私の脳裏には葉巻をふかすフィデル・カストロのイメージがあったのだ。「そうだとも」と彼は答え、ポケットの中から明らかに彼自身のものとわかる半分ほど吸った一箱のたばこを取り出した。彼はパッケージに書かれた警告を誇らしげに見せた。私はスペイン語の文面を正確に再現することはできないが、そこには仮定法を駆使してこんなことが書かれていた――「喫煙はひょっとすると健康に良くないかもしれません」。彼はそれから私の名札を見た。もちろんそこには私の所属は書いてなかったが、「USA」と書いてあった。そして彼はこう言った、「もちろん、もしアメリカの経済制裁がなかったら、われわれはほかのものも輸出できるんだけどね」。この発言の意味はただちに明確とはゆかなかったが、私はそれ以上論じることをしなかった。

私が協会に書いた報告書は、ふり返ってみると、あまたあるなかでも最も面白いものであった。いまでもそれはファイルに保存してある。私はわがクライアント、「死の商人」たちに、会議で何があったかを自分の傍聴にもとづいて語ったあと（もちろん彼らには業界関係の傍聴人たちからもレポートが出されていた）、おもに二つの点を指摘した。まず、嫌煙キャンペーンは二つの非常に異なる存在の連携によって動いていると書いた――情熱的な信者と道徳事業家（彼らはおそらく以前にも他の主義主張のために活躍したことがある）とのいくつもの融合からなる運動体そのもの、そして政府およびNGOの両方から出向いた官僚たちである。彼らの利害はきわめて異なっている。運動体の人間たちが喫煙を可能な限り排除したいと思っているのに対し、官僚たちは喫煙を規制したいと思っている（それは彼らにとって新規の膨大な業務機会を意味する）。私は歴然たる理由から、官僚の方が業界とずっと妥協しやすいであろうと提案した。

全体として私はこう主張した。相手はいつも「たばこの権益」という言い回しを使っており、それはもちろん経験的に妥当なものであるが、「嫌煙の権益」が何なのかも理解すべきであろうと。換言すれば、それは既得権と闘う私欲なき理想主義者といった問題ではない――双方ともにしっかりとした物質的利害があるのだから。いずれにしてもキャンペーンの力はまさにこの理念と利害の連携からきているのだ。

もちろんこの結論は知識社会学からの直接的帰結である。一つの比較――神経質な良心を持った一人の孤独な修道士による断固たる「私欲なき」闘争から生まれたプロテスタント革命は、もし修道院所有の不動産を簒奪しようとするドイツ諸侯の長年の利害と結合しなかったなら、とてもあそこまで展開しなかったであろう。ついでにいうと、嫌煙キャンペーンに関して同じような記述をした未公刊のヴィルダフスキー研究報告が少しあとに出たが、ちょっと違っていたのは、キャンペーンの二つの構成要素を表わすのにセクトとカーストというかなり不器用な用語を彼が使っていた点である。

私はもっと突っ込んだ主張をした。少なくとも西欧民主社会では嫌煙キャンペーンは非常な困難に陥るであろうと。もし私がたばこを吸い、その結果として自分を殺すことになったとしても、それは私だけに関係することであって、他人は関係ない――政府の機能は人々を他人から守ることであって、自分から守ることではない。だからキャンペーンは「ただの通りすがりの人間」(innocent bystander)を見つけなければならなかったのだ(私はこの言い回しを報告書では使用しなかったが、のちにそれについて語るときに用いるようになった)。二つの可能性が浮かび上がった。一つはいわゆる社会的費用にもとづいた議論——私は喫煙のために早死にするのだが、社会は私の治療費、遺族への給付、私の生産的貢献の喪失といったコストを支払わなければならないというわけだ。それから当時「受動喫煙」とよばれていたもの——私の喫煙につきあわされる他人の健康に対する否定的な影響——にもとづく議論だ。前者の議論はあまりに抽象的でたいして進展しないと私は論じた（現に数年後、ある経済学者がたばこが原因で自分が早死にすることによって社会は得をするという計算を公表した——長寿によって生じる医療と年金の費用を節減することによって）。私は後者（「受動喫煙」）の議論は世間の支持を得るだろうと主張し、案の定そのとおりになった。

偶然になってしまった社会学者としての経歴のなかで、嫌煙の権益と「受動喫煙」に関する主張は私の最も成功した予言となった。私はこれを大いに自慢していいと思っている。もっと重要な社会的発展に関して予言できなかったのははなはだ遺憾であるが。

ストックホルム会議に参加したあるスカンジナヴィアからの参加者は、嫌煙運動の目標を次のように規定した——喫煙を、同意せる成人たちによって私的になされる行為とすること。一九七九年にはこの文面はいささかバカっぽいものに見えた。だがそれは預言者めいていた。三十年後、少なくとも先進国では、それは今日の状況をそのまま表わしたものとなっているのだ。

一九八三年のウィニペグ大会の報告書では、とりわけ喫煙行動を規制しようとする政府諸機関によって嫌煙キャンペーンが次第に官僚制化しつつあると書くことができた。調査は次第に「受動喫煙」の影響なるものに焦点をあてるようになった。私は運動の「セクト」的性格を雄弁に物語る出来事を目撃した。二人のデンマークの科学者が「受動喫煙」には悪影響は見られないとする彼らの研究について報告した。聴衆は憤激の念をもって、データに関する質問にとどまらず、たばこ業界のまわし者に違いないとあてこすりを言いながら、彼らに延々と攻撃を浴びせた。科学者が自分たちは断固たる嫌煙主義者であって、自分たちの研究は最終的なものではないと抗弁したとき、彼らはとうてい羽振りよさそうに見えなかった。

この出来事は私に、「未確認飛行物体」に関心をもつ集団の集会に参加したときのことを思い出させた。議題になっていたのはいわゆるＵＦＯがアメリカのどこかに着陸したという報告であった。報告は熱狂的に受け容れられたが、集会に来ていたある人物が報告の信頼性について疑問を呈したところ、他の聴衆は激昂して彼を非難した（その人物は酒好きを自称するご当地の保安官であった）。セクト主義者は認知的不協和に対してとりわけアレルギー反応を示すのだ。ともあれ、すでにのべたように、嫌煙が「手に負えない社会的・政治的現実」となったことが、一九八〇年代はじめにはきわめて明確になりつつあった。

私が最後に参加した一九八七年の東京大会はある種の皮肉な性格をもっていた。日本人参加者の全員とは言わないまでも多くが、議場を出るやいなやたばこを吸い始めた。報告書のなかで私はこの会議を「悪名の家における純潔の集会」と形容した。大義に寄せる日本人参加者の本気度はいささか疑問なしとしなかったが、そんななかにも会議の全体的な雰囲気には勝者のおごりめいたものがあった。運動家と官僚たちはそれまでに完全に一体化していた。「受動喫煙」の研究は潤沢な資金援助を受け、もちろんその数を増していた。公共の場や職場における喫煙規制、また保険や雇用における喫煙者に対する差別は大きな後押しを受けるようになっていた。喫煙者を「隔離してスティグマをあたえよ」という要求が露骨になされた。喫煙者にはほとんど抵抗の余地がないだろうと（正確に）予測できた。というのも、キャンペーンは彼らに自分たちの習慣は罪あるものと感じさせたからである。換言するならば、嫌煙キャンペーンは勝ち誇ったいやらしいものに化しつつあったのだ。

次回大会はその数年後にオーストラリアのパースで開催される予定であった。そこではたばこ産業からの傍聴者は参加を拒否すべきだという主張が強くなされた。実際にそうなったかどうかは知らないけれど、パースへ行けという要請が協会から来ることはなかった。いずれにしても、それまでに業界、とりわけアメリカの業界は戦いをあきらめていた。彼らは妥協と適応という戦略を選んだのだ。一九八〇年代以降、少なくとも西欧世界で起きたのは、嫌煙キャンペーンの事実上の完全勝利であった。発展途上の社会でも喫煙規制の法制定がグローバル化した（執行状況ははっきりしないが）。不法行為に関するアメリカの法律の特殊性の結果、たばこ会社に対する訴訟は、個人のみならず州に対しても天文学的な支払いを生じさせることになった（「たばこ関連」疾病という医学的処置のために生じるコストへの補償を彼らに支払うことになったのだ）。これら訴訟の総額は人類史最大の強奪となるに違いあるまい。

喫煙は私にとって重要な関心事ではない。心臓手術のあと喫煙をやめたので、嫌煙問題はしょっちゅう考えることではなくなっているのだ。それでもここでこの問題に関する関わりを長めに書いたのは、社会科学者としての自分の役割から直接に生じた洞察の結果としてそれを理解するようになったからだ。私がその始まりから追いかけてきた嫌煙運動は私の経験上最も成功した社会運動である。私はそれを傍聴することで多くを学んだ――うまくいった社会運動を解剖してわかったイデオロギーと物質的利益の結託について、また政治における科学の利用と悪用について（喫煙が喫煙者にあたえる影響に関する科学的データは圧倒的に明確であるが、「受動喫煙者」にあたえる影響についてははるかにそうでない）、また大衆の支持を動員するさいの恐怖のもつ重要性について、そしてアメリカでは、不法行為なるものの実体と関係なしに、「ドル箱」を有する組織から莫大な金額をせしめる訴訟の力について。

私は二つのエピソード――国連とたばこ産業における自分の経験――をいささかくわしく書いた。これらが社会科学者としての私の経歴における頂点というわけでは決してないにもかかわらずそうしたのは、二つの理由からである。一つは、前述のとおり、私はいずれの場合からも多くのことを学んだわけだが、それができたのは少なくとも部分的には、自分が年月をかけて形づくってきた一種独特な社会学の知的道具のおかげであったということ。けれどももう一つの理由がある。いずれの場合も私のアプローチは根源的に暴露的であった――国連についても、いわゆる第三世界のレトリックについても、理想主義的運動なるものの偽装についても。しかしながら、ニーチェの言う「不信の技術」のこうした行使を通じて、私は多くの政治的・道徳的信念を支持することになった。換言するならば、私の暴露の実践はシニカルな世界観から来たものでもなければ、それを結果するものでもなかった。そしてこれは私が一般化していいと信じている結論である。私のジュネーヴ探検の場合でいえば、首尾一貫性を欠いているとはいえ、アメリカ合衆国によって代表される民主主義と個人の諸権利という価値観の優位性に関する自分の確信を、私は片時も手放したことはない。嫌煙キャンペーンの件でいえば、キャンペーンに対する私の懐疑心はそれが前提としているものの妥当性に対する疑問だけでなく、セクト的な狂信主義や人道的な関心のために非常によく見落とされがちな全体主義的なニュアンスに対する嫌悪感からきているのだ。

興味深いことに、どちらの場合にも共通している（しかもそれはおそらくいわゆる政治的適切性《ポリティカル・コレクトネス》の重要な構成要素となっている）のは、リスクへの嫌悪である。社会主義的ユートピアは市場経済のリスクに対する防御とされた。種々の健康信仰に内在しているユートピアは人間的条件の本質的側面であるリスクを回避しようとするものである。これが本節の見出しにオーストリアの著述家フリードリッヒ・トルベルクのエッセイの表題——「たばこを吸わない者も死ななければならない」——を選んだゆえんである。

さらにもう一つ、強調しておかなければならないもっと政治的な論点がある。ロンドン・スクール・オブ・エコノミクスでの私の講義を妨害した学生たちの大いなる憤激を買ったことを私はいまも信じ続けている——すなわち、社会学は暴露的分析という点ではラディカルだが、実践的な関与としては保守的であるというのがそれだ。一九八〇年代、私は中道右派の仲間入りをしたから、それは左派から見れば定義上ほとんど政治的に不適切《ポリティカリー・インコレクト》というものであった。だが私は逆側から見ても適切ではなかった。もちろん私はジュネーヴでの強敵の痛罵に対してすすんでアメリカ合衆国を防衛しようとしたし、社会主義的選択肢に対抗して市場にもとづく成長を強力に推奨した。だが私は、早くはヴェトナム戦争に対する反対から始まって、ジョージ・W・ブッシュのウィルソン流民主主義との軋轢まで、第三世界におけるアメリカの政策すべてに無批判的ではなかった。国内的には、新保守主義者たちが（それが信念にもとづくものであれ、戦術的な理由からであれ）堕胎や同性愛に対するキリスト教的正義という立場を受容するにつれて、彼らに距離を置くようになった。また私は、外交政策を理由にジョージ・W・ブッシュに批判的になるずっと以前から、テキサス州知事在任中の彼の死刑記録に慄然としていた。一九八〇年代初期からの私の政治的盟友たちのうち少なくとも何人かは、彼らの視点から見た私の不適切さを嗅ぎつけており、それが私がある種の役に立つ間抜けとしてあのテキサスの農場会議〔二一七頁以降〕に招聘されるもとになったのではないかと思う。たばこ産業についていえば、私はそれを悪者扱いすることを拒否したし、それに社会学的助言をあたえることに道徳的問題を感じたことはいささかもないが、彼らが相手と同じく選択的にデータを用いているのではないかと疑ったことはなかった。思うに、この件での根本的な政治的問題はどのように生きるかを選ぶ個人の権利であり、最も民主的な体制でさえも全体主義的な傾向性を有することに対してこの権利をどう守るかということであった。

私の最も初期の本にもどっていえば、社会学とはじつにひとを社会秩序に対する「ゆらぎの眼差し」に導くものである。まさにそれゆえに社会学はあらゆる制度の壊れやすさの感覚、また制度が急に溶解するときに生じる圧政かカオスかという二重の危険性に対する感覚を研ぎ澄ます。時代をぐっと下って私の最新著『懐疑を讃えて』に即していうならば、道徳感覚のすぐれた社会学者はほとんどの問題について本能的に中庸の立場（急激な変化と頑迷な現状維持の中間）へと移動してゆくのではないかと思うのである。

第7章　ムブルワからギュータースローへ

一九八一年、私は大学教授としての地位につくため、いわば道をいささか先に進んでボストン・カレッジからボストン大学へと移動することになった。二つの学校は車でわずか十分ほどしか離れておらず、どちらからどちらへ行くにしてもコモンウェルス通り一本なのだが、両者の雰囲気は大いに違っている。ボストン・カレッジ（BC）は、カトリック主義はだいぶ薄められた（私の理解によればそれはヴァチカンの大いなる癪の種である）とはいえ、今なおイエズス会の組織である。しかしながらボストン・カレッジは、最初それがアイルランド系またイタリア系の移民たちの子弟にとって中産階級への入口であったころの社会学的オーラをなおとどめている（というか私が勤めていたころはそうであった）。これとは対照的にボストン大学（BU）にははるかにコスモポリタン的な雰囲気と、はるかに目に見えてユダヤの存在感がある。私が着任した時にはすでにヒルレル財団〔ヒルレル（BC六〇頃―AD九）はユダヤの律法学者で、ヒルレル派の創始者〕の大きな建物があったが、それは現在さらに荘厳な建物に代わっている。

私は最初からキャンパスの都市的環境が気に入った。実際それは少しばかりニュースクールを思い出させたのだ。アメリカの大学の非常に多くの建物に典型的にみられるような、イングランド風村落のなかにまがい物のゴシック建築を散在させるような試みはここにはない。コモンウェルス通りを見下ろす建物で講義をしていると、路面電車がほんとうに教室のなかに走りこんでくるかのような気がするのである。

移動で生じた一つの物理的利益はいまや自分の仕事場のすぐ隣に住むことになったということである。ボストンに引越したとき、私たちはBCまで車でちょっとというところに家を買った。それがBUの研究室まで歩いて五分ということになったのだ。私はまず家を手に入れてからそれに合わせて職を見つけた学界で最初の人間に違いない、とブリギッテは言った。

ほとんどのアメリカの研究機関では、大学教授という称号はある個人に付与される名誉ある地位をしめすものである。BUではそれは同時に大学の何らかの独立した部署への所属も意味するものであった。一般にUNIという略称でよばれる「大学教授プログラム」はどの大学院また学部からも独立の、直接に学長へ報告書を出す自立的ユニットであった。遅れた組織であったBUを立派な研究大学へとつくり変えた伝説の学長ジョン・シルバーが一九七〇年代に創始したのだが、UNIは彼の引退後ほどなく廃止された。

一九八一年には、それは強靭なものになりつつあった。シルバーのアイディアは大学全体に影響を及ぼすような「中核的研究機関」を創設することであった。これは興味深く、またいろんな意味で賞賛に値するアイディアで、BUのためのシルバーの野心的な諸計画に非常によく調和していた。〔しかし〕何も驚くことではないが、思ったとおりには事は運ばなかった。

UNIに属す教員のなかにはたしかに非凡な学者もいた。しかし知的判断力をどう甘くしてもそのようには形容しえない教授もいた。多くの場合（たぶん私も含めて）、シルバーはUNIを自分の専門分野と疑わしい関係にある者たちを取り込む仕掛けとして用いた。オックスブリッジ風ハイテーブル〔大学の食堂で学長や教授や来賓などが坐る一段高い席〕のほか、所属教授間の相互作用を日常化するために種々の試みがおこなわれた。これは部分的にしかうまくいかなかった。というのも、みな忙しすぎたし、自分の関心から遠く離れた専門分野で仕事をしているひととは会話をする時間をごくわずかしか持てなかったからである。

影響力の広がりという点では、ほぼ正反対のことが起きた。UNIの「エリート」的な地位、通常の学部の手順と異なるその恣意的なリクルート方法、そして最後ながら重要なこととして、UNI教員に対する教務負担の軽減と「高給」に対する恨みの感情がもっと多くの教員のあいだに広がったのだ。

プログラムはたしかに幾人かの才能ある大学院生の気をひいたが、彼らは往々にして伝統的な博士課程のプログラムに容易になじめない変わり者であって、その後そうした欠点のために就職市場で苦戦することになった──学位はつねに二つの分野で取得したが、それは「雇用側」に、実のところこの応募者はどちらの分野で学位をとったのだろうという疑念を抱かせてしまったのだ。UNIには効果的な学部生向けプログラムもあったが、芸術と科学の優等生プログラムと競合し、恨みの感情をさらに上乗せする結果となってしまった。

とはいえ、私にとってUNIは教育上、非常に快適な土台となってくれた。UNIの教員は大学の他の部局に少なくとも一つ所属しなければならなかったのだが、私は三つに所属していた（これがシルバーのアイディアかどうかは知らない）――社会学部と宗教学部と神学大学院である。いずれの学部からも所属の承認が必要なのだが、私の給与がこれらの学部の運営費から出ているわけではなく、またおそらく彼らはシルバーを恐れていたから、すぐに承認された。

この体制は途方もない利点を与えてくれた。大学の学部というのは全員出席の会議や委員会が数えきれないほどあることで有名である。私が自分の所属している三つの組織全部の会議に出席できないであろうことは明白であり、その結果私はどれにも出なかったのだ。一方、ＵＮＩの教員が集まることもきわめて稀であった。

何年ものあいだに、私はかなりの数の面白い学生の博士論文を指導した。何人かあげておこう。教育における教会と国家の関係に関して国際的に知られる専門家となったチャールズ・グレン。気鋭の福音派思想家として知られるようになったクレイグ・ゲイ。ブラジルの宗教に関して面白い仕事をしているセシリア・マリス。私を南アフリカと関わりあうようにさせた男（これについては後述）の妻で、かの国における黒人の企業家精神について活発に教育し研究しているギリアン・ゴッドセル。ルター派の政治哲学に関心を持つドイツ人ジャーナリスト、ウーヴェ・ジーモン・ネット。キプロス大学初の社会学教授となったカエサル・マヴラツァス。私の最新の「博士の子ども」は二人いて、一人はインド人類学の草創の父Ｓ・Ｎ・スリニヴァスの娘で、ヒンドゥー教と近代について研究しているトゥラシ・スリニヴァス。そしてもう一人はソヴィエト崩壊後のロシアにおける宗教状況の研究に没頭しているインナ・ナレトヴァである。

これに加えてＵＮＩは私に自分が教えたいことはたいてい何でも教えてよしとしてくれた（おおよそ昔流儀のドイツの教授みたいに）。一つだけ、ローマ・カトリックでＢＵの神学大学院の教員であったクレール・ヴォルフタイヒと一緒に教えた先駆的セミナーをあげておこう。「現代世界における教会と神学」という故意に曖昧な名前をつけた一年限りの試みであった。学生たちは本格的な研究プロジェクトに取り組むことができた。というのも、そのための資金をわれわれがある財団から得たかなり大きな補助金から調達することができたからである。面白いプロジェクトもいくつかあった。その一つは福音派の女性で空軍の従軍牧師によるもので、彼女は自称「魔女」グループからの信仰促進の要請に直面していた。もう一つはナイジェリアから来た中年の牧師によるもので、彼は奇跡による治療、預言、悪魔祓い、死者の蘇生といった初期キリスト教の儀式を廃絶したかどで西欧諸教会を非難する論文を書いたのであった（彼によれば死者が実際に生きかえるのを目撃したのだそうである）。ヴォルフタイヒと私は彼らの努力をどう採点すべきかという問題に頭を悩ませたものである。

　ジョン・シルバーは私がＢＵの教員に在任中の大半、学長であった。彼は目立つ姿でキャンパスをうろついていた。世間の見るところ、たとえば『ボストン・グローブ』紙の報じるところによれば、彼自身がＢＵであった。教員間では彼をひどく嫌う大きなグループと、おそらくはそれよりも小さい熱心な支持者のグループがあった。私はどちらのカテゴリーにも属していなかった。だが、彼が組織のためにしてくれたこと、また私を惜しみなく援助してくれたことには大いに感謝している。そして、そう頻繁に会ったわけではなかったが、よく気が合ったし、彼のことがほんとうに好きだった。もちろんよそでもそうであるようにここでも、たいていの教師は大学全体のことにあまり大きな関心を払うことなく、自分の仕事をせっせとしているのであった。

シルバー個人は鋭い知性をもち、頑固で、好戦的で、かなり意地悪なウィットの才に富んだ人物という印象を与えた。決断が早く、その決断は時として非常にまずかったが、いいことの方がずっと多かった。いろんな意味で彼は頑固なテキサスっ子の体現者であった。教員のなかには彼を右翼だと思っている者が何人かいたが、それは間違いなく誤解であった。彼は生涯民主党員で、とりわけ一九六〇年代以前の民主党リベラリズムの伝統に属していた。だが一方で、アメリカの愛国主義者で、筋金入りの反共産主義者で、哲学的理由から妊娠中絶に反対し、流行の政治的適切性《ポリティカル・コレクトネス》を軽蔑していた。

彼にはまた滑稽な言い間違いをする癖があった。私のお気に入りは、インタビューのなかで彼が同性愛恐怖者だというのは本当かとジャーナリストが尋ねたときの言い間違いである。シルバーはこの突っこみを猛然と否定して、自分のスタッフのうち数人の重要な人物はゲイであると言い、ホモセクシュアルに反対すべきことは何もないと主張した。そしてこうつけ加えた、「だけど、彼らのアジェンダを私の喉に突っ込むのはやめてもらいたいねえ」。マサチューセッツ州知事選のキャンペーンの最中、彼に個人的な質問をした好意的なジャーナリストを痛烈に非難して好機を致命的につぶしてしまったときと同じく、癇癪もちの気質が政治的な野心に傷をつけたのである。

シルバーのことを書くのに、ここまで過去形をつかってきたが、本書を書いているこの時点でも、彼はまだ健在であり、キャンパスからほど近い家に住んでいる。だが、「シルバーの遺産」というレッテルが貼られたものを取り除こうとする広範囲の努力はずっと続けられてきた——カリスマの日常化というマックス・ウェーバー理論の忠実な上演である。夢想家のあとには官僚が来るのだ。中央管理棟の横の小道はシルバー通りという名になったが、シルバー時代はほんとうに過去形になっている。社会学的にはこれはたしかに避けられないことだが、悲しいことでもある。

私が目にしたシルバーにまつわる出来事を二つあげておきたい。一つは彼の独善的な頑固さを物語るもの、もう一つは教養教育の価値に対する彼の深い信念を物語るものである。南アフリカにおける反アパルトヘイト闘争の女性の英雄であり、私がかつて出逢った最も感動的な人物の一人であるヘレン・スズマンに、〔ある時〕シルバーは昼食をもてなした。私は南アフリカで彼女と知合いになり、その縁で、彼女もシルバーと同席していたのだ。彼は食事中ずっとスズマンの国に関する自説をしゃべり続けていた。彼女は明らかに面喰っていたが、いつものように優雅で、彼の邪魔をしないでいた。もう一つはあらゆる行事のうち、入学をひかえた新入生の親たちの大会でのこと。シルバーは大学教育に対する自分の見方を語った。そしてこう言った、「みなさんのお子様方には卒業後きっと大いなる未来が待っています。けれども私はこう考えたいのです。もし何かひどいことが起きてご卒業後間もなく亡くなられるようなことがあっても、BUで過ごした四年間は十分に価値があったと皆様方はお感じになるであろうと」。親たちはこの言葉に目にみえてぎょっとしていたが、ほとんどの親はそれでムッとするというより感動しているという印象を私は受けたのであった。

国の変容を目撃する

一九八五年、社会科学者としての私の人生に大きな変化が起きた。ボストン大学で自分の研究センターを始めたのだ。そして一国全体の変容を理解しようとする試みにつながるプロジェクトに出くわすことになったのである。次章では前者の展開をあつかう予定である。後者の展開はヨハネスバーグからの予期せぬ電話で始まった。

それは南アフリカの巨大な鉱山会社アングロ・アメリカンで労使関係担当の任に当時あたっていたボビー・ゴッドセルからの電話であった。私はゴッドセルを知らなかった（のちに親友になった）。彼は私の著作をいくつか読んでいた。彼が伝えたのは、鉱山業界の大物であり、アパルトヘイトの強力な反対者でもあるハリー・オッペンハイマーが南アフリカの将来を研究するための国際的な委員会を設立したがっているということであった。ゴッドセルは、その委員会の議長となることに私が同意してくれるかどうか知るために、アメリカに来て私に会いたいと言った。私は尋ねた、「なぜ私なんですか。南アフリカなんか一度も行ったことがないし、何にも知らないんですよ」。ゴッドセルはこう答えた、「だからこそあなたに議長をしてほしいんです」。私はもちろん彼の言わんとするところを理解した――彼らは肚に一物もない人物を求めていたわけだ――だが私はなおもこう主張した、文句なしの無知を理由に何かをするよう求められるなんて、自分の人生で初めてだと。

私はゴッドセルと会った。われわれはすぐに意気投合した。私は彼の求めに応じることに同意した。その後三年間、私は定期的に南アフリカを訪れ、それ以来ずっとこの国に知的にも、また感情的にも打ち込むことになった。とても大きな、とても良いことがそこで起き、私はそのプロセスが成功へ向かうよう精神的に支援してきた。

最初の訪問はかなり長期になった。もちろん私はたくさんのものを読んでいた。だがゴッドセルは有益な情報をもった社会の多様な部門の多くの人々に私を引き合わせた。当座、中心的な仕事は作業チームの設置であった（われわれは大げさ過ぎるとして「委員会」という言葉を早々とあきらめた）。メンバーのほとんどは南アフリカ人で、私は彼らと一人一人面接した。数人はアメリカ人で、私が帰国したときに面接した。チームは最終的には広範な職業的背景をもつ（けっして社会科学ばかりではない）二十人に落ち着いた。南アフリカのメンバーは八人が白人、四人が非白人であった。

プロジェクトは「アパルトヘイトを超える南アフリカ」（South Africa Beyond Apartheid：ＳＡＢＡ）と名づけられた。オッペンハイマー財団のみならず南アフリカやアメリカの会社グループが非常に気前よく資金を提供してくれた。何年にもわたって研究チームは堅い絆でつながり（メンバーの何人かはアパルトヘイト撤廃後に重要な地位に就いた）、私も永続的な友情をはぐくんだ――ゴッドセルとその妻ギリアン（彼女はボストン大学に来て私のところで博士号を得た）のほか、アン・バーンスタイン（彼女は当時反アパルトヘイト活動をしていた事業機関アーバン財団で働いており、民主化後は自前で影響力あるシンクタンクを立ち上げた）、ローリー・シュレマー（当時はナタール大学で教鞭をとる社会学者であったが、いまは自営のコンサルタントである）といった面々である。全体として、私はこの国に初めて接触したときから非常な関心をそそられた。ブリギッテの言によれば、私はしばらくのあいだ、朝食のときまず『ニューヨーク・タイムズ』紙が伝える南アフリカ関連のあらゆるニュースに目を向けたそうである。当時はそういうニュースが非常によく載っていたのだ。

プロジェクトに寄せるオッペンハイマーの思いはいささか漠然としていた。私はすぐに南アフリカの将来について論じた本がすでに膨大に存在することに気がついた。ゴッドセルと私はどのようなアジェンダを作成すべきか考え直した。それはこの国の将来についてチームがどう考えるかではなく、主要な政治的関係者がアパルトヘイト撤廃後この国がどうなるべきか、またどうなりそうだと考えるかということであった。こうなるとチームとしてはいかなる勧告も予言もする必要がない。むしろさまざまな関係者がどのような勧告や予言をしているか、それを注意深く記録しておくべきなのだ。われわれは知識社会学という観点から、関係者たちの規範的・認知的な現実定義をマッピングしようとした。それは極端な（アフリカーナー〔オランダ系白人〕の）右翼から黒人居住区における極端な（黒人の）抵抗運動グループまで非常に広範囲にわたるものであった。

私はゴッドセルに、どうしてわれわれがこんなたくさんの人たちと話できると思うのかと訊いてみた。彼は微笑みながらこう答えた、「ハリー・オッペンハイマーがあなたを呼んだら、南アフリカじゅうの全員がやって来るよ」。事実そのとおりだった。プロジェクト中に私は数回オッペンハイマーと会った。彼は印象的な人物で、途方もない成功をおさめた、おそらくは世界でいちばん金持ちの一人でありながら、とても腰の低い人物であった。彼は道徳的理由からアパルトヘイトに猛烈に反対しており、それは実業界のほとんどがアパルトヘイトは経済にとって有害であるという結論を出すはるか以前からであった。

われわれは個々の関係者の代表的人物と直接話ができそうな見込みをもとにチームのメンバーを選んだ。これは必ずしもチームのメンバーが関係者に政治的に共鳴していたということを意味しない。バーンスタインは共鳴ぶりも露わな実業界を調査したが、シュレマーは彼が公然とするどく批判している政府メンバーのインタビューにあたった。というのも彼の母語はアフリカーンス語〔南アフリカ共和国の公用語の一つで、オランダ語を母体とする〕で、アフリカーナーはその政治的見解をどんなに嫌っていようとも、volk《フォルク》〔アフリカーナー国民〕のメンバーに対しては強い共同体感覚をもっていたからである。チームのメンバーはインタビューのあいだ自分の見解を口外しないことを強く求められた。だが、プロジェクトは激しい政治的衝突の時代に、燃えるような大志をもっておこなわれたことを忘れてはならない。この衝突状況でみんながどれほど倒れないでいられるかを、人々は知りたがっていたのである。

こういうしだいで、われわれは事の最初に、チームの全員が同意できるが、インタビュー中に披露してはならない四つの規範的前提を確認しておくことにした。「アパルトヘイトは道徳的に非難すべきものであり、廃止されなければならない。それは専制政治ではなく民主政治に置き換えられなければならない。移行の過程で経済の生産能力が破壊されてはならない。移行の犠牲、とりわけ人間のそれは最小限にとどめられなければならない」というのがそれである。これでは明らかに意見の相違の余地がかなり残ってしまう。たとえば抵抗運動の一部としての武力闘争に共感する人々と、われわれが「漸進主義者」とよんだ人々のように。どちらのグループにも象徴的人物がいた。それぞれネルソン・マンデラとヘレン・スズマンである。スズマンが獄中のマンデラを訪ねてから彼が最近亡くなるまで、二人がずっと友達であったことは心に留めるに値することである。

これだけの広がりをもった研究者のチームがやるプロジェクトだから、あきらかに首尾一貫性に欠ける危険がある。私の仕事は、研究対象となっている関係者に適用可能な首尾一貫性をもった概念枠組みをチームに提供することであった。私が作った概念図式は基本的に知識社会学にもとづくものであったが、『現実の社会的構成』の専門用語は注意深く避けようとした。ただ一つだけ例外があった。私はわれわれのアジェンダを、南アフリカの政治において作動している「認知マップ」(この言葉は間に合わせで作った)に関して正確な説明を作成することと定義したのだ。だがアジェンダは、各政治集団の社会的性格や戦略に関する説明を用意しようとするうちに知識社会学の範疇からはみ出るものになった。

これに加えてわれわれはゴッドセル言うところの「現実性吟味」を試みた。すなわち、戦略の規範的前提を批判することなく、それなりの成功可能性があるかどうかを問うてみたのである。たとえばわれわれは武力闘争の道徳的根拠を不問に付し、それがアパルトヘイト体制の廃止につながる可能性があるかどうかを問うてみた(それはないとわれわれは考えた)。

結果として、われわれの方法はきわめてうまくいった。プロジェクトの諸成果を盛り込んで一九八八年に刊行された本『未来の南アフリカ——展望・戦略・現実』(*A Future South Africa: Visions,*

Strategies and Realities）は南アフリカでベストセラーになった。自分のことが正しく書かれているかどうかを確認してもらうために（最終の形になるまえに各章ともインタビューを受けた人に送って見てもらった）、また他の党派が何を考えているのかをよりよく理解するために、だれもがそれを読みたがった。本の刊行後、われわれは抗議の手紙をたくさん受け取った。だが、手紙の書き手の党派についてわれわれが言っていることに抗議したものはただの一通もなかった。抗議はすべて他の党派についてわれわれが言っていることに対するものであった。「このろくでもない連中の本当の意図についてあなた方は騙されている」といったように。私は方法論のこのお墨付きにたいへん励まされ、以後、今日まで同様な分析枠組みを用いてきた。

調査チームができあがったあと、われわれはトランスバールのムブルワという場所で一堂に会した。そこはオッペンハイマーが所有する一種の狩猟小屋だったが、血を流すことがもっと少ない集まりにも使用されていた。それは人里はるかに離れたところにあった――極端に都会化された私の精神にとってはぞっとするような場所であった。われわれのバスがどう見ても不気味な荒れ野へと進んでいくとき、私はパニックになりそうだと感じた。私はパニックになりそうになるといつでもやっていることをやった――ジョークを言ったのだ。私はこう尋ねた、「ムブルワってスワジ語で花粉症って意味だって知ってた？」そばに坐っていた二人だけが私の言うことを聞いていた。一人は微笑んだ。もう一人はこう言った、「場所の名前にしては変な名前ですよね」。私は即座に、彼にはプロジェクトへの貢献があまり期待できないなと判断した。それは正しかった。いったんプログラムが始まると、私は荒野という立地に対する感情を克服し（寝室の外で唸っているのは何という人喰い動物なんだろう?)、シュッツの現象学的社会学を現地向けのものに翻案するという雄々しい試みをおこなった。私としては上出来だったように思われる。

私はチームの一メンバー、ヘレン・ツィレという非常に頭のいいジャーナリストとのあいだでいちばんためになるやり取りをした。彼女の担当はアフリカーナーの右翼(すなわち、国民党政府の右派に属すグループ)であった。彼女が何者か、すなわち熱心な反アパルトヘイト主義者であることをみんな知っていたが、彼女自身アフリカーナーであり、さきに触れたようにvolk《フォルク》に属しているということで彼女が彼らと話ができることが保証され——実際そうなった。当時のツィレはマルクス主義者を自称していた(その後政治的に大いに転進し、——ケープタウンの市長になり、現在は議会における最大野党、民主同盟の党首となっている)。私は説明のさい、もちろん客観性の必要を大いに強調した。ツィレはこれに対して強く異議を唱えた。いわく、「私たちはアパルトヘイトに対する闘争の一部であるべきだから、客観性というのは可能でもないし望ましくもないと思います」。私はしばらく彼女と議論したが、あきらめて、最善を尽くしなさいと言うにとどめた。

結果的に、彼女はプロジェクトのために最高の論文の一つを書いてくれた。もし彼女を知らなかったら、ひとは彼女を彼女が論文の対象とした集団の一員だと思っただろう。換言すれば、彼女は自分でできるはずがないと言ったことを鮮やかにやってのけたわけである。私は客観性の話をするとき、多くの機会にこの出来事に触れてきた。だがツィレは一点だけ間違っていた。彼女の報告書はこんな一文で結ばれていたのだ、「右翼は張子の虎ではない」。一九八八年以降、年々事態が進展するにつれて、アフリカーナー過激派グループ、図式的に「主張を曲げない人々」と呼ばれる人々は、文字どおり張子の虎であることが判明したのであった。

SABAプロジェクトが進行中、南アフリカについてごく一般的なこと以外ほとんど何も知らないにもかかわらず、南アフリカで何か驚いたことはあるかと私は何回か訊かれた。もちろん、ただ美しいと言うほかない地域がいくつもある。だがそのほかに私は二つの、ただ表面上矛盾するだけの事実を見つけた。

一つは、政権が犯す歴然たる残虐行為のみならず、ふだんの日常生活におけるアパルトヘイトの黒人に対する非人道性である。調査チームのある黒人メンバーが最近起きた出来事の話をした。彼は自宅に押し入って強盗しようとした若い黒人を捕まえたのだそうだ。ちょうどそこへ三人の「同志」(黒人居留地区で地下のレジスタンスの青年たちが使う名称である)が姿を現わした。彼らもこの不運な強盗に出くわしたわけで、「革命の正義」を科そうとした。それはこのような場合、往々にして略式の死刑執行を意味している。夜間外出禁止令が出されており、街路は装甲車に乗った治安部隊がパトロールしている——彼らはたいてい誰何するまえに発砲するのだ。わが同僚は、街路から見えないようにしながら強盗を殺さぬよう「同志」たちを説得するために、いかに裏庭の茂みに身を縮めていたかを語ってくれたのであった(首尾よくいったとのこと)。

もう一つの驚きは、私のなかにアフリカーナー——黒人大陸の南端にかじりつき、古形のオランダ語を話し、ねじ曲がったカルヴィニスト的良心と格闘しなければならないあの小さな白人文化——に対する共感のようなものが生まれたことだ。私がとくに魅了されたのは西ケープ州のワイン特産地の美しさであるが、その中心にあるのがステレンボスの大学町であった(私の知る限り最も魅力的なキャンパスの一つである）。もちろんその何一つとして、アフリカーナーたちが一九四八年に立ち上げ、その後数十年のあいだ彼らの多数派が支持し続けた憎むべき体制を否定しようとするものではなかったが。

思い出すのはつねに雄弁なアパルトヘイト批判者であったステレンボス大学教授との会話である。私は彼に当時の州知事を知っているかと訊いた（その政策を彼は嫌悪していた）。彼はこう答えた、「ええ、知ってますよ。まだ靴をはく前からの知り合いです」。あとでわかったのは、彼らの家族が所有する農地は隣接しており、学校に上がる前の男の子が靴をはくことはまずないということであった。

SABAに従事した三年間、忘れられない出来事がかなりあった――胸をかきむしるようなものも、感動的なものも、滑稽なものもあった。いい意味でシュールなものを一つだけ詳述しておきたい。ゴッドセルは私がクワズールーの首相マンゴスツ・ブテレジ（一九二九―）。南アフリカのズールー族の指導者・政治家）に会うべきだと考えた。クワズールーはアパルトヘイト政府が設けたいわゆる「ホームランド」の一つで、ここの場合、ズールー族集団のための「独立」州とされていた。ブテレジは政府公認の身分を受け容れてはいた（そのために、主要なレジスタンス・グループは彼を利敵協力者と見なしていた）が、彼はまやかしの「独立」的地位を拒否し、みずから率いるインタカ党を「漸進主義」陣営の重要な要素たらしめていた。

クワズールーの中心地ウルンディへは商業航空がなかったので、アメリカから来た弁護士とゴッドセルと私は賓客用飛行機で行った。われわれは人気のない仮設滑走路に着陸して、重装備した数人の人間に監視塔から監視された状態で三十分ほど立ちっぱなしでいた。ようやくピカピカのベンツが現われ、われわれを政府の建物に連れて行ってくれたが、それはさびしい草原風景のなかに奇妙なモダニズムの蜃気楼のように立っていた。われわれはものものしいセキュリティ・チェックを通り抜けると、待合室へと案内された。首相は遅れていると告げられた。部屋にはわれわれのほかに二人いた。一人は制服を着た南アフリカの陸軍士官、もう一人は白人であった〔非常に右翼的なアメリカのジャーナリストだと後で知った〕。

しばらく何も起きなかった。すると突然ドアが開いて、ヤムルカ〔正統派ユダヤ教徒の男性が教会や家庭でかぶる小さな頭布〕をかぶった数人を含む十人ほどのグループが、ブテレジに会うために早足で通りすぎた。ユダヤ系アメリカ人からなるある種の現地調査団である――彼らのことを耳にしたことはあったが、まさかズールーランドで行きあうとは夢にも思わなかった。そのうちの二、三人を知っていた。彼らは部屋に数秒いただけだが、数人がさけんだ。

「見ろよ、ピーター・バーガーがいるよ」

「やあ、ピーター」

「こんなところで何をやってるの?」

なごやかな光景はすぐに消えて、グループは去り、再び静かになった。

これだけでも十分にシュールだ。だがそのとき、南アフリカの士官がやって来てこう言った、「申し訳ないのですが、やむを得ず立ち聞きしてしまいました。あなたは『社会学への招待』をお書きになったピーター・バーガーさんですか」。私が有罪を認めると、彼はこう続けた、「うわあ、あれは素晴らしい本ですね。大学で読みました。あなたがお書きになった忘れられない一文があります。「結婚とは眠気で目がかすんだ千回の朝食である」ってね」。私はそんなことを書いた覚えはないと否定した。なおも彼は確かだと言い張り、私は再度否定した（あとで確かめたところ、彼が正しかったのだが、文脈を取り違えていた。彼のこの記憶の背後にどんなアフリカーンス語固有の悲劇があるかは知ったことではない）。

このばかばかしいやり取りのあと、また待ち時間になった。ようやくズールー族の首長のまえに通されたとき、私はひどくまごついてしまって彼に何を質問していいかわからなかった。でもそれは問題ではなかった。彼は時間いっぱいしゃべり続けたからである。

一九八七年、ゴッドセルと私は『コメンタリー』誌に記事を書いて、アメリカ人が南アフリカについて抱いているいくつかの観念を払拭しようとした。状況についてわれわれが描いた構図はきわめて正確であったと思う。だがわれわれが立てた予想は間違っていた。反アパルトヘイト運動に関わる多くの人間たちが抱いている急速な変化への期待に警告をあたえようとして、われわれはこう書いた、「変化への戦略は何年という枠組み、いやおそらくは何十年という枠組みで構想される必要がある」。結果的には、それからちょうど二年後にシステム全体がほころび始めたのだが。そしてわれわれは、外部の観察者たちが主張していたもう「交渉するには手遅れだ」という考えを批判した。それどころか、交渉するには早すぎるとまで書いたのだ。われわれはまた、交渉というのは両者ともに勝つ見込みがないと結論したときに初めて始まるものであって、まだそのときが来ていないのだとも付け加えた。もちろんちょうどそのころ、政府の仲介者と亡命中のアフリカ国民会議

るか、われわれは理解していなかったのだ。

(African National Congress：ＡＮＣ）との最初の折衝が始まっていたのである。いくつかのプロセスを組み合わせれば、現状がもうもたないことを支配エリートにどれほど手っ取り早く説得できるか、われわれは理解していなかったのだ。

第一に、国民党の支持者には重大な亀裂があった（経済上の不幸をもたらすものだとしてアパルトヘイトに反対することで、アフリカーンス語を話すビジネス・エリートは英語を話すビジネス・エリートに合流した）。そしてオランダ改革派教会（それまで政府の政策の強力な支持者であった）がアパルトヘイトは罪悪であると宣言した。これに加えて国のなかで増大する不安、また世界ののけ者国家という烙印を国際的に捺されていることから来る経済的・心理的な影響があった（この要因はたぶんさほど重要ではなかったが）。ＡＮＣに限っていえば、われわれは一九八九年に始まったソヴィエト帝国の（これまた思いもかけぬ）崩壊を予測できていなかった――ソ連は国外におけるＡＮＣの最も重要な支持者だった。私はこんなことを夢想していた。すなわち、ルサカにあるＡＮＣの亡命本部の誰かが指示を受けるため、毎月曜日モスクワのある番号に電話をかけているにちがいない――そしてある日驚いたことにロシア正教の司祭が電話に出たと。

これは道徳的に価値ある政治的過程に自分が貢献できたごく稀にしかない愉快な経験であった。ＳＡＢＡも大きな学習経験であった。一国全体が根底から変容していく過程、またとりわけ当初は無敵と思われた抑圧構造の脆弱性を理解できるようになるのはわくわくするものである。自分がその発展に寄与した社会学的分析への特定のアプローチが非常に複雑な社会的・政治的状況の理解にどれほど有効であるか、重要な調査実践のなかで再度確認できたという点でも、私は愉快であった。そしてそこにはやはり、ケープタウンと気が遠くなるほど美しいその周辺を見下ろすテーブル山の眺めの思い出があるのである。

「デリーからギュータースローへはどう行くか？」

SABAの本が出てから数年間、私が指揮したプロジェクトを見るために、本書の大半でずっと追いかけてきた年代順配列をしばらく脇へ置いておきたい。それは規範的・政治的紛争をかかえた十一カ国の研究で、これはベルテルスマン財団（世界的なベルテルスマン出版社の一部門）の委嘱を受け、ローマ・クラブ（その数年前に人口過剰が原因で世界の破局が迫っていることを予言した報告書を刊行したけっこうばかばかしい団体である）への報告書として指定されたものであった。私は二つの理由からこれをやることにした。いろいろな意味で、このプロジェクトは同じ問題関心――社会のなかの一見解決不能な紛争を可能にするにはいかにすればよいか――を共有するSABAの国際化であった。ここではSABAとまったく同じチーム方法論を用いた――それはいわば次のコーヒーハウスへと変身していくコーヒーハウスである。だがベルテルスマン・プロジェクトはまた、ボストン大学の新しい研究センターの国際的ネットワークの中核をなす多くの学者たちを一つに集めた――コーヒーハウス常連客の同盟である。

どの国でも調査は規範をめぐる紛争の特徴を明確にしたのち、紛争当事者間を調停し、平和的な解決を促進できるのはどの制度かを明らかにしようとした。それゆえ、たとえばアメリカ合衆国における進歩派と保守派のいわゆる文化戦争、フランス共和国の世俗主義イデオロギーに対するイスラム教徒の挑戦、西ドイツのイデオロギー的コンセンサスを変えようとするフェミニズムや環境主義といった運動による試みの研究がおこなわれた（以上はこの本の最初の三章のテーマをあげただけである）。これらの事例のいずれにおいても、規範上の鋭い対立にもかかわらず、政治的民主主義と市民社会という制度がそれらを平和裏の論争という枠組みのなかにおさめることに成功していた。

プロジェクトには他の人々も従事したが、とりわけ私がさまざまな活動のなかで協力し続けていた学者グループ間の関係を強固にした。以下のような面々である（各自が担当した章の掲載順）。ジェームズ・デイヴィスン・ハンター——ラットガーズ大学で私のもとで社会学の博士号を取ったのち、ヴァージニア大学の教員となり、現代アメリカにおける規範上の紛争を形容するのに「文化戦争」という言葉を初めてつかった。ダニエル・エルヴュ＝レジェ——おそらくフランス最高の宗教社会学者で、のちにパリにある有名な社会科学研究院の所長になった。ヤノス・コヴァチ——ウィーンにある人間科学研究所と深い関係にある。アルトゥーロ・フォンテーヌ——サンチャゴにある公立教育研究所の所長で、チリにおけるピノチェット体制後の民主制移行のなかで興味深い役割を演じた。アン・バーンスタイン——まえにも言及したＳＡＢＡチームのメンバーで、当時はヨハネスバーグで開発・企業研究所を設立し、そこの所長になっていた。ロバート・ヘフナー——ボストン大学の人類学者で、早くから一九八五年に設立された研究センターの副所長となり、二〇〇九年からは私の次の所長となった——インドネシアの専門家であるが、さまざまな国におけるイスラム教と近代の出会いの研究にも手を広げている。蕭新煌《シャオ・シンハン》――台湾のシニカ学院の社会学者で、数カ国の地域における社会変動を研究し、一九八八年には私と共著で大変話題になった『東アジアの成長モデルをもとめて』(*In Search of an East Asian Development Model*)を出した(この本自体はCRIAの主催でニューヨークで開催された会議の所産である――コーヒーハウスの上にコーヒーハウス!)。

ここに一思想学派の核があると言えば誇張になろう。彼らは文化と社会変動の関係という関心の焦点は共有していたが、そのテーマに対するアプローチは共通ではなかったからだ。それに何といっても、ニュースクール時代のごく短期間、学部長を務めたときにそういうユートピア的観念が潰えて以来、私は知的な一学派を創始するという野心を久しくあきらめていた。それでも、たとえ私が公式なかたちで招集しない場合でも、彼らがずっと接触をたもち、一緒に仕事をし続けていることを私は愉快に感じてきた。そしておそらくはキケロの卜占官たちのごとく、出会ったときなどに彼らはお互いにウィンクをかわしあっているのである。

グループの会合はベルリン、ロンドン、ニューヨークで開いた(ベルテルスマン財団の場合、資金不足という問題は生じなかった)。最後の会合は財団の本部も会社の本部もあるギュータースローで開かれた。ギュータースローは北ドイツの交通不便な場所にある何の変哲もない小さな町である。それは長年にわたって弱小プロテスタント出版社の所在地だったのだが、第二次大戦後ベルテルスマン帝国に変容したのだ。おそらく最も意味深い質問をしたのはインド研究の著者であった、「デリーからギュータースローへはどう行くんですか?」結果として、彼は苦労しながらも何とかやって来たのだが、彼がそう訊いたとき私は、タイムズスクエアで警官にクイーンズ〔ニューヨーク市東部の区〕の辺鄙な場所にどうやって行けばいいかを尋ねた観光客に関するニューヨークの古いジョークのオチ、「ここからは行けませんよ」をそのまま繰り返したい衝動に駆られた。ひょっとするとこれはそのままグローバリゼーション懐疑論者のお題目になるかもしれない。

ベルテルスマン財団がなぜ、またどのように、この事業を間違った予言をすることでよく知られたローマ・クラブの報告書とすることに決めたのかはわからない。何にしても、われわれはプエルトリコのポンセで開かれるこの団体の会議（たぶん年次総会だと思う）で「報告」することになっていた。私のほか調査チームから数人、またベルテルスマンからは二人の代表が出席した。私がこの会議で受けた印象は、ヨーロッパやラテンアメリカから来たほとんどが老人の引退した大物、いや元大物たちの会合のそれであった。彼らは明らかに自分たちを非常な重要人物と考えていた。この会合の座長を務めたのはスペインの王子で、とても感じのいい青年であったが、どこへ行くにも大礼服を着た軍人の側近が随行していた（ひょっとすると彼が携帯しているブリーフケースにはスペインの秘密の核兵器庫のカギが入っていたのかもしれない）。われわれは自分たちが語るべきことを会議のなかのある部会で話したが、議事録の大半から削除されていた。それはローマ・クラブ限定だったのだ。われわれは自分たちが貴族の家族行事でちょっとだけ演奏する旅回りのミュージシャンみたいなものだとちょっぴり感じた。会議が終わると、われわれは車を借りて島内をドライブした。

『社会的凝集性の限界』（*The Limits of Social Cohesion*）は一九九三年に出た。誰が読んだのかさっぱりわからないし、一篇の書評も目にしなかった。そこには瞠目すべき結論などまるでなかったが、各国研究のいくつかは非常に興味深いものであった。たとえば共産主義体制崩壊後のハンガリーでブダペスト人民主義と地方人民主義という古い道徳的闘争が再燃したことに関するコヴァチの報告。あるいは軍事体制下、大学諸機関が反体制知識人とより穏健な分子をどうやって結合させたかというフォンテーヌの記述。あるいはトルコにおける西欧化論者とイスラム伝統主義者の長年にわたる闘争に関するセリフ・マーディン（政治学者で、残念ながらコーヒーハウスの顧客としては一時的メンバーになってしまった）の説明。もちろんバーンスタインは、南アフリカで民主制への移行過程で大企業がどんな役割を果たしているかについて魅力的な物語を語ることができた。研究のなかで重要な発見は、おそらく非常に多様な制度が道徳上の闘争の仲裁に関わることができるということであった――NGO、宗教団体、企業、さらには国家機関までも（南太平洋の仏領ニューカレドニアにおける土着メラネシア人とヨーロッパ人の紛争を解決するのに政府の介入がどう成功したかをエルヴュー＝レジェは論じた）。

私の考えでは、これはSABAのさまざまな発見ではっきりと現われた知見を強化するものであった――ミクロの制度もマクロの制度ももともと社会のなかで媒介機能を果たしうるものだというのがそれである。またこれは『人々をエンパワーする』のなかでリチャード・ノイハウスと私がとった「媒介構造」（二九三頁参照）アプローチに内在する反国家的バイアスにももちろん相関している（ちなみにノイハウスはSABAプロジェクトのために教会の役割に関する論文を書いた――僧職に関するカトリックの定義を借用するなら、コーヒーハウスのメンバーは「永遠に消えない性るとする〕)。

格」をもつ傾向が強い〔カトリック教会では、叙階式は聖職者に「永遠に消えない霊的性格」をあたえ

ベルテルスマン・プロジェクトには小さいが愉快な続編があった。私の提案によって、プロジェクトの会議に批評者としてトーマス・ルックマンが招かれた(彼はそれまでにコンスタンツの傑出した教授となり、本物の社会学の「学派」めいたものの中心人物になっていた)。彼と私は当時、ベルテルスマンから「文化の方向性」とよぶシリーズでブックレットを作ってくれと頼まれていた。われわれは一九九五年に『近代、多元論、意味の危機』(*Modernity, Pluralism and the Crisis of Meaning*)というブックレットを作った。一緒にテキストの仕事をするのは面白かったが、ここではよそで言ったことしか言わなかったというのが公平だろう。われわれが焦点を当てたのは近代における自明で全包括的な意味秩序の喪失であったが、それは二人ともそれ以前に何度も論じたことがあったからである。

私自身について考えると、この小さなブックレットは相対主義と原理主義という二項対立を一枚のコイン——すなわち近代的多元論——の表裏として説明した最初の場となった。ルックマンは何年も前から、大半はドイツで、日常会話のなかで発せられる道徳的な判断に関する経験的研究を続けていた。その知見の一つは、社会の主要な価値システムにおいて寛容性が最上位を占めているということであった——相対主義の世界観にあって寛容性は唯一残りうる道徳的価値なのだ。いずれにしてもわれわれは、近代における生の無意味さを悲嘆するコーラスには加わらなかった。たとえ社会全体としては意味が払底しているとしても、人々を支えている「意味の共同体」(われわれの言葉)

があるのだということを、われわれは強調した。ルックマンは彼の妻ベニータ（彼女自身は政治学者である）が作った概念を有効に使った——普通の人々に意味（と本当の「文化的方向性」）を供給する「小さな生活世界」という概念がそれである。

まずい時に三冊の本

私は一九八〇年代に三冊の本を出した。最初のはハンスフリート・ケルナー（義弟）との共著、二冊目はブリギッテとの共著である——まるで生きた同族会社だ。三冊目は単著である。どの本も成功したとは言いがたい。社会学者としての経歴という観点からいうとこの事実は重要である。

ケルナーとの共著『社会学再考——方法と使命に関するエッセイ』（*Sociology Reinterpreted: An Essay on Method and Vocation*）は一九八一年に刊行された。これはわれわれ二人とブリギッテとの会話の所産として生まれた。われわれは社会学を支配するようになりつつある残念な二項対立について談論風発していた——数量的手法だけをまさしく科学的なものと見なす人々とイデオロギー的唱道のために科学的客観性の要求など歯牙にもかけない人々という二項対立である。ブリギッテは言った、「あなた方二人で方法論の本をお書きなさいよ」。それでそうしたわけだ。社会のなかで社会科学者にとってふさわしい使命とは何かという倫理的問題も論じなければならないように感じたので、結局、それよりもいささか広い領域をあつかうことになったのだが。

本の内容としてはとくに独創的であることを目指したものではない。マックス・ウェーバーとアルフレッド・シュッツを組み合わせることで生じる社会学理解を力をこめて言いなおそうとしたものであった。われわれは社会学を「ものを見る方法」として描くところから始めた。中心になる章は「解釈という行為」というタイトルにした。ここでケルナーの貢献は決定的であった――彼は今も昔もシュッツ現象学で展開された方法論に関して私よりはるかに有能なのだ。だがわれわれはこの本を哲学的衒学の退屈な練習の場にしたくなかった。たくさんの概念に生命をあたえて楽しいものにするという点で、われわれは成功したのではないかと思う。

主要な事例となっているのはいささか煽情的な挿話である。中西部から来た社会学の大学院生である若い女性がカリフォルニアのホテルで開かれる学会に参加している。他の女性参加者と会話していると、彼女がだしぬけに、もう一人女性がいたらいいんだけどという魅力的な言葉とともに、上階のある部屋でおこなわれる乱交パーティに誘う。練習のポイントは、その瞬間からわが乙女は「聞き間違いでは?」とか「これってジョーク?」「ひょっとしてレズビアンの誘惑?」といった当然の問いから始まる一連の解釈に取り組まなければならないということだ。そして徐々にわれわれは、まずはごく特異なアメリカ的環境で社会化された人間として、ついで一人の社会科学者として、自分が使える「知識在庫」のなかにこの出来事を組み入れようとする彼女を追うことになる。

ここで使用される中心的なシュッツ的カテゴリーは「類型化」(typification) と「有意性構造」(relevance structure) である。大学院生が出来事を解釈しはじめるやいなや、一連の可能な類型化が作動しはじめ、そのすべてが出来事を理解しようとする試みを構成する。たとえば彼女の手元には中西部の人間として「カリフォルニアのライフスタイル」という類型化がある。この類型化はいま起きていることに意味をあたえてくれるだろうか。解釈という行為が継続中は、さまざまな有意性構造が作動する——そのなかには性的なものもあれば（彼女が性に目覚めるかもしれない）、たんに好奇心によるものもあろう（カリフォルニア人てほんとにこうなの？）。だがあとで、もし彼女がやっぱり自分は社会学者なんだと思い出すなら、社会学独特の有意性構造が意識されるであろう（学会の会場となっているホテルで乱交パーティの開催というのは、知的専門職階級の文化についてわれわれが知っていることとどうかみ合うのだろう？）。そしてもし彼女が学会に出席している社会科学者たちの性的習俗に関する体系的な調査プロジェクトを実施しようと決めたなら、大量の理論とデータを含むはるかに厳密な有意性構造が現われるであろう。そのすべてが基本的にかの乙女がよくなじんだ全体状況のなかで展開するのである。

われわれはこの例をもう一つの例——そこで彼女が招待されるのは乱交パーティではなく人間を生贄にする儀式である——とからみ合わせた。それはまったく不案内な状況であり、有意性構造を一から組み立てなければならないのだ。言うまでもないが、われわれはずっと楽しみながらこれを書いた。

ここでのわれわれの主要な目的はもちろん、社会学的有意性構造の独特な性格を詳しく説明することであった。われわれは理念的・実践的な可能性を明らかにするためにこの概念を用いた。われわれはまた社会学的分析は人間の自由という理想と両立可能であり、政治的な含みとしてはそれに寄与するものだと論じた。社会学的理解はひとをあらゆる形の狂信に反対させるものである。社会学はイデオロギーの道具であってはならないのである。社会学者は必ず客観的な観察者であることと道徳的な関心を抱く社会のメンバーであることのあいだでバランスをとらなければならない。われわれはこのバランスを社会学者の「二重国籍」とよんだ。

この本はほとんど注目されなかった。社会学の雑誌にいくらか批判的な書評が出ただけである。この本に特にいらいらしたひとは一人もいなかったようだが、特に関心をもったひともほとんどいなかったようだ。

ブリギッテとの共著『家族をめぐる戦争――中庸の地をもとめて』（*The War over the Family: Capturing the Middle Ground*）は一九八三年に出た。これは私よりもはるかに彼女の本であった。というのも論じたのは、彼女が長年専門にしてきた家族社会学の領域だからである。この本は社会学的分析と、われわれが「中庸の地」とよぶ政治的立場の唱道との結合であった。本の多くの部分はベティ・フリーダンの一九六三年の本『新しい女性の創造』に始まり、一九七三年の最高裁のロウ対ウェード判決〔合衆国最高裁判所が事実上人工中絶を一部合法化した判決〕に引き続いて本格的な「文化戦争」へと急速に発展していった伝統的家族に対するフェミニズムの攻撃の記述と分析に費やされた。一九六〇年代には攻撃に対する組織だった抵抗はまだなかったが、もちろん多くの社会的に保守的な人々は不快に感じていた。それが変わったのは一九七〇年代で、社会的保守派（その多くは宗教的理由にもとづくものだった）は政治的な力を組織し、行使しはじめた。彼らの多くはみずから福音派を名乗るジミー・カーターに期待をかけた。彼が大統領になったあと、彼らはカーターにひどく失望した。転換点になったのはカーターが主催した催しで、それはもともと「家族に関するホワイトハウス会議」を謳ったものであったが、その後フェミニストの圧力によって「諸家族に関するホワイトハウス会議」と改名されたのであった。こうした展開の結果が政治の二極化で、それは今日なおきわめて顕著である。一方には向家族・反妊娠中絶（「向－生命《プロ・ライフ》」）の諸運動が合流し、もう一方には他の社会的進歩派の諸運動と連携する向－妊娠中絶（「向－選択《プロ・チョイス》」）運動がある。おそらくは慎重な決断というよりむしろ偶然によって、社会的保守派が共和党の重要な支持者となる一方、社会的進歩派は民主党のなかで支配的な役割を引き受けることになった。どちらの側でも妊娠中絶が空理空論のリトマス試験紙となったのである。

この本にはまた、ブリギッテの中心的な仮説のかなり詳細な論述が含まれている。核家族（より大きな親族集団から切り離された単位をなす両親と子ども）は近代の所産だという一般に受け容れられている見解とは逆に、この家族形態は近代の原因であるとブリギッテは論じている。相当量の歴史的証拠が支持するこの仮説は独創的で驚くべきものである。近代の核家族はブルジョワジーの台頭とともに現在の形をとるようになったのだ。「伝統的家族」という言葉はむしろ誤解を生みがちである――「伝統」はせいぜい二百年ちょっとの歴史しかないからである。

この洞察は、当然のことながら、現代家族は聖書にもとづくものだという保守的見解に疑問を付するものとなる。十番目の戒律（「あなたは隣人の家をむさぼってはならない。隣人の妻、はしため、牛、ろば、またすべての隣人のものをむさぼってはならない」）を一瞥するだけでまったく異なった聖書的家族観がすぐにわかるのであって、そこでは妻はたとえば家畜などとならんで財産項目のうちに列挙されているのである（これはもちろんヘブライ語聖書でのことであるが、新約聖書でも事態はそれほどいいわけではない）。

ともあれブルジョワ家族は、配偶者相互の関係、また両配偶者とその子どもたちの関係に革命をもたらした――だんだんと平等主義的になってゆく革命である。いまや攻撃の的になっているブルジョワ家族こそ、子どもを責任ある大人になるよう社会化できる――これは民主主義成功の前提条件である――最良の舞台であるとわれわれは論じた。この主張は哲学的でも神学的でもなく、ブリギッテによる経験的資料の読み込みにもとづくものである。そしてわれわれは自分たちが理にかなったブルジョワ家族の合理的弁護とよぶものを展開した。それこそまさしく「中庸の地」であった。これは進歩派と保守派の両方を不快にさせた。

われわれは彼らが抑圧的だとする制度を擁護することによって、またわれわれが妊娠中絶に対してきっちりとした「向《プロ》-選択《チョイス》」的立場を退け、微妙な立場をとったという理由で進歩派を不快にさせた。われわれはまた、これとまったく同じ理由のみならず(つまり同じようにきっちりした「向《プロ》-生命《ライフ》」的立場をとらず)、ブルジョワ家族が(自然法にもとづくものだなどというのは論外として)「伝統的」だとする、彼らの見解を疑問視する歴史観を提示したという理由で保守派を不快にさせた。あたかもだれもが同じように不快になっていることを確認するかのように、私は補説を書き、そのなかで二つの現代流言葉狩りを比較した――昔流の「汚い言葉」の追放(これを私は「ゴッシュ語り」とよんだ〔ゴッシュ gosh は「なんてこった」といった意味の感嘆詞〕)と「ジェンダー排除的な言葉」の追放(これを私は「フェム語り」とよんだ〔フェムは「フェミニズム」の略〕)である。われわれはゲイの結婚の問題には触れなかった。まだそれは問題になっていなかったからである。

不快に感じたかどうかは別にして、この本に大きな関心を払ったひとはほとんどいなかった。『ニューヨーク・タイムズ・ブックレビュー』紙にロバート・コールズによる好意的な書評が出たし、数冊の本を論じたある社会学雑誌の書評では冷淡な言及がなされた。だがこの本の運命はのちに起きたことを予見させるものであった。ブリギッテは一九八〇年代から一九九〇年代、ずっとこの問題と取り組み続けた。彼女は数篇の論文を書いたが、彼女の主書『近代における結婚』は二〇〇二年まで世に出なかったのである（それはいくつかの出版社に却下されたあと、ようやくアービング・ルイス・ホロウィッツのトランザクション出版から出た）。そこでは、ブルジョワ家族と近代の中核をなす三つの制度――資本主義経済・民主国家・市民社会――との決定的な関係に関する中心的な仮説のはるかに充実した記述がなされている。

もちろんここでも妊娠中絶に対する教条にとらわれない態度のために進歩派のイデオロギーと対立することになった。それはまた左翼とも争うことになった。というのも、それはブルジョワ家族に特権的な法的地位をあたえることを強く主張し、かついまやゲイの結婚に対して、これまた同性愛関係への敵意からではなく、純粋に慎重な配慮に基づく理由によって明確に反対したからである。われわれにはそういう敵意はまったくなかったが、子どもは生物学上の親によって育てられるときいちばんよく育つという考えを強くもっていた――これはいまなお新しいデータによって反証される可能性のある仮説である。しかし一方、非常に長いあいだ続いてきた制度（つまり結婚を異性カップルに限定すること）を軽率に弱体化させるのは無思慮と思われる。同性カップルの無理からぬ嘆きは、たとえば婚約やシヴィル・ユニオン（法的に承認されたパートナーシップを示すことば。シヴィル・パートナーシップともいう〕のような他の手立てによって緩和されるであろう。

だが、どちらかといえば、保守イデオロギーとの対立の方がきつかった——それはこの本が妊娠中絶に「不適切」な立場をとったからというだけでなく、離婚や婚前同棲に対して寛容な見解をしめしたからである——それはまさしく、離婚はひとを有害な結婚から救い出してより温和な結婚へと導く可能性があり、婚前同棲は情緒的な負荷を帯びた一夫一婦制的関係のうちに生きることへの往々にして骨の折れる適応へとひとを社会化していく点で、両者はおそらくブルジョワ家族を支持するであろうという理由からであった。この本は中道右派の出版社から一篇の好意的な書評を得たのであった。

私の単著である三番目の本は一九八六年に出版された『資本主義革命』（*The Capitalist Revolution*）である。これは資本主義こそ唯一可能な成長モデルだという私の判断の最も詳細な記述である。十五の命題で構成されているこの本は、たくさんの人々をまずまずの物質的繁栄へと引き上げ、機会の均等がそれなりに保証された社会をつくり出し、人権と自由を保証する手段をもつ政治体制へと導いていくには資本主義が最も向いていると主張するものであった。しかしながらこの本は宣言の書ではなく、命題は仮説の形式をとっている。思うに、その趣意をいちばんよく表わしているのはアーヴィング・クリストルの本の一つの表題『資本主義への二つの讃歌』である。資本主義に取って代わるべき社会主義という主要な選択肢が崩壊したことが明らかになった一九九一年、私はペーパーバック版に新しい序文を書き、私の説が補強されたとはっきり主張した。だがそれはあまりこの本の助けにならなかった。

この本〔『資本主義革命』〕がはじめ世に出たとき、ほんとうに多くの関心を集めた。たくさんの書評が出た。そのほとんどは予想通りのものだった――中道右派の出版社ではきわめて好意的、リベラルな出版社（たとえば『ニューヨーク・タイムズ・ブックレビュー』や『ニューリパブリック』）では批判的というぐあいに。けれども影響力は小さく、すぐに絶版になった。何年かのち、この本があるイデオロギー的サブカルチャー、すなわちリバタリアンのサブカルチャーで重要な評価基準になっているのを発見したが、そこでは資本主義にたった二つの讃歌しか書けてないという理由でやんわりと批判されていた。喜んでもらうのがむずかしい人間というのはいるものだ。

三冊の本の運命はいささか気のめいるような結末であった。一九八〇年代の終わりまでには、ブリギッテと私は二極化した文化的・政治的舞台から疎外されていることが自他ともに明確になっていた。一九六〇年代世代が影響力のある地位につくようになると、しだいに主流の文化や学界に彼らの刻印を見るようになっていた。社会学においては「階級、人種、ジェンダー」といったお題目が学問のほとんどの領域における著作を支配するようになった。四方に散らばった左翼リベラリズムが多くの場で抑圧的な正統主義へと強靭化していたのである。

われわれはしばらくのあいだ新保守主義という環境のなかで心地よく感じていた（し、当然のことながら、そうした環境を援助してくれる財団から自分たちの仕事への助成金をもらっていた）。一九八六年、ブリギッテと私は『コメンタリー』誌に「彼我の保守主義」なる一篇の論文を発表し、旧来の社会的・文化的保守主義とわれわれのそれとの違いを詳細に説明した（論文のきっかけはフィラデルフィア協会の大会にブリギッテが出席したことで、そこではネオコンがとりわけ悪意ある攻撃を受けたのである）。ここで皮肉なのは、そのころからネオコン自身が、まずは性にかかわる政治の領域で、そしてのちにはジョージ・W・ブッシュの冒険的な外交政策を支持するというかたちで、旧来の保守主義と手を結び始めたことだ。妊娠中絶は言うまでもなく多様な中道右派グループにとって厳格なリトマス試験の対象であった。この問題はじめ他の関連する諸問題におけるわれわれの中庸的立場はどこをとっても口当たりの悪いものになったのだ。

ノーマン・ポドレッツとかわした会話が忘れられない（それまでに彼とその妻ミッジ・デクターと仲良くなっており、いまでもそうである）。中庸の地が話題になったとき、彼は語気を強めて中庸の地など幻想だと言った。もちろん彼は間違っていた。われわれの二極化したイデオロギーの舞台を分けているたいていの問題について、大部分のアメリカ人はまさしく真ん中の位置にいることを、たくさんのデータが示しているのだ。しかしながら彼の見解は自己成就的予言であり、それは新保守主義運動がたどった道筋そのものであった。そしてそれはまた両派の熱心な活動家の特徴となっているセクト主義的雰囲気もよく物語っている（人数的にいえばどちらも少数派なのだが、非常に多弁でよく組織されており、それゆえ大変な影響力がある）。

こうした舞台全体からの私の疎外は一九九七年、私の旧友リチャード・ノイハウスが編集する雑誌『ファースト・シングズ』が、「アメリカの政治システムはいまだに正統か」という特集を組んだときに、ある種の決定的な地点に達した。どぎつい記事もあればそれほどでないのもあったが、全体としての眼目は、アメリカのシステムはもはや正統性を欠いている、なんとなれば妊娠中絶の権利を認めたから、というものであった。いちばんどぎつい記事はノイハウスによる論説で、それはアメリカにおける妊娠中絶とホロコーストを比較し、ナチ体制を打倒するための謀議に加わったディートリッヒ・ボンヘッファーと並べてキリスト教徒の抵抗権を語るものであった。

私はこの雑誌の最初から編集委員会のメンバーであった。私はノイハウスが非常に保守的なカトリシズムに転向して以来、どんどん強まる教条主義的な論調に不安を覚えていた。だが、この号はもう極右圏内に入りつつあると感じたので、編集委員を辞めることにした。この雑誌に関わりをもつ他の人々も不安をもった。ミッジ・デクターは編集部に手紙を書いてノイハウスの論説を批判したが、委員は辞めなかった。委員を辞めたもう一人はゲルトルード・ヒンメルファルプ（アーヴィング・クリストルの妻）であった。ノイハウスと私の友情が最近彼が亡くなるまで続いたことは付け加えておかなければならないが、昔の同志意識を取り戻すことは不可能だった。

人々が互いに狙撃しあっているときにその真ん中にいることは経歴の格上げになるやり方ではない。交戦状態にあるどちらの側の大部隊にも加わらなかったことで高い代価を払わされたのは私よりブリギッテであった。家族社会学という彼女の専門領域は「ジェンダー研究」というイージス艦に覆い隠されたも同然であった。いくつもの専門分野に手を広げていたという点で私は幸運だった――宗教社会学は開発の社会学よりも文化戦争の巻き添えになることが少なかった。おまけに私は神学的にはきわめてリベラルであった（し、今でもそうである）が、政治的にはほどよい保守派であった。そのせいで船酔いする人たちもいる。そうかと思えば、私の神学を好むゆえに私の政治論を大目に見てくれるひと、またその反対のひともいるのだ。

数年前ある社会学者に専門は何ですかと尋ねたときのことを覚えている。彼女は「被害者学」と答えた。その言葉は初耳だったが、いまでは広く使われるようになっていることを知っている。私はこの高貴なる領域に自伝をもって貢献する気はない。ブリギッテも私も厳しく責められたことはない。彼女はけっこういい経歴をたどってきたし、私は非常な成功をおさめてきた。けれども、社会学者としての私の軌跡を描こうとする本のなかでは、その軌跡の文化的・政治的文脈に注意を払っておくことが必要であろう。

　私は数頁まえから、いやほんとうは本書の別の部分でも、ブリギッテと私が唱えるいくつかの政治的立場に言及してきた。われわれが政治的な立場を唱えることは、二人が長年奉じてきた客観性という考え方といささかも矛盾するものではない。客観性は世界を理解しようとする社会科学者の努力に付随するものであって、その実存全体に関わるものではないからである。ウェーバーの言葉を使うなら、もし科学たらんと欲するなら「価値自由」でなければならない。だが「価値自由」な科学者などというものがいるとしたら、それはある種の道徳的怪物であろう。

　「二重国籍」という概念はこれとの関連で有益な概念である。社会科学者は二つの帽子をかぶっている。彼は分析に関連する固有の諸規範に服する科学者の共同体のメンバーである。彼はまたほかのだれかと同じ道徳的意見にしたがう政治的共同体のメンバーでもある。二つの帽子はきわめて異質である。うそ偽りなく聞いてもらうためには、個々の発言がどっちの帽子をかぶってなされているかをいつでも明確にしておかなければならない。

　ひょっとすると、方法論的習性のメタファーとしてコーヒーハウスという言葉を使いすぎたかもしれない。たんにそれは、私がウィーンの出身であることからくるロマンティックなイメージの反映かもしれない。間違いないのは、鍛錬された知的努力に対する反感を伝えようという意図はないということだ。意図しているのはそうした努力やそれが生まれる社会的背景へと向かうある姿勢を伝えたいということだ。それは精神の開放性という姿勢、自分自身を過度に重視しすぎない姿勢、理解力を高めるためにスタイルやウィットを重視する姿勢である。最も重要なのは、それは非常に重要な洞察のメタファーだということだ――人生において、快適な環境のもとで知的で明晰な人々とゆったりと談論風発する楽しみに匹敵する楽しみはあまりない。わたしはそれに一つの政治的に《ポリティカリー・》不適切《インコレクト》な意見を付け加えたい。つまり、もし会話にコーヒーという燃料があたえられ、ピリッとした紫煙に包まれるなら、ますます楽しいであろう。

第8章　ソロイストではなく指揮者として

自分にとって興味あるテーマを追究したいのであれば、ほとんどの場合さまざまな専門領域の協力者が必要だということが、かなり前から、とりわけ国際的・比較論的な視点が今日の社会科学の仕事にとってほぼ不可欠だと強く思うようになってから、明らかになった。その結果、多様な学問的背景をもち、多様な地域的専門性を有する人々のグループが長期間共同作業する状況を、私は夢想するようになった。経済活動一般、とりわけ資本主義経済の文化的基盤を探求するために、ボストン大学（BU）にジョン・シルバーのお墨付きで新しい研究センターを創設することになった一九八五年、この夢想は現実のものとなった。われわれはそんなセクト主義的な言葉は使わなかったけれども、明らかに私の脳裏にあったのは、これは「新ウェーバー派」的な計画だということであった。われわれはこの赤ん坊を経済文化研究所（Institute for the Study of Economic Culture：ISEC）と命名した。のちに、寄贈者たちの利害に関係するつまらない理由のためにわれわれは二度改名することになった――まずは宗教・国際問題研究所（Institute on Religion and World Affairs：IRWA）、ついで文化・宗教・国際研究所（Institute on Culture, Religion and World Affairs：CURA）

である。便宜のために、ここでは一貫してCURAと表記することにする。センターの計画そのものは変化しなかった。私はそこの所長となり、そのあと二十年にわたってこの立場が社会科学者としての私の仕事を規定することになった。

われわれはとても控えめに出発した。はじめのうちはただたんにアルバイトの秘書をつけてもらい、自分の研究室で大学教授プログラムの仕事をするだけのことであったが、しばらくするとBUはわれわれに専用の小さなオフィスをくれた。それから私は少額の助成金をもらい、そのおかげで資金集めと研究計画作成の手助けをしてくれるアルバイト補助員を雇うことができた。私は幸運にもこの仕事にうってつけの人物を見つけた。ローラ・L・ナッシュがそれで、古典学者として訓練をつんだあと、どういうわけかハーヴァード・ビジネス・スクールで経営倫理学のプログラムを開発するために来ていた。彼女は数年CURAにとどまり、最初に経理係をつとめたのち、自分自身の研究プログラムへと移動していった。驚いたことに、資金集めは非常にうまく行った。こんなことはそれまで一度としてなかったので、はじめのうち私はとまどった。そして単純な事実を一つ突きとめた。私が財団を必要としているのと同じように、財団の方も私を必要としているという事実である——彼らは業界にとどまりたければ財団を作らなければならず、だからつかいものになりそうなアイディアがたくさんありさえすれば、財団はいくらでもあったのだ。

二種類の財団がわれわれに資金を提供してくれた。第一に資本主義志向の財団で、彼らは正しくも、CURAがそうしたバイアスを共有しており、その知見は政治的に有益だと感じてくれた（とはいえわれわれは、CURAが研究センターであって宣伝機関ではないことをいつでも明らかにしていた）。そして第二に、特定のイデオロギー的方向性をもたず、ただたんに公共的な重要性を帯びた諸問題に関する客観的な研究に関心を寄せる財団である。あるとき二、三週間のうちにこんなことが続けて起きたことがあった。ある財団が率直に、われわれが彼らの右翼的な方針《アジェンダ》を十分に共有していないという理由で資金提供から手を引いた。一方、別なある財団はそれよりちょっとやんわりと、あまりに右翼的すぎるという理由でわれわれの応募を却下した。私はこの二重の拒絶に安心した。その後の年月ほぼずっと誠実にわれわれを支えてくれたのはリンド&ハリー・ブラッドリー財団で、彼らにも政治的関心というものがあったのだが、非イデオロギー的・「価値自由」的な研究の重要性をよく理解してくれた。

ＣＵＲＡが発足して五年もたたないうちに、われわれは大規模なプロジェクトを手掛け始めたのだが、一九九〇年には大きな変化が生じた。それは「アメリカだけ《オンリー・イン・アメリカ》」とでも名づけたらよさそうな、ヨーロッパ人にはなかなか理解しがたい一つの話がもとになっている。南メソジスト大学が私を引き抜こうとしていた。私はＢＵを辞める必要などまったく感じていなかったし、ダラスに住みたいという願望もまったくなかったので、非常にネガティヴに対応していたのだが、彼らはとても巧みに説得してきた。そこで私は一度行ってみることにした。私は学部長の面接を長時間受けた。彼は給料の増額を提案したが、私は現に十分なお金をもらっていると言った。彼は授業の負担を減らそうと提案したが、教えるのが好きだと答えた。彼はひどく怒り、こう言った、「じゃあ何かいいいいるとしたら何？」

私はこれから立ち上げようとしている研究センターについて話をした。彼は大いなる関心を示した。

まさにその翌日の昼、彼は石油クラブに石油業界の大物およそ五人との会食を用意した。摩天楼の最上階にある食堂に全員着席し、窓外にはダラス都心部の他の摩天楼がすべて見わたせた。私はちらっと（冒瀆的なことかもしれないが）イエスを連れて山頂に登り、この世の王国を見せた悪魔を思い出した。私は自分が考えていることを説明した。一人の男が封筒の裏側に何か走り書きして、私に訊いた、「一千万ドルの寄付ということで離陸《ゲットオフ》してもらえますか」。私は、はい、十分だと思います、と答えた。彼はうなずいてこう言った、「わかりました。そういうことで話をさせていただきます」。

言うまでもなく、私はかなり沈んだ気分でボストンに帰って来た。私はダラスの冒険について二人だけに話をした。ブリギッテといちばん親友の教員ハワード・キー（傑出した新約学者）である。私には言わずに、キーはそれをシルバーに話した。二日後、シルバーは私に電話してきた。「バーガー、SMU（南メソジスト大学）と話が進んでるそうじゃないか」。私は認めた。するとシルバーはこう続けた、「テキサスからBUのために人を引き抜いてくるんであって、その反対など考えられないよ。まあ来なよ」。

行くと彼は、BUには君に一千万ドルくれそうな金持ちの卒業生はいないけれども、と言いながら、研究員用の四本の電話、補助スタッフ、そしてはるかに大きな場所の提供を提案してくれた。もちろん私は承諾し、ダラスに住まなくてよくなってほっとした。CURAはキャンパス間近の非常に魅力的な場所に引越した。われわれは新しい拠点を祝ってパーティを開き、私はそのためにメキシコのマリアッチ・バンドをよんだ。かくしてわれわれは、「グアダラハラ」を高らかに吹き鳴らすトランペットでCURAの歴史の新局面の幕を切って落としたわけである。

CURAは感動的なくらい生産的であった。CURAがスポンサーになった研究から生まれた最初の何冊かの本は一九九〇年に刊行された。そうした本のリストは二〇〇九年の途中までに百冊を超えた（わざわざ作品リストを作成したことはないが）。リストのなかにはいくつかの外国語版や何冊かのブックレットが含まれているから少々まぎらわしいかもしれないが、標準以上の長さの英語オリジナル版の本が五十冊以上あることは確かである。当然のことながら、これらの本のすべてが最高品質とはいかない。だが多くの作品がそれぞれの特定テーマの最初のきっかけとなったし、いくつかはいまでもそうである。この結果には満足してよいのではないかと思っている（ズールー族のことわざにいわく、「私が太鼓をたたかないなら、だれがたたくのか」）。一九八五年以来、私の仕事の形式は著しく変わった。単著も何冊か書き、CURAの計画に属さないテーマについても書いてはいるが、他人の仕事を励まし、資金を調達してくるのが仕事の大半になった。言いかえるなら、私はほとんどの時間、ソロイストとしてより指揮者として動いているのである。ときには第一バイオリンを奏でることもある（これについてはすぐあとで説明する）が——それは研究チームを私みずから指揮するときだ。

箸をもつ資本家ともたざる資本家

ＣＵＲＡのこうしたプログラムを一つひとつ全部列挙していたら退屈でしようがあるまい。主要なものに限定して、二つの全体的な問題に焦点を当てることにしよう——経済行動の全般的な文化的付随物と、特に宗教的なそれである。前者の問題を指すのに、われわれは政治文化という一般的な言葉とのアナロジーを意図して、経済文化という言葉を用いた（というか、たぶん作った）。われわれはめざましい現象になりつつあるものにまず注目することによって、この問題に取り組もうと決めた——東アジアの偉大な経済的サクセスストーリーがそれである。この研究を始めた一九八〇年代中葉、大陸中国はまだ毛沢東主義の経済的失敗による苦しみの最中にあった。サクセスストーリーはもちろんまず日本に、ついで「四小龍」——韓国、台湾、香港、シンガポール——にやって来たわけだが、おそらくいちばん興味深いのは海外へ渡った中国人たちであって、彼らは間違いなく世界で最も経済的に成功した民族集団である。この成功を説明してくれる文化的要因とは何であろうか。

プロジェクトを指揮したのはイギリスの経営学の専門家で、当時は香港大学経営大学院の研究科長をしていたゴードン・レディング（その後、パリ近郊の経営大学院ＩＮＳＥＡＤ——Institut Européen d'Administration des Affaire——に移った）である。もちろんレディングは「ポスト儒教仮説」を知っていたが、そういう大まかな歴史的問題には関心がなかった。むしろ彼が知りたいと思ったのは、この集団の日常的な経済行動の基礎にあると見なしうる世界観と価値体系であった。レディングとその仲間は香港・台湾・シンガポールの中国系企業のCEOたちにインタビューを試みた。

私は香港での一連のインタビューに同席した。それらは素晴らしいひとときであった。レディングは同時に五人のトップ経営者を香港ヒルトン・ホテルの個室での晩餐に招待した。極上の食事の最中、つっこんだ質問など一つもなされなかったが、飲むのはたくさん飲んだ（これは場合によっては非常に重要な方法論的手段である）。コーヒーが出されたとき、レディング（見事なインタビュアーである）は二、三の質問で議論を開始した。彼は長いこと議論をリードする必要がなかった。すぐに招待客たちがたがいにインタビューをはじめたからだ。彼は椅子にもたれ、ときおり口をはさみ、ちゃんとテープレコーダーが動いているか確認するだけでよかった。このやり方はほかの場所でもまねられるのではないかと私は思った。なんのかんの言っても、彼らはみな中国人で――みな自信にあふれ、うまい食事を好み、酔っぱらわずに大量に飲み、しゃべることが好きなのだ。ことこの文脈に関していえば、レディングの方法論（そう呼べるとしてだが）は驚異的な結果を生んだのである。

この最初のプロジェクトに関するレディングの著書『中国資本主義の精神』は一九九〇年に出た。その知見は説得的であった。彼が描いたのは深い不安感を特徴とする世界観で、それに抗しようと思えばひとは創意工夫と無慈悲さを身につけなければならないのである。彼はまた一つの最優先理由――家族のメンバーだけが信頼できる唯一の人間だという――のために家族を中心にすえざるをえない価値観を描いた。このため、同族会社が中国の理想的ビジネスだということになる。ほとんど定義上、それは相対的に小規模にならざるを得ない――過度に大規模になれば、それはひとが信頼しうる同族の範囲からはみ出てしまうからだ。大規模な中国企業もあるにはあるが、そうした企業もその中心的オフィスは小さなまま維持される傾向が強い――たとえば海運会社がそうである。日本の経済文化との対比は衝撃的である。日本人は大規模な組織を構築するのが非常に得意だからだ。これとは対照的に、いちばん成功した中国ビジネスは小規模で、家族を基盤にしており、組織がインフォーマルであり、したがってまた非常に柔軟性に富む。

ＣＵＲＡはそれからもずっと東アジアを注視してきた。レディングは彼が「比較資本主義論」とよぶ研究計画にしたがって、これまで東アジアと東南アジアにおける経営文化の研究を継続してきている。一九九〇年、ＢＵの人類学者でシンガポール研究者のロバート・ウェラーがＣＵＲＡの共同研究員となった。彼は、経済改革の結果それが可能になって以降の大陸中国を含めて、かの地域における数多くの研究プロジェクトを指揮してきている。東アジアに焦点を当てたこうした研究成果の一つが蕭新煌《シャオ・シンハン》と私の共編書『東アジアの成長モデルをもとめて』で、私はその第五章で議論を展開している。そのなかにはグスタフ・パパネック（ＢＵの経済学者）、ルシアン・パイ（ＭＩＴの政治学者）、また宗像巌（東京・上智大学の社会学者）による傑出した論考が含まれている。ＣＵＲＡはまた日本経済における新個人主義的潮流に関する宮永國子（研究センターと連携関係にある在東京の人類学者）による小規模な研究のスポンサーにもなった。

二〇〇八年、ＣＵＲＡは復旦大学（上海）と人民大学（北京）との共同で現代世界における宗教に関する夏季セミナー・プログラムを始めた。このプログラムを準備するにあたり、数人の同僚と私は北京で国家宗教問題管理局、つまり中国におけるあらゆる宗教活動（ちなみにそのなかには仏教の哲人たちによる認可された輪廻転生も含まれている）を統制しようとする中国政府の機関と会合をもった。われわれはセミナーのプログラムを進めてよろしいというゴーサインを得たのである。

ＣＵＲＡは歴史上の、また現代のさまざまな経済文化を探求しようとする数多くのプログラムに何年にもわたって取り組んできた。クラウディオ・ヴェリス（ＢＵの教員となったチリの歴史学者）は北米とラテンアメリカの多様な経済文化に関する研究書を書いた。われわれが最初に出版したシェリー・グリーンとポール・プライド（当時はともにフリーランスのコンサルタントだった）の本は合衆国における黒人の経済事業を論じたものであった。ハンスフリート・ケルナーとローラ・Ｌ・ナッシュはアメリカとドイツにおける健康志向の人事政策に関する研究に従事した。ヤーノッシュ・コヴァチはヨーロッパの旧共産主義の数カ国における資本主義への移行に関する研究を指揮した。ブリギッテは「企業家精神の文化」に関する本を出版した（なぜかこれはアラビア語に翻訳されたＣＵＲＡ唯一の本である）。まだまだ続けようと思えば続けられる。だがこれで、われわれが箸を使ってご飯を食べる文化だけに研究を限定していたわけではないことを十分に明らかにすることができたであろう(1)。

経済文化に焦点を当てるということは当然、経済学者との協力を意味している。われわれは努力したが、全体としては失敗した。やってみて結局わかったのは、経済学者というのは一緒に仕事をするのが概して不可能な社会科学者の一団だということであった。コヴァチは特筆すべき例外であった（中央ヨーロッパの出身だということが何か関係があるかもしれない）。不思議なことにわれわれは、通常なら正反対のイデオロギー陣営出身と思われる二つの経済学者グループのなかに妥当なる協力者を発見した。一つはオーストリア学派の信奉者たちで、その象徴的人物フリードリッヒ・ハイエクが歴史に対して強烈な関心をもっていたからだ。もう一つは開発経済学者たちで、故郷から遠く離れたエキゾチックな国々で浮浪生活を送っていると文化というものが避けがたいからだ。ピーター・ボトゥク（ジョージ・メイソン大学）は前者、グスタフ・パパネックは後者である――われわれは両者と実り豊かな相互作用をもつことができた。われわれが出会った他のほとんどの経済学者たちは、原理主義のイスラム教指導者が自分たちに、そして自分たちだけに啓示されたと称する言葉以外のすべての言葉に対してそうであるように、鈍感であった。

CURAが始動して間もなく、われわれは経済文化という概念について、自分たちがとくに頑固だと思った連中――そのほとんどはいわゆる公共選択学派と関わりの深い経済学者たちだが――と議論するために会議を招集した（彼らのなかにはのちに「合理的行為者」とよばれる方を好むようになったものが何人かいると思う）。会議は完全な失敗に終わった。われわれが何か言うたび、彼らの一人がその発言を自分らの言葉に翻訳した。あるとき、ある発言者が移民政策は往々にして合理的な経済的関心以外の動機で決定されており、経済的に非合理的だと説明しようとした。彼らは断固としてこれを否定し、この領域のあらゆる動機は経済的合理性にもとづいていると主張した。

これに憤激した発言者はこう尋ねた、「道義的な理由で行動する人もいるということをあなたがたはお認めにならないのですか」。

経済学者の一人はこう言った、「認めますよ。道義――それをわれわれは内的価格調整とよびます」。

私はたぶんえこひいきなくこのセッションの議長をつとめていたと思う。だがこのときは冷静さを失った。そして次のような話をした。私にはむかし熟達の教会史家の同僚がいたが、彼自身がいちばん名声を得ていいと思ったのは、アメリカ口語ラテン語学会の創始者で指導的メンバーの一人だということだった。そういう立場で彼は『ポゴ』〔米国の漫画家W・ケリーの描いた想像力と諷刺性豊かな新聞連載漫画（一九四八―七五）〕という漫画をラテン語に翻訳もしていた。そして、私はこう結んだ、「問わなければならないのは、つまり、『ポゴ』をラテン語に翻訳することによって何が、得られるのか、ということですね」。

経済学者たちは論点をつかまえそこねた。イスラム法学者にはジョークを言うべきではないということを、私は知っておくべきだった。このことがあってからしばらくして、私は傑出したイスラム学者バーナード・ルイスにこの話をした。彼はうなずいてこう言った、「私は経済学について論文を書こうかと思ってるんだ。いまのところ、まだ出だしの部分しか書けてないんだけど、こういうのだよ。「人類の思考の歴史において、科学はしばしば迷信から生まれてきた。天文学は占星術から。化学は錬金術から。では、経済学からは何が生まれると思う？」」

あるときわれわれは経済文化という概念について大きな共著を書こうと考えた。結局書けなかったけれども、それは主としてみんながもっと小さなプロジェクトで忙しかったからだ。だが年月がたつうちに、私は文化と経済活動の関係に関するたくさんの価値ある結論に到達できた。最も重要なのは、その関係は独立変数と従属変数のあいだの一方的な関係ではないということ——すなわち、文化決定論も経済決定論もすべての事例を説明することはできないということである。強力な宗教的・政治的な思想が人々を活気づけるようなときには、文化が関係を動かす。また、概してもっと感情的負荷が低い状況では、経済合理性が運転席に坐るのではないだろうか。どちらか一方の決定力を前提にするような理論は現実を歪めてしまいがちなのである。

聖戦における自爆の「経済主義的」解釈を例にしてみよう。合理的な費用対効果分析ではどうなるか——一方に爆死があり、他方に七十人の処女というお楽しみがある。ところが、東アジアの経済的軌跡の「文化主義的」解釈では——箸はそのお供が何であろうと、いつでも手品をやって見せる。

私は「相対的な文化的有利性」について語るのがもっと有効だと気づいた。東南アジアの経済における中国民族の人口学的に不均衡な役割を例にしてみよう——人口の非常に小さな部分が経済の大きな部分を支配している——マレー民族の利益になるように「大地の子」〔原住民のこと〕を識別しようとする努力が、数カ国協調でおこなわれているにもかかわらず。もちろんすべての中国人が成功しているわけではないし、成功しているマレー人ももちろんいる。それでも「相対的な文化的有利性」の概念はごく簡単にこう表現できるのである。「中国人であることは役に立つ」と。

もう一つ重要な結論がある。つまり、有利性はいつでもあるというものではなく、消滅する可能性もある、ということだ。文化的要因の経済的機能が長期間「潜在的」なものにとどまっていたのち、環境の変化とともに突然作動し始めるということもありえる。変化は自然発生的で無計画な場合もあれば、念入りな計画にもとづいている場合もある。伝統的な中国文化、とりわけ儒教が体現しているそれは経済的な事業を好まなかった。たしかに商人階級というのはあったが、彼らは上級官吏に従属するものであって、上級官吏は古典文献を朗誦したり絹地に龍の絵を描いたりすることを好み、蓄財を唾棄すべきものとして軽蔑した。だが、中国からの移民たちがジャカルタやマニラで生き残っていかなければならなくなったとき、いわゆるポスト儒教的価値観は経済的機能性へと突然転じることになった――上級官吏不在のまま（ついでにいえば、分け前をほしがるまたいとこ不在のまま）。この展開はもちろん誰が計画したものでもない。だが同様な文化的流動化が大陸中国の経済改革でも生じたのである――これは政治的計画から生まれた状況変化であった。

潜在性に関するこれに似た議論は、日本の明治体制が念入りに構想した封建的エートスから近代的な経済文化への変容についても可能である。この例は、文化的特質の経済的有利性はいつまでも続くものではない――言いかえると、いつか「失効日」が来る――ということを説明するのにもつかえる。武士道のポスト封建的倫理への変容は日本が産業経済を発展させていくさい非常に有効であった。〔だが、〕今日の日本はポスト工業型の知識基盤型経済へと首尾よく移行している。おそらく日本型経営の旧来の倫理――高度に鍛錬された労働習慣と会社への忠誠心、またそれらに報いる生涯雇用――はもはや機能的ではあるまい。いまやもっと快楽主義的で個人主義的な価値観が必要であろう。

さらにもう一つの重要な洞察は、経済に役に立つ価値観は必ずしも人々に平等に分配されているわけではない、というものである。非常に多くの場合、経済の原動力は企業家精神に富んだ「前衛」であって、彼らは競争的野心、生活規律、リスクの引き受けといった価値観によって強く動かされている。そして残りの人々ははるかにもっと緩やかな快楽主義的ライフスタイルで生きているのだ。もっと私個人に引きつけたかたちでこれを表現するならば、私を食わせてくれるような社会を維持していくためには猛烈なワーカホリックの前衛が必要なのだ、といったところであろうか。

前衛たちと人口の大多数を占める人々が民族的に異なっている場合には、もちろん危険性をはらんだ状況が生まれる。嫉妬が爆発性を帯びた政治勢力になりうるのだ。ヨーロッパにおけるユダヤ人や外国に居住する中国人は原型的な例であろう。自分たちの経済的合理性に人々が敵対するという点で、彼らの歴史は悲劇的な事例だ。自分の領土にユダヤ人を歓迎したヨーロッパの支配者たちは、金の卵を抱えるガチョウを殺すのはばかげたことだとよくわかっていた。ポグロム〔ユダヤ人に対する集団的な暴力と殺戮行為〕にかかわった怒れる農民たちには、それがわかっていなかったのである。

南アフリカの黒人数人と話した会話を覚えている。アパルトヘイト体制が廃止されたにもかかわらず少数派の白人に特権が残っていることに、彼らは強い憤りを口にした。私はその感情はよくわかるけれども、ひとつ心の中で実験をやってみるといいと言った。しばらくは彼らの人種を忘れてみること。そして国に必要で、とくに黒人に必要な彼ら〔白人〕の経済的機能を考えてみること。それから、彼らではなく自分たちのために活用できる経済的資産として彼らを考えてみること、というのがそれであった。だが、私の議論は説得に失敗したのであった。

経済文化というカテゴリーにきっちりとは当てはまらないけれども、SABAプロジェクトのあと非常に気になったテーマが、資本主義と民主主義の関係、もっと特定していえば、民主主義への移行における企業の役割であった。南アフリカにおけるその移行過程において、企業は明らかに重要な役割をはたした。この事例を一般化することはできないだろうか。アン・バーンスタイン、ボビー・ゴッドセル、そして私は一九九〇年代のはじめ、それについてたくさんの会話をかわした。そうした会話から、多くの国々を対象にこのテーマを研究してみようというプロジェクトが生まれた。バーンスタインがこの作業の中心人物で、プロジェクトの所産として一九九八年に出版された『企業と民主主義』の主編者ともなった。南アフリカ以外でこの本がそれほど注目されたとは思わないけれども、アパルトヘイト終焉後の政府がそのマルクス主義的前歴と大いに争いながら資本主義志向の経済政策を開始しようとしていた時期、この本はかの地にとって有益であった。

CURAの熱心な支持者たちがプロジェクトに貢献した――グスタフ・パパネック、ゴードン・レディング、ロバート・ヘフナー、ローラ・L・ナッシュ、そしてその数年前から親しくしていたMITの政治学者マイロン・ウェイナーといった面々だ。

このプロジェクトのある出来事が記憶から離れない。われわれは香港で会議を開き、レディングが数多くの経営者とのインタビューを用意した。南アフリカにおける民主主義の勝利後いまだ興奮状態にあったバーンスタインは、ほとんどの経営者に見られる民主主義への関心の驚くべき低さにしだいにいらだちを高めていた。間近に迫った中国共産党政府による香港の接収に関する彼らの最大の関心事は、活気に満ちた香港の経済が継続できるかどうかということであった。人民共和国における民主主義の欠如について、彼らはそれに勝るとも劣らぬほど気にせざるを得なかった。非常な成功をおさめていた新しい航空会社の若い重役と会話したとき、バーンスタインにいちばんのショックがやって来た。民主主義のことを尋ねられて、彼は自分の見解を三段論法でこう表現したのだ。「民主主義ってのは福祉国家をめざすってことだろ。福祉国家が経済成長にとってまずいってのはわかってるよな。だから、われわれは民主主義に反対しなくちゃね」。

この本の結論はびっくりするようなものではなかったが、私自身の数年前の『資本主義革命』ときわめてよく調和していた。企業が繁栄するのに必ずしも民主主義は必要ないし、企業は必ず民主主義に導くというわけでもない。けれどもそれは、長い目で見れば民主化効果をもたらすような社会的圧力を発揮する。企業は国家の外部に空間を創造し、それはいつかは政治的な重みをもつことになるであろう。企業は経済成長と近代化に貢献するが、この二つの発展はいずれも民主主義を好む。われわれはレディングが作ったフレーズを採用することにした——「市民社会を厚くする」。

彼はプロジェクト用の論文でそれを用いた。それは上海に新しい証券取引所を開いた場合の経済外の帰結——証券取引所の支配が及ばないとか、それが計画できないときのすべての帰結——を分析したものである。たとえば証券取引所には、訓練された会計士と信頼のおける金融情報が必要である。証券取引所はそれ自体ではそうした必要を満たすことはできないが、国家もできない。そこに現われたのが会計士を訓練する学校であり、そうした学校に信任をあたえる独立機関である——みな萌芽期の市民社会の構成要素である。同様に、証券取引所からも国家からも独立な経済ニュースのメディアが現われてきた。もちろんこれらは少なくとも当初は非政治的であり、必ずしも出版の自由の到来を予告するものではなかったに違いない。だがやはりここにも、民主主義の可能性をもつ社会的空間の始まりがあったのである。

この本のなかで最も論議をよんだ部分は、非民主的体制において企業経営を成功に導くための条件に関する議論であった。その条件は最初シニカルな印象をあたえるが、よく考えてみると現実主義的な評価を反映している。もちろんそれらはバーンスタインとゴッドセルの南アフリカ体験を非常によく体現しているのだ。

国家は国民を有効に管理し、安定した社会環境を長期にわたって提供することができなければならない。国家は知恵ある経済と社会政策を追求しなければならない——すなわちそれは経済成長を支持し、その国民の福利に関心をもたなければならない。国家はむきだしの恐怖を絶たなければならない。そして（これはちょっと皮肉っぽくなるが）腐敗は「ほどほどの限界」内にとどめられるべきである。

この最後の条件については、パパネックと示唆に富む会話をかわしたことがある。ある一定の状況において、決まりきった環境のもとで企業経営を展開するさい腐敗は有効な要因たりうるとする点で、われわれは一致した。その有効性には限界があるとする点でもわれわれは一致した。私は彼に、なぜ経済学者は「良い」腐敗と「悪い」腐敗を区別できないのだろうかと訊いた。彼は自分ならできると答えて、彼言うところの「パパネックの腐敗原則」を述べ立てた。その始まりはこうである。「腐敗は腐敗そのものの矩《のり》をこえてはならない」。

彼はこんな例をあげた。政府の首長が妻の叔父を、することが何もない地位に指名したのなら、それは許せる腐敗である（ほんとうに電話もないオフィスがあって、彼はそこへ給与の小切手を受け取るために月に一回儀礼的に立ち寄るだけかもしれない）。だが彼はその地位のおかげで巨額の給与を手に入れ、政府支給の別荘に住み、政府支給のベンツに乗っているかもしれない。けれども、腐敗が真に受け容れがたくなるのは、その地位に経済のある部門に対する本物の権力が付随してくるような場合である——たとえば政府管轄の電力会社を潰すことができるような権力。

可能なかぎり公共的議論に加わり、自己弁明するのをやめよ（多くの国の企業の残念な慣習である）という企業への呼びかけで、この本は結ばれている。それ以来、これはバーンスタインの仕事の重要なテーマになった。

この研究は昔から私がいだいてきたもう一つの洞察を強化するものとなった。それは、道徳よりも利己心に訴える方がいいという洞察である。もちろん道徳的議論がふさわしい場というものがあるし、道徳で説得される人たちもいる。だが、ありのままの人間性というものを見るとき、人間は自己の行為に関して利己心よりも道徳についてより容易にみずからを思い違いしがちなものである。それゆえにこそ知恵あふれるマキャヴェリは道徳的に望ましい帰結に到達するため、世に価値ありとされているものではなく、人々の利己心に訴えかけたのであった。これはより安全な賭けの問題なのだ。

南アフリカの経験はこの好例であった。もちろん、その良心で人々をアパルトヘイトに反対させたハリー・オッペンハイマーのようなひともいた（また、彼自身の利害に反してでも反対したのであった）。そしてもちろん道徳的訴えにも効果があった。たとえば、アフリカーナー・エリートたちがオランダ改革派教会による最終的なアパルトヘイト非難に対処しなければならなくなったように。だが企業としては全体として、アフリカーンス語を話すものも含めて、現状のままでは経済が破壊されると確信するようになってはじめて、反アパルトヘイト陣営へと方向転換したのであった。

同様にして、抜け目のない中国人経営者が民主主義志向になるのは、自由と人権に関する力強い演説を聞くことによってではなく、企業が必要とする安定した環境を提供してくれるのは、長い目で見れば民主主義体制の方だという議論によってであろう。ひとは可能なかぎり制度の論理につき合わなければならない。企業は利益追求を論理とする制度である。企業を道徳的行為者としてふるまわせるのは、象にタップダンスをさせたいと思うようなものだ。ヘーゲルは「理性の狡知」という効果的な文句を用いた。これを私なりに言いかえると、現実世界で道徳的結果に達するには理性の狡知を実践しなければならない、と。

「どっこいマックス・ウェーバーはまだグアテマラに生きている」

世界のたいていのところで、文化のことを語りたければ宗教を語ることになっている。神様ファン《ゴッダー》という私固有のバイアスは別にしても、CURAの研究が当初から宗教に強い焦点を当てていたのはごく当然のことであった。宗教的テーマに関するわれわれの最初のプロジェクトが世界の宗教状況における最も目覚ましい現象——ペンテコステ派の爆発的な成長——を取り上げたのももっともなことであった。このテーマはいまだにCURAの計画表に残っているのである。

本書のずっと前の部分〔三六頁〕で言及したように、私は大学院生としてイースト・ハーレム街で調査をしたときにペンテコステ派の信者たちと初めて出会い、強い印象を受けた。それ以来とぎれとぎれにこの現象に遭遇し、世界の多くの地域でそれが急速に拡大していることを意識してきたのだった。だから、CURAの最初のプロジェクトの一つをこのテーマにしたのは偶然ではなかった。私はこの現象の広がりをきちんと認識しておらず、いまでもそれに魅せられ続けているのである。

「ペンテコステ」という言葉はもちろん『使徒行伝』に記された出来事からきている。イエスがこの世の生活から姿を消したあと間もなく、その弟子たちが五旬節《ペンテコステ》（シャヴオート Shavuot）というユダヤの祝祭のためにエルサレムに集まった。新約聖書の記述によれば、精霊がその集まりに降臨するのだが、そこにペンテコステ派の決定的な特徴が現われる――舌がかり、あるいは「異言《グラッソラリア》」である。これは外部の傍観者にはわけのわからないおしゃべりと見えるが、信者には外国語または天使の言葉、あるいはその両方として理解されるのである。舌がかりは宗教史において頻発してきた現象であるが、ペンテコステ派らしい語りは福音派プロテスタンティズムの一運動としてごく最近現われた。それは、真のキリスト教徒は「霊の洗礼」を受けなければならず、それが「霊の恩寵」を授けるのだと主張した（新約カリスマ派）。神の恩寵には、舌がかりのほか、奇跡的な治癒、悪魔祓い、預言、（少なくとも時として）死者のよみがえりが含まれる。ペンテコステ派は実に正しく、こうしたことどものなかで自分たちは原始教会の実践を再現しているのだと主張する

——これはこうした実践をはるか昔に忘れ去った穏やかな主流諸教会を当惑させる主張である、あるいはそのはずである。

事の性質上、ペンテコステ派には自然発生的で、非組織的で、しっかりしたヒエラルヒーが欠如している。したがってその境界も特定しがたい。ペンテコステ派の教派はたくさんあるが、広いつながりを持たないローカルな集団もおびただしく存在する。だから、カトリック教会までも含めた主流の諸教会へこのタイプのカリスマ的キリスト教が流出してゆくことを表わすのに、「ペンテコステ化」という言葉がつかわれている。

二十世紀初頭の何年間か、カリスマ的運動の爆発がいくつかあったが、近代ペンテコステ派の出現をしめす枢要な出来事はいわゆるアズーサ・ストリート・リバイバルである。一九〇六年に片目の黒人バプテスト説教師ウィリアム・シーモアがテキサスからやって来て、ロサンジェルスのアズーサ・ストリートにある廃屋になった馬小屋で礼拝を始めた。彼はきっと印象的な人間だったに違いない。数週間のうちにかなりの人数の、しかも人種を超えた会衆を集めるようになった（当時のカリフォルニアではめったにない出来事である）。たちどころにペンテコステ派の典型的な儀式が現われた。この出来事はメディアの関心を集めた。同時代の新聞記事はアズーサ・ストリートの奇妙な出来事を面白半分に伝えている。シーモアと彼の会衆はへっちゃらだった。彼らは雑誌を始め、まずは合衆国の他の地方へ、それから外国へ宣教師を送った。

イギリスで、スウェーデンで、そしてインドで、ペンテコステ派の驚くべき爆発が起きた。ペンテコステ派はアメリカ・プロテスタンティズムの重要な要素となったのだ。だが、真に大規模な運動の爆発が起きたのは第二次世界大戦後である――アジアのあちこちで、サハラ砂漠以南のアフリカ全域で、そして最も劇的なのはラテンアメリカである。

ペンテコステ派をカリスマ的キリスト教というもっと広いカテゴリーに入れた場合、ピュー研究センターによる最近の多国間研究では、全体で約四億人にのぼるとされている。これはいささか誇張があるかもしれない。だがいずれにしても、アズーサ以来のペンテコステ派が史上最も急速な成長を遂げた宗教運動であることは間違いない。CURAが瑣末なテーマを取り上げたといって責められるいわれはあるまい。

われわれはラテンアメリカで、まずはチリで調査を始めた。主席調査員はイギリスの社会学者デイヴィッド・マーティン（ロンドン・スクール・オブ・エコノミクス）であった。このテーマに関する彼の最初の本は一九九〇年に出た『火を吐く舌――ラテンアメリカにおけるプロテスタンティズムの爆発』である。以来、彼は妻のバーニス・マーティン（これも社会学者。ユニバーシティ・カレッジ・ロンドン）とともに世界中のペンテコステ派を研究し、さらに二冊の本、数多くの論文を書き、ペンテコステ派研究の最長老のような存在になっている。いちばんよく訊かれる質問は、ペンテコステ派の大きな魅力はどう説明できるかというものである。マーティンはまさしく完璧な答えを出し続けてきた。

がっちりした超自然的な信仰を提供する宗教がここにある――奇跡の神は決して遠くない。それはまた、伝統的な絆から引き裂かれた人々に社会的な支えをあたえる非常に強力な共同体も提供してくれる。高度に情緒的な形の信仰が心理的なカタルシス、周縁的な社会的実存のプレッシャーやフラストレーションからの解放感をあたえる。宗教的救済が心理的な癒しにつながっている——それをよく凝縮しているのが、ラテンアメリカにおける最もありふれた車のバンパーのステッカーである——"Cristo salva y sana"（「キリストは救い癒す」）。かくしてここには、マーティンが「向上改善」とよんだ万能型の——つまり宗教的で肉体的で心理的で社会的な——約束がある。回心——霊が「生まれなおすこと」——の力説は個人主義的である。したがってペンテコステ派はきわだって近代的な個人主義と共同体の結合を提供する。それはそのようなものとして、文化的また地理的な境界を超える高度な適応力と「可動性」をそなえているのである。

最後になったが大切なこととして、ペンテコステ派は近代化する経済に第一歩を踏み入れようとしている人々にとって機能的な道徳性をあたえる——規律正しいライフスタイル、満足の遅延、節制、子どもの教育の強調、男女の平等主義的関係——まさにそれはマックス・ウェーバーがヨーロッパや北米における十七・十八世紀のプロテスタンティズムに見つけたと主張した「プロテスタンティズムの倫理」の中心成分にほかならない。そこでマーティンのプロジェクトに私がつけたニックネームは「どっこいマックス・ウェーバーはまだグアテマラに生きている」（理由はそれほど判然としないが、この国のプロテスタント率はいちばん高い——人口のほぼ三分の一がプロテスタントであり、しかもほとんどが第一世代のペンテコステ派である）。

とりわけラテンアメリカにあって、これは大いに反マッチョ主義的なイデオロギーと結びついた女性運動でもある。説教師は主として男性であるが、宣教師とオルガナイザーはほとんど女性である（たとえば「訪問員《ビジタドーレス》」がそれであって、彼女たちは家から家を訪ね歩き、何やかやと自分にできる世話を焼き、人々に教会へ入るよう勧める）。

ペンテコステ「パッケージ」に関するマーティンの記述、またなぜそれはそれほどまでに魅力的なのかに関する彼の説明は広く認められている。だが彼の「新ウェーバー派」的仮説（と言っておこう）についてはずっと論争がある。ペンテコステ派の信仰が社会移動の乗り物だということを疑問視し、それはいわゆる「カーゴカルト」の一種だと論じる研究者もいる――カーゴカルトとは、自動車から洗濯機まで近代の果実を積んだ船がもうじきやって来ると約束する南太平洋の宗教運動で、そうした贈り物を受け取るにはまったくなんの努力もする必要がなく、信じ（かつたぶんカルトの預言者たちに献金し）さえすればいいのだとする。

私はこの論争においてはマーティンに味方すると心に固く決めてきた。私自身の観察や資料の解釈によく符合するからである。だが実はごく簡単な論争の解決法がある。われわれが論じているのは多くの国、膨大な数の人々である。あるところには「プロテスタント倫理」のペンテコステ派があり、別のところには「カーゴカルト」のペンテコステ派があるというのが妥当なところである。企業家精神の「前衛」について私が以前書いたことをここでくり返しておこう。「プロテスタント倫理」型のペンテコステ派はそうした前衛であって、それゆえ社会的にきわめて重要だ、というのがそれである。だから、ただ祈り、集金皿にお金を乗せ、近代の魔法の積み荷が到着するのを待っているペンテコステ派がほかにいようと、実はたいした問題ではないのである。

もっとあとの本で、マーティンはペンテコステ派を「禁じられた革命」だとした。どこでも知識人は貧者に成り代わって革命的変容を愛する傾向があるが、貧者はその手の革命を好まない。じっさい多くの場合、彼らはそれが起きていることにすら気づかないのである。私はマーティンの研究の初期にチリを訪れたとき、このことをはっきりと経験した。

私はその日、シンタナにいた。サンチャゴの貧しい郊外で、当時は八〇％がペンテコステ派だった。家々は小ざっぱりしていて、小さな商店がたくさんあり、子どもたちの身なりもよかった。出会った訪問員の何人かは大変に印象的であった。夜、私はプロジェクトを主催した研究センターでのパーティに出席した。私はチリへはこれが初めてかと訊かれ――そのとおりだった――さらにその日どう過ごしたかを訊かれた。シンタナに行っていたと答えると、みんなとても興味を持った。「でもそれってみんなプロテスタントのとこじゃないの」。そして「そこの話をしてちょうだい！」と言った。言っておくが、パーティが開かれている場所からその郊外まで車で約三十分である。明らかに彼らのだれもそこへ行ったことがないのだ。彼らの町に初めて来た訪問客たる私にそこの話をしてくれというのだ――あたかも私がちょうどモンゴルから帰って来たところみたいに。

同じ週のちょっとあと、チリの未来を語る有名な進歩派カトリック信者の講演に出席した。私は彼に、将来プロテスタントの位置はどうなると思うか訊いてみた。彼はこう答えた、「彼らは非常に無教育な人々だ。だから全然重要じゃないよ」。当時、チリのプロテスタント少数派は一五％と見積もられていた。

ペンテコステ派世界に対するＣＵＲＡの最新の進出先は南アフリカでの研究だ。いろいろな知見によっておおよそ支持されている主要な仮説は、かの地におけるペンテコステ派はラテンアメリカにおけるそれとよく似た機能をはたしているというものである。私は数人の同僚とともに、ヨハネスバーク郊外のペンテコステ派の巨大教会でおこなわれる多くの日曜礼拝の一つを見学したことがある。信者三万人を自称するが、その礼拝に出席している人の数を見ると、それは信用できる話だ。馬小屋風の巨大な会堂には七千人はいたに違いなく――八五％が黒人、一五％が白人である――、外に駐車している自動車やバスから察するに、あらゆる階級に広がっていた。もちろん耳をつんざくばかりの騒音である。黒人も白人も、富める者も貧しき者も――だれもが踊り、シャウトし、見たところくつろいでいた。説教師は古参の教会牧師で、白人の元ボディビルダーだった――シュワルツェネッガーの生まれかわりといったところだ。

説教はずばりカリスマ的であった――自信にあふれ、強烈で、ほんとに大きな声。テーマは二つあった。一つ、神はあなた方が貧しいことを望んでおられない。二つ、そのためにあなた方には何かできることがある。これらのテーマは一般にいわゆる繁栄の福音――信仰があなたを金持ちにする――の一部とみなされている。

同僚たちと私は礼拝から退出するとき、これははたして自分たちが言い争うようなメッセージだろうかと尋ねあった。そうではないだろうという結論になった。さらにまた、経験的に言っても、これは空約束ではない。もし人々がほんとうにこの教会の推薦する倫理にしたがって生活するなら、彼らはほんとうに「向上改善」を経験するであろう。金持ちにはなれなくとも、最悪の貧困を脱出できる可能性は非常に高いのである。教会が小さなビジネス・スクールを運営していたことも記憶にあたいする。日曜日だったので学校は閉まっていたが、われわれはパンフレットを手に入れた。もちろん学校は人々を多国籍企業で働けるよう訓練することを目的としたものではなく、小さな企業を経営するのに必要な基本技術を人々に教えるものであった。

カトリック教会がラテンアメリカに限らずペンテコステ派の成長に悩まされていたことは想像に難くない。カトリックは競おうとしていた――大衆ミサや治癒の礼拝をし、さらには「異言の贈物」の黙認までして。しかしそこには大きな障害があった。カトリック教会はヒエラルヒー構造を棄てることができなかったのだ。そんなことをしたら、カトリック教会であることをやめてしまうことになったであろう。

セシリア・マリスは私のところで博士論文を書き上げ、『貧困に対処する――ブラジルにおけるペンテコステ派とキリスト教ベースコミュニティ』という題名で刊行した。彼女はブラジルでいちばん貧しい都市の一つ、レシフェの三つの宗教集団を、極端な貧困に対処する能力という観点から比較した。カトリックの「ベース・コミュニティ」のメンバー（解放の神学に触発された政治的志向をもつグループである）、アフロ‐ブラジル的諸宗派の信者たち、そしてペンテコステ派である。そのなかでペンテコステ派が貧困に対処する手はずがいちばん整っていることを彼女は発見した（それは必ずしも貧困から抜け出すことを意味しない――レシフェにはそういう機会がほとんどないのだ）。自分がカトリックである彼女はこの発見が気に入らなかった。だが彼女は洞察力豊かにそれをまとめた。カトリック自体、「貧者のための優先的選択権」を標榜していた（この定式は一九六八年にメデリン〔コロンビア北西部の都市〕のカトリック司教会議で作られた――これがラテンアメリカにおける解放の神学の頂点であった）。だがそれだと、統辞論上、教会そのものは貧乏でないことが明らかである――選択は貧者の*ため*のものなのだ。対照的にペンテコステ派の教会はそれ自体が貧しい。それゆえ貧者はペンテコステ派を選ぶのだ。

もしペンテコステ派に関する「新ウェーバー派」（と言っておこう）の仮説が正しいとしたら、プロテスタンティズムは近代の経済的発展の初期段階においていまだに相対的な文化的有利性を有していることになる。換言するなら、プロテスタンティズムはまだいけるということだ。CURAの数多くのプロジェクトは社会学者がプロテスタンティズムの倫理の機能的等価物とよぶものに目を向けた――すなわち、その倫理（ウェーバー言うところの「現世内禁欲」）の中心的特徴を帯びた行動パターンを、だが宗教的な、あるいはまったく非宗教的な付随物でもって教化する価値システムである。ゴードン・レディングが研究した中国人経営者たちの道徳的習性は明らかにそうした機能的等価物となっている。

われわれが考えはしたものの、研究プロジェクトで追いかけることをまったくしなかった制度が、発展途上国における軍隊である。往々にしてそうした国々では、軍隊がそのメンバーとりわけ将校団に、合理性、規律、節制といった諸価値を強化する唯一の制度である。したがって結果的に軍隊がそうした社会の中心的な制度であることは、なんら驚くべきことではない。もちろんここにはいかなる宗教的付随物も存在する必要がない。だがこれとの関連で特に注意をひくのは、適切なプロテスタント的価値が欠如しているとしてよく名前があがる二つの宗教的伝統――カトリシズムとイスラム教――である。

その初期の歴史には両宗教の伝統にそうした価値の欠如が明確に見られること（これはウェーバー自身も言っていることだ）を、明記しておきたい。だがこれは両者が同じ道を歩み続ける運命にあるということを意味しない。ＣＵＲＡはスペイン近代史におけるオプス・デイ（スペイン人神父ホセマリア・エスクリバ・デ・バラグエルが一九二八年に設立した信徒会。とくに職業を通じてキリスト教の徳を体現して福音を広めることを提唱）の役割の研究に取り組んだ。ホアン・エストルッチ（バルセロナ自治大学の社会学者）はその研究を指揮し、その発見を本に書いた。それはスペイン語、カタルニア語、英語版が出て、かなりの注目を集めた。オプス・デイは今も昔も神学的には超保守的な、聖俗両方を含む結社である。スペインでもそれ以外のどこでも、この結社は政治的・経済的・文化的エリートに浸透することに集中した。その初めからそれはフランコ体制に近かったのだ。換言するなら、進歩的なカトリック信者がとても変革の担い手と思えるような組織ではなかった。

ところがオプス・デイがまさしく変革の担い手になったのだ。フランコ体制末期のあるとき、オプス・デイの指導者層はスペインは市場経済の方向へ転換すべきだと決断した。内閣にオプス・デイのメンバーが数人おり、この組織の全体的な影響力は非常に強かった。フランコ体制は経済の急速な近代化に着手した。なかでも重要なのはスペイン最初のビジネス・スクールを創設したことで、その卒業生たちは経済全般で指導的な立場に立つようになった。

この話は二つの意味で興味深い。いまの議論といちばん関わりが深いのは、たとえ神学的に正統派のタイプであっても、カトリックが驚くべきことに「プロテスタンティズム」の倫理を生み出すことができるということを、証明していることだ。またこの話はウェーバーのもう一つの洞察の最良の例になっている——意図せざる結果という原理がそれである。オプス・デイはスペインを「完璧な」カトリック社会にすることを望み、そのなかにたまたま資本主義経済が含まれていたのだ。オプス・デイが意図したとおり、スペインはそういう経済を達成した。それはまた同時に民主主義、世俗化、そして根底からヨーロッパ化された文化を達成することにもなった――これらはみなオプス・デイが決して意図していなかったことである。私はエストルッチ・プログラムの結果を次のように要約した。すなわち、オプス・デイはスペインをファティマの郊外たらしめんとしたのに、ブリュッセルの郊外とすることに貢献した、と（ファティマはスペイン〔正確にはポルトガル〕における巡礼基地の一つで、処女マリアが奇跡的に出現したとされる場所。ブリュッセルはもちろんヨーロッパ共同体〔EU〕の首都である。EUへの加入――かの有名な合意〔acquis〕――は何千頁にも及ぶヨーロッパ法への服従のみならず、とりわけヨーロッパ流世俗主義――これについてはあとで説明する――を含む汎ヨーロッパ文化パッケージへの服従をも意味していると思われる）。

ロバート・ヘフナーは長年インドネシアにおけるイスラム教を研究してきたが、とくに注目してきたのがナードラトゥル・ウラマというきわめて穏健な礼拝儀式をもつ巨大なイスラム教徒組織であった。[2] それはいかなる形態の聖戦暴力をも避けるというだけでなく、民主主義、人権、国家と宗教の分離をも唱えている。経済に関しては資本主義を唱え、重要な活動としては若きイスラム教徒たちに金銭的援助をして近代的な（ほとんどは中国人所有の）銀行で研修させてきた。

ヘフナーを介して私は、いま言った組織の最近死去した指導者で、インドネシアの前大統領アブドゥーラ・ワヒドに何度か会見したことがある。われわれは民主主義について、イスラム法について、宗教的自由について何回か素晴らしい会話をかわした。経済問題をめぐる一つの会話を覚えている。私はコーランによる利子の禁止と彼の銀行観とをどう折合いをつけるのかとワヒドに尋ねた。彼はこう答えた、「ムハンマドの脳裏にあったのは過度の利子だと思います。適正な利子は何ら悪いことではありません」。そしてこれが重要なのだが、こうつけ加えた、「いずれにせよ、コーランは近代経済学の教科書ではありません」。

言うまでもなく、インドネシアには他の、はるかにずっと正統的なイスラム教徒の声もある。だがこの例は、断固たるイスラム教徒の運動が「ウェーバー的」な効果をもつ価値観を唱えうるものだということを証明している。そしてこの運動はインドネシアにあって決して周縁的なものではないのである（ちなみにインドネシアは世界で最大のイスラム教徒人口を有する国であり、いまや相当に確固たる民主主義の国でもある）。

イスラム世界の反対の末端に位置しながら、いくらか類似した宗教的・政治的特徴をもつ国がトルコである。現在の政府はイスラム教ということになっているが、世俗主義の共和国であることを確言し、民主的・資本主義的社会を統括している。CURAはトルコでイスラム教徒経営者たちの組織に関する小規模の研究に取り組んだが、それを拡大したかたちで継続することはしなかった。いずれにしても、インドネシアとトルコはどちらもイスラム教と資本主義および民主主義との関係に関するあらゆる研究にとってカギになる国家である。

カトリシズムについては、ふれておかなければならないかなり楽しいエピソードがある。私は、当時、名誉棄損防止同盟（米国最大のユダヤ人団体で、反ユダヤ主義と合法的に対決することを目的にしている）でユダヤ教とカトリックの関係に関わる仕事をしていたアルゼンチン出身のラビ、レオン・クレニッキと親しくしていた。一方、彼の友人で保守的なコロンビアの司教が、ある重要なカトリック機関の会長になったばかりであった。マルクス主義に対する解放の神学の癒着に関するクレニッキと私の留保を彼は共有しており、ラテンアメリカのカトリック知識人たちを経済成長に関する他の見方へ導くため、会議の開催を手伝ってやろうと申し出てくれた。

クレニッキと私はその会議の費用を分担するということで合意したが、彼は上司の承認を得なければならなかった。

私はその人物に会いにニューヨークの彼のオフィスへ行った。最初、私は多くしゃべらなかったが、クレニッキはラテンアメリカのカトリシズム、解放の神学、社会主義的また資本主義的な成長モデルについてしゃべりまくった。

彼の上司は注意深く聞いてからこう言った、「それは非常に面白い。だけど、なぜわれわれがそのためにお金を出さないといけないのかね?」

一瞬、彼が言葉につまったので、私が割って入った。「私がお答えしましょう。ラテンアメリカには三つの可能な方向性――伝統的-権威主義的、社会主義的-全体主義的、資本主義的-民主主義的――があります。最後の方向だけがユダヤ人のためになるのです」。

彼はこう答えた、「納得しました」。

会議はコロンビアのカリブ海沿岸の絵のように美しい港町カルタヘナで開催された。とても面白い催しで、約二十人のカトリックの聖職者と在俗指導者の集団が集まった。基調講演はクラウディオ・ヴェリスで、素晴らしい講演だった。伝統主義によるものであれ左翼主義によるものであれ、資本主義に完全に敵対的でない主張というのは、出席者のほとんどにとって明らかに初耳であった。ただ、会議が何らかの影響力をもったかどうかはわからない。

一九八〇年代後半、ジョージ・ワイゲル（ヨハネ・パウロ二世の伝記作家）は、在ワシントンの教皇大使の協力を得て、経済問題に関するヴァチカンの考えを調査するためにローマへの小研究ツアーを企画した。グループに加わったのはリチャード・ノイハウス（改宗のちょっと前だった）、マイケル・ノヴァク、そして私。当時ノヴァクが資本主義にもっと好意的な態度をとるよう教皇庁の役職者たちに非常に積極的に働きかけていることを、私は知らなかった。その効果のほどは判然としないが、一生懸命だったことは明らかである。いずれにしても、その後ほどなく『百周年』（*Centesimus Annus*）という回勅が出され、カトリック社会思想史上初めて市場経済に好意的意見がのべられた（そこでは善なる市場経済と悪なる資本主義とが区別されていた。そのような区別はほとんど意味がなく、伝統主義者と進歩主義者の両方に対する甘言ととれよう。だがこの回勅は差し迫っていたヨーロッパにおける社会主義の崩壊を考えると、とりわけ重要である）。

われわれの実働は五日間で、四人の枢機卿を含むヴァチカンの役職者にインタビューした。二つのことが印象的であった。一つは教皇庁のコスモポリタニズムである。私がヴァチカンに来たのは、「無信仰者の文化」に関する会議で議長をつとめて以来二十年ぶりであった。そのときに会った教皇庁の人間はほとんどがイタリア人であった。だが今回われわれが会ったなかでイタリア人はただ一人だけで、しかも彼はイタリア系アメリカ人であった。私はまた対談者たちの博識や偏見のなさに感動を覚えた（もちろん教義の話はしなかったが）。

その一人が当時の枢機卿ラッツィンガー——現在の教皇ベネディクト十四世——で、彼は私たちに一時間さいてくれた。彼は世界の諸問題について幅広い知識を披瀝した。われわれは教会とマルクス主義の関係について彼に質問した。彼はそっけない素振りで答えた。「マルクス主義は終わりました。もはや難題ではありません」。そこでわれわれは次の難問はどこから来るかと質問した。「イスラム教です」と彼は言った。

会話のあと、私ははからずもこの人物の別な側面を見ることができた。私はワイゲルとどこかへ行くところだった。友達のところへちょっと寄ってくるから、そのあいだ階段の下で待っていてくれと彼は言った。私はラッツィンガーのチーム「信仰の教義同心会」の宿になっている建物の中庭で待っていた（そこはかつて「異端審問所」と呼ばれており、いまでは地下で何がおこなわれているのだろうと思わずにはいられなかった）。数分後、そこに一隊の派遣団が到着した。民俗衣装をまとったバイエルン人の集団であった。彼らは自分たちのところの先代の大司教を訪ねてやってきたのである。派遣団の首領がバイエルンなまり丸出しで彼に話しかけた。ラッツィンガーは同じ調子で返答した。そして非公式のバイエルン国歌であった「バイエルン賛歌」（Bayernlied）（現在はバイエルン自由州の公式の州歌）を歌う集団に加わった。

ＣＵＲＡは、ペンテコステ派がおそらく最もダイナミックであるとはいえその一部にすぎない、より大きな福音派現象をないがしろにしていたわけではない。ペンテコステ派は明らかにアメリカ福音派の最もダイナミックな部分である。けれども「南」におけるプロテスタンティズムのほとんどすべてが福音派的な性質——神学的には超自然主義、道徳的には保守的——をもっていると理解することは重要である。同性愛に関する最近の論争がしめしているように英国国教会系諸教会でもそうである。ローラ・L・ナッシュはアメリカにおける多くの企業の福音派CEOに関する示唆に富む研究に取り組んだ(3)。本書の執筆中、CURAは福音派知識人に関する研究で先頭を切っていたが、それはティモシー・シャー（政治学者で、最近まで「宗教と公共生活に関するピュー・フォーラム」にいた）の指揮によるものだった。研究は「福音派精神の始まり」と題した大盛況の会議で始まったが、これは福音派の人々がアメリカ文化のメインストリームに参入してくる先触れとなった。会議の基調講演をしたのは、傑出したアメリカ・キリスト教史家で有名な福音派知識人のマーク・ノルであった（重要なことだが、彼はごく最近、福音派の旗艦的な研究機関たるウィート・カレッジからノートルダム大学に移った）。研究をアメリカ以外に拡大していく計画もある。

私は福音派圏ではけっこうお気に入りの人物となっている。というのは、私は自分が彼らの共同体に属していない（私はルター的な意味で福音主義的〔evangelisch〕ではあるが、福音派〔evangelical〕ではない）ことをいつも率直に語りながらも、学界やメディアにいまだにはびこっている福音派の否定的なステレオタイプ――たばこを噛み、妹たちと同じ寝床で寝て、右翼の民兵団に加わる人々のような――に逆らうことを書いたりしゃべったりしてきたからである。このステレオタイプはかつて経験的にまったく正しくなく、いまでも現実から大きく外れているのだ。

CURAはさらにロシア正教会と民主主義の関係に関する三年間の研究において、キリスト教世界のもう片隅を探究した。この研究を指揮したのはポスト共産主義社会研究が専門の政治学者クリストファー・マーシュ（ベイラー大学。おそろしく多才な学者で、ロシア語と中国語の両方を流暢にしゃべり、たぶん偶然ではないことに熟達の武道家である）であった。この研究からはたくさんの出版物が出た(4)。研究は当然なことに公的な諸制度、政府や総主教の諸制度に焦点を合わせた。だがそれは偶然にも、民衆における正教会の諸運動、とりわけ巡礼や露店市の研究をおこなっていた私のところの博士候補インナ・ナレトヴァの研究とも重なった。その結果、私は奇妙に無関係な二つの出来事が同時に進行する一つの構図を手に入れることになった――一つに、あたかもボルシェヴィキ革命以前の時代に連れ戻されたかと感じるほどに徐々に高まっていくプーチン政府と正教会の親密さであり、もう一つは、ポスト共産主義の宗教の政治的分岐になどほとんどだれもまったく関心をもたない普通の人々における正教会の真正な復活である。

そのレベルで私が最も強い印象をもった一つが、サンクトペテルブルクの聖堂で聖餐式に参列したときのそれである。教会は人でいっぱいであったが、そのほとんどは観光客ではなく、明らかに参拝者であった。本で読んだところから、私はスカーフを頭にかぶった老婆の集会を予想していた。ところがその群衆は、老、若、中年の人々から成り立っており――身なりから察するに、裕福な人もいれば貧しい人もいた。その場は敬虔の念で脈動していたのである。

われわれは最初の会合をモスクワで持ち、そのあとワシントンとウィーンで会議を開いた。われわれの主要な話相手になってくれた一人が、モスクワ総主教で渉外を担当しているチャップリン長司祭であった。彼は英語を自由自在にあやつる中年の男性で、世故にたけ、自信に満ちあふれていた。彼がいちばんびっくりするような発言をしたのは、こともあろうにワシントンのウッドロー・ウィルソン・センターでであった――というのも、それはいささかの留保もない反ウィルソン的イデオロギーの発言だったからである。これが一字一句変えない彼の言葉である――

われわれの視点からすると、政府の理想形態は旧約聖書の「士師記」のそれでしょう。それは直接に神の霊をあたえられたものでした。残念ながらそれはもう不可能です。そうすることができないので、最良の政府は教会と国家が一枚岩的に統一された君主制です。最悪の状況は無政府状態です。無政府状態を避けるために民主主義は許容できる政府の形態であると、われわれは決定したのです。

その後この断固たる保証の言葉は、宗教的自由の権利（これは正教の国教化に危険なほど近づいた一九九七年の法律によって無視できないほど制限された）を含む政治的・人間的諸権利に対する種々の制約によって歯止めをかけられることになった。

一九九六年、私はワシントン高等国際研究大学院で宗教と世界政治に関する講演のシリーズを組むよう依頼された。講演はその後『世界の脱世俗化』（*The Desecularization of the World*）という題名で出版された（題名は私の基調講演の題名でもある）。題名の付け方はまずい（これでは世俗化から脱世俗化という流れがあったかのように見えるが、歴史的に間違いである）が、本は非常に成功したし、いまでもよく引用される。またそれは自分の初期の世俗化に関する著作の私自身による最も明確な撤回でもある。講師のなかには多くのＣＵＲＡの古参の手練れが含まれていた――ジョージ・ワイゲル、デイヴィッド・マーティン、ハーヴァード大学の儒教学者でありＣＵＲＡのありがたい新顔でもあるチュ・ウェイミン、そしてイギリスの最も優れた宗教社会学者の一人でもあるグレース・デイヴィー（エクセター大学、彼女については後で）といった面々である。

この何年か宗教と近代化の多用な関係を解明しようと努力するうち、私はイスラエルの社会学者シュムエル・アイゼンシュタットのつくったある概念が非常に有効であることを発見した――「多元的近代」の概念がそれである。私はそれよりはるかに前から近代化は必ずしも西洋化を意味しないという結論に達していた。また講義のなかで、近代化は西洋タイプの社会へとつながる単線的な過程ではないということを明確にしようとしてきた。私はそうした考えを近代化の電気歯ブラシ理論とよんだ。アマゾンの熱帯雨林に電気歯ブラシを落としたら、一世代後その場所がクリーヴランドのように見えるだろう、というわけである。〔しかし〕日本の近代化の事例だけで、この理論を反証するに十分であろう。

「諸資本主義」に関するゴードン・レディングの著作は経済のレベルで同様な論点を説いたものである。すなわち、中国の資本主義は日本の資本主義と似ていないし、アメリカの資本主義はヨーロッパのそれとは異なっており、さらにヨーロッパの資本主義の間にもさまざまな差異がある。アイゼンシュタットの概念はこうした論点を拡張したものである。近代には単一のタイプというものは存在しない。むしろ多様な近代への道があるのだ。たしかにそれらにはみないくつかの共通した特徴がある――そうでなければ、そもそも近代という概念そのものが無意味になるであろう。その特徴は基本的にわれわれが『故郷喪失者たち』(5)のなかで「内在的パッケージ」とよんだ諸特徴である――テクノロジーや官僚制にともなう合理性の諸構造がそれだ。だが、そうした構造のうちにも多様なヴァリエーションが可能である――実にそれは文化的可能性の万華鏡である。

そうした可能性はすでにナポレオン軍侵入後のエジプトで議論されていた。中東におけるフランスの「文明開化の使命」の最初の例である。ひとはフランス人によってもたらされたテクノロジーを受け容れながらもなおイスラム教徒でいられるだろうか。西欧の帝国主義が中華帝国に侵出した十九世紀の終わりの数十年、同様な問題が中国でも熱く論じられた。そしてもちろんそれは、明治日本を担った元老たちの間でも大いに議論されたのであった。

今日この問題はたんに知的に興味深いのみならず、大きな政治的重要性をもつ問題にもなっている。なぜなら、世界のさまざまな地域が自己の文化的パターンを破壊することのない近代の型を明示したいと考えているからである。最初シンガポール体制が先鞭をつけ、いまは中華人民共和国当局によって盛んに取り上げられている、いわゆるアジア的価値観をめぐる論争を考えてみよう。中国固有の近代の形態というのはあるだろうか。もしあるとして、それは何だろうか。あらゆる批判を禁止しようとする権威主義的体制にとってこれが政治的に有効であろうレトリックの行使だということは明らかである。だが、「多元的近代」の問題設定をこうしたイデオロギー的用法に限定するのは間違いであろう。ここには民主主義や人権に文化的に不適当というレッテルを貼る独裁者とはまったく何の関係もない正当な関心がある。ひとはいかにして信仰深いイスラム教徒でありながら近代の恩恵に十分にあずかることができるのか？　近代におけるカトリックの真正な形態とはいかなるものか？　アフリカ的近代というものはありうるか？　などなど。こうした問題は二十一世紀にはますます議論されるようになると思う。社会学者はそうした議論に対して有益な貢献をなしうるであろう（もしここ二、三十年の方法論的・イデオロギー的こだわりから自由になれるなら、の話であるが）。

第9章　第一バイオリンを弾く

この十年、私自身が指揮をしたプロジェクト、私自身の関心の最前線にあったＣＵＲＡ〔文化・宗教・国際問題研究所〕のプロジェクトは三つある。それぞれグローバル化の文化的側面、ヨーロッパとアメリカの宗教的差異、そして相対主義と原理主義の弁証法を取り扱ったものである。

コンピュータとヒンドゥー教

グローバル化プログラムはＣＵＲＡがピュー慈善トラストからもらった巨額の助成金の果実であった。ピューはＣＵＲＡを「宗教の国際的研究の優秀なセンター」に選んでくれたのだ。プロジェクトは宗教のみならず文化一般を対象としたものであったが、ピューはそのことをとやかく言わなかった。この資金援助を得たおかげで（ほかの財団にもいくつかお世話になったが）、プロジェクトは費用をけちらなくてもよかった。これは三年続き、十カ国をカバーした。研究チームの最終会議は北イタリアのコモ湖畔のベラージョにあるロックフェラー財団運営の豪華なセンターで開かれた。コモ湖は地上で最も美しい場所の一つである（私は昔そこを神が存在するという論拠の一つとして書いたことがある）が、そのセンターはあまり好きになれなかった。スノビッシュで気取っていると感じたからである。プロジェクトから生まれた論文は二〇〇二年に『多様なるグローバル化』（*Many Globalizations*）という題名の本として公刊された。[1] 本は大変好評で、現在もよく引用されている。

私はこのプロジェクトをハーヴァード大学の傑出した政治学者サミュエル・P・ハンチントンと一緒に指揮した。プロジェクトが終わりに近づくにつれてその関係はかなり緊張したものになっていった。表向きの理由は、資金の配分に関するちょっとした意見の違いであった。ハンチントンは自分の結論が「文明の衝突」という自己の主張を支持するように思えないので、プロジェクトに落ち着かなさを感じているようだった。しかしながらハンチントンの知的貢献は非常に重要なもので、そのおかげで彼とは、個人レベルでは決してしっくりこないにもかかわらず恩恵をこうむっていた。彼はまた、二つの例外をのぞいてチームが主としてCURAの（いわば）仲良しグループ――すなわち（本のなかの登場順で）蕭新煌《シャオ・シンハン》、トゥラシ・スリニヴァス、ハンスフリート・ケルナー、ヨナス・コヴァチ、アン・バーンスタイン、アルトゥーロ・フォンテーヌ、ジェームズ・デイヴィスン・ハンターという面々――でできていることを腹立たしく思っていたかもしれない。

論文のうち何カ国かに関する論文は豊富なデータが満載で、ここでとても要約できるようなものではない。本の題名は中心的な結論をうまく要約している――つまり、グローバル化には文化的多様性があるのであって、ただ一つの蒸気ローラーがあらゆるところに一枚岩的なグローバル文化を押しつけていくのではないということである。世界のどこでも見られるようなグローバル文化が実際に登場しつつあることを、われわれは否定しなかった――西洋の、というか実際には主としてアメリカ起源の、英語を使用し、出身の人種や民族に関係なくおおよそ同じように見える人々の棲息する文化がそれである。だがわれわれはまた、この人造的な文化が不本意にして唯一選択の余地のないものというわけではないこと、世界の地域によってその受取り方が異なっており、無気力な受容から断固たる抵抗まで反応に多様性があるということを提議した。一方、われわれはこの文化のエリート版と大衆版の区別もおこなった。

　エリート・レベルでは、ハンチントンが世界経済フォーラムが毎年開催されるスイスの村にちなんでたくみに「ダヴォス文化」と名づけたものがある。この文化の住人は経済的・政治的タイプの人間、プラス、ダヴォスに招待されるか（これと同じくらい重要なのは）招待されたがっているごくわずかないわゆる公的知識人、と説明するのがいちばん正しいであろう。これよりも力では明らかに劣るが、もう一つのエリート・グループがある。それを私は（あまりうまくないが）「教授会クラブ文化」と名づけた――イデオロギー的にはおおむねダヴォスの左側に位置する国際派インテリである。ただ境界線は曖昧になってきているかもしれない――グリーン化する実業家があるかと思えば、資本主義の恩恵を喜ぶ知識人もいるようになったからだ。彼らは部外者に選択を提供しているのだ。かくしてコヴァチは、元共産主義ヨーロッパの人々がみな西欧の一部たらんと欲しながらどちらの西欧に見習うか――ウォール街かウッドストックか――選ばなければならないありさまを生き生きと表現した。いずれにせよ、どちらのエリートも間違いなく西洋的な価値とライフスタイルの担い手――お望みなら西欧文化帝国主義の取次人と呼んでもいい――なのだ。

大衆レベルでは、とりわけ同じように西洋的で、内容的には主としてアメリカ的な大衆文化というものがある。世界の人々（とくにその若い部分）はアメリカ音楽に合わせて踊り、アメリカ流の服を着て、ハリウッドのロマンティックなライフスタイルに憧れ、間違った発音のアメリカの俗語を自分の言葉に取り込む。ついには新登場のグローバル文化の一部となった大衆運動もある。そのなかには、フェミニズム、環境保護運動、あるいはダニエル・エルヴュ＝レジェ言うところの「人権の世界教会主義」といった政治的なものもある。私はかねてから、福音派プロテスタンティズムは、土着化の形は多様であるけれどもアメリカ的特徴をもった重要な大衆運動とみなさなければならないと主張してきた。

以上はみな現にいまも進行中であるが、それらを相殺するような重要な文化勢力も存在する。スリニヴァスはそれを表現するのに「対抗放射」（counter emissions）という言葉を用いた。ラテンアメリカから発されるものもあれば（サルサ音楽）、アフリカから発されるものもある（「マンデラ・シャツ」）が、主要なものはアジア発である。寿司やカレー料理の消費のように皮相的とみなしてよいものもある（体内に取り込む物質は皮相な問題ではないという議論もあるかもしれないが）。だが、武道やいわゆるスピリチュアリティのように明らかにもっと大きな実存的意義をもったものもある。イギリスの社会学者コリン・キャンベルは「西洋の東洋化」（これは彼の二〇〇七年の著作の題名である）について書いてきた。[2] 言いかえるなら、インドやネパールの部族民がペンテコステ派に改宗することも可能性としてはありえただろうに、実際にはヒンドゥー教と仏教が恩顧に報いている。何百万というアメリカ人やヨーロッパ人が結跏趺坐《けっかふざ》〔仏教の座法の一つ〕で瞑想し、樹木の精霊と意思疎通しようと試み、転生を信じているのだ。

私は西洋化の方向か東洋化の方向かに関係なく、異文化消費は二つのタイプに分けられるという意見をのべたことがある。世俗的か聖なるものに関わるか、どちらかだということだ。時としてそうした消費は瑣末な選好にすぎない。ハンバーガーを食べるからといってアメリカ文化を取り込む必要はないし、寿司を食べるからといって日本文化を取り込む必要はない。フロイトをもじっていえば、時としてハンバーガーはただのハンバーガーなのである。ジェイムズ・ワトソンが東アジアの諸都市におけるマクドナルド店の素晴らしい研究〔『東洋のマクドナルド』〕で示したように、それらは開店から時間がたつとただの食堂になってくる。だが、初めて登場したときには〔数年前の中国においてそうであったように〕、それらはアメリカ文化の神殿のように見えた――ひと噛みひと噛みが西洋近代への想像上の参加を意味する。逆にアメリカ人がヨガをやるのはたんに健康体操としてかもしれない。だが明らかにそれは、はるかにそれ以上の意味をもつ可能性がある――自己と世界に関するある種のヒンドゥー教的あるいは仏教的な概念の内化のような。

数カ月前、私は南部の福音派の大学で武道の講義をすることを希望している若いアメリカ人と会話した。そのまえにそこの学部長は、彼が教えることになるのはキリスト教式武道であることを確認するために彼と長い面接をしていた。まるでキリスト教式バスケットボールをやるように言われているみたいで、私ははじめこの話をおかしいと思った。だが少し考えてみると、この学部長はいいところを突いていると結論せざるをえなかった――武道はもちろんたんに自己防衛の技術でもありうるが、もっとはるかに深いものでもありうる。聖書的な人間観と相容れない霊の道を教え込む鍛錬といったところか（少なくとも福音派ではそのように理解している）。

スリニヴァスの論文には、グローバル化がすべてを均質化していく蒸気ローラーではないことをよく示す最も示唆的な場面が含まれている。ヒンドゥー思想では、人間のあらゆる創造行為は神々の創造行為の写しである。この思想に合わせて、職人たちが自分の商売道具を拝む祭礼が毎年、伝統的におこなわれてきた。スリニヴァスはバンガロール〔インドのＩＴ産業の中核都市〕――ここは近時におけるインドの経済的急成長の旗艦であり、それゆえ近代化エリートの従業員がいる――におけるコンピュータ産業に焦点を合わせて研究した。前述の祭礼の期間中、エンジニアや職人たちは自分のコンピュータの上に花輪を置き、その周りにヒンドゥー教信仰の調度品一式を飾り、自分の商売道具の前で恭しく手を合わせるのである。これぞまさしく多元的近代！

この本のなかでいちばん面白い話は南アフリカに関するバーンスタインの論文に出てくる。そこで彼女が論じているのは、「虹の国」に新しいアイデンティティをあたえようとするアパルトヘイト終焉後の体制の努力である。新しい旗と紋章がデザインされた。アフリカ的イメージたっぷりの紋章には銘を入れなければならない。ここで問題が生じた。旧来の紋章の銘はラテン語だったが、これでは明らかにあまりにヨーロッパ中心主義的である。新生南アフリカには公用語が十一あるのだ――アフリカ系言語が九、プラス、英語・アフリカーンス語。事実上これはもちろん、英語が唯一の国語であることを意味している。だが、紋章の上に書くことによって、公用語の一つに特権をあたえるわけにはいかなかった。

コイサン語の銘を使用することで問題は解決された。この国のアボリジニー系住民の絶滅した言語である。文字に起こすとこうなる。"!KE E: XARRA//KE" タボ・ムベキ大統領はこれを「諸族よ、団結《ユナイト》せよ」という意味だと説明した。発音の仕方が誰もわからないので、『スター』という新聞が発音ガイドを載せた――「(クリック)-EH-AIR-(クリック)-ガーラ-(クリック)」――以下、お役立ちアドバイス、「最初のクリックは口蓋の前部を舌ではじくこと。二番目のは舌の先端を前歯に押しつけること。三番目のは口の端から空気を吸うこと」。大統領がこの動きをやって見せたかどうかは知らない。

残念ながら、この話はこれで終わりではない。コイサン語の専門家はたった二人しかおらず、いずれも南アフリカの別な研究機関につとめる学者だった。一人がさきのモットーをデザインし、訳した。するともう一人がその訳は間違っており、モットーはむしろ「諸族よ、放尿《ユリネイト》せよ」という意味だと言った。この論争を調停する第三の専門家がいないので問題は未解決のまま残ることになった。たぶん両方とも正しい――連れ小便はたしかに多様性のなかの団結を象徴していよう――大統領の言葉でいうと、「生命を重んじ、あらゆる言語と文化に敬意をはらい、人種差別、性差別、排外主義、大量殺戮に反対することへの献身」である。ともあれバーンスタインが主張したように、「南アフリカ人は自分たちのモットーが読めもしなければ理解もできない点で団結しつづけるであろう」。

グローバル化プログラムはまた、私にとってある社会問題を目の前に物理的に突きつけられる稀な機会となった。トルコ論文はまだ私が一度も行ったことのないアンカラに住む二人の社会科学者が書いた。ブリギッテと私は連れだってかの地への旅に出た。私たちはよく知っていて気に入っているイスタンブールで休暇をとる予定であった。研究者たちとの晩餐で私たちは、アンカラにはどんな観光上の見どころがあるのかと尋ねた。彼らはあまり思いつかなかったが、トルコ共和国の偶像的始祖ケマル・アタチュルクの霊廟は訪ねてみるべきだと言った。私たちは訪ねた。霊廟に付設された博物館はまずまずの面白さだったが、霊廟が位置する丘の上から見た市の全景は驚くべき眺めだった。アンカラはここ数十年で爆発的に発展し、アタチュルクの首都たる中心地から外へ外へと押し広がっていた。私たちが訪れた当時、中心地には大きなモスクが一つ見えただけだった。それはサウジアラビア人たちが建てたのだとわれわれは聞いた。だが中心付近からは、地平線までずっと環状の居住地域が続いているのが見渡せた。どの居住区にもモスクがあった。かくしてイスラムのミナレット〔イスラム教寺院の尖塔〕がアタチュルクの世俗共和国に押し寄せているのをここに見ることができる——現代トルコの社会的・政治的現実をまことに正確に映し出す構図だ。この緊張がどう解かれるか、それはトルコ人のみならずわれわれみなの関心事でもある。

テキサスの実業家とロンドンの無知なるコンシェルジュ

もう一つのCURAプロジェクトは、私がしばらく前から宗教社会学の中心問題と考えていたことを取り上げた——宗教におけるアメリカとヨーロッパの違いがそれである。このテーマは宗教と近代という問題を考えるさいにも戦略的重要性をもっている。もし近代には本質的に世俗化がともなうという世俗化論の主張が正しいのであれば、アメリカは大きな問題を提起する――この断然近代的な国家は著しく宗教的な国家でもあるのだ。

私はこのことについて『ナショナル・インタレスト』誌に論文を書いたのち、それに関係する次の二つの疑問を解明するためのワーキング・グループをCURAに設けた。それは、㈠一般に差異と考えられていることは経験的に妥当か？　㈡その差異はどう説明されるべきか？　私の論文はプロジェクトの出発点となり、プロジェクトでできた本の一章ともなったが、当然その主張はプロジェクトの継続とともにかなり修正された。

疑問㈠に対する解答は本質的に「イエス」というものであったが、種々の留保条件がつけられた。仔細に検討してみると、アメリカは一見したほどには宗教的でなく、ヨーロッパは一見したほどには非宗教的でない。またヨーロッパ内にも重要な差異が存在する。さらに両大陸間の差異は十分に現実的である。疑問㈡についていえば、その差異はいかなる単一の要因も説明できない。そもそも単一の原因に起因しているような歴史的に重要な発展などほとんどないのだ。われわれは原因となるもののかなり長いリストを案出した。だが、それらすべてを考慮に入れると、差異は謎でなくなってくる。逆に説明可能なものになってくるのだ。

私は差異を端的に要約していると自分が思う二つのエピソードで論文を始めた。最初のはテキサスのホテルで朝食をとっているときに起きた。隣りのテーブルにスーツを着た二人の中年の男性が坐って新聞を読んでいた。二人は実業家に見えた。一人が目をあげてこう言った、「中東がえらく激しいねえ」。相手はこう言った、「ふーん」。さきの男性がこうつけ加えた、「聖書の予言どおりだね」。相手はうなずき、またこう言った、「ふーん」。そして二人ともまた新聞を読み続けた。私は、たとえばボストンでも二人の実業家が朝食をとりながら同じような会話をかわすようなことはあるだろうが、しかし引き合いに出すのは聖書ではなくて『ニューヨーク・タイムズ』のコラムだろうなと思った。

もう一つのエピソードはロンドンで起きた。日曜の朝、私は一人きりだったので、国教会の礼拝に出てみるのも悪くないなと思った。コンシェルジュの受付に行くと、そこには「ウォーレン」という名札をぶら下げた青年がいて、彼ははっきりとした労働者階級なまりの英語を話した（明らかにパキスタンから来た見習いではない）。私は彼にいちばん近くの国教会の教区はどこかわかるかと訊き、どうしたわけか「イギリス教会」とつけ加えた。彼は私をぼんやりと見てこう訊いた、「それってカトリックみたいなもんですか？」私が「いや、ちょっと違うんだけど」と言うと、彼は頭を振ってコンピュータで調べてみると言った。結局、彼が見つけてくれた住所は間違っていたのだが。

論文のなかではその続きには言及しなかった。同じ週のその後、私はピカデリーにある聖ジェームズ教会を通り過ぎた（そこが超進歩派で有名だということを知らなかった）。すると夕方礼拝の予告が目に入った。私は晩禱（できたら英語の偉大な金字塔を、通信販売のカタログを想起させるような文言に翻訳した、典礼改革委員会による解体作業以前の祈禱書標準版のものがいい）の芳醇な美を期待して行くことにした。教会に入っていくと八人ほどのひとがいて、そのなかの一人は聖職者カラーをつけ、祭壇の前の床に両手を組んで坐っていた。教会は彼ら以外だれもいなかった。

グループはしょげかえっているように見えた。私の姿を見ると彼らの顔に灯がついた。聖職者カラーをつけた男性が、ある種のエンカウンター・グループとひと目でわかるものに加わるよう、私に合図した。私は可能な限り素早くその場を立ち去った。

CURAのワーキング・グループのメンバーは、ほとんどがヨーロッパの多くの国の現代宗教の研究者であった。グループはベルリンのプロテスタント神学校で二年間のうちに三回会合をもった。座長はフランスの社会学者ダニエル・エルヴュ＝レジェだった。彼女はフランスにおける主要な社会科学の大学院教育センターの所長となるためにプロジェクトを去ることになり、グレース・デイヴィーと私がグループの座長役を引き継いだ。グループのメンバーはいくつかの素晴らしい論文をものしたが、出版社が見つからなかった（これはこれで興味深いデータの一断片であったが）。結局、本は三人――私、デイヴィー、そして若きギリシャの社会学者エフィー・フォーカス――の共著というかたちで出た（ここにはある種の使徒的継承がある――フォーカスは最近デイヴィーのところで博士号を取得したが、デイヴィーはデイヴィッド・マーティンの教え子である）。

その本――『宗教的なアメリカ、世俗的なヨーロッパ？』[3]（*Religious America, Secular Europe?*）――は二〇〇八年にイギリスで出版された。出版の発端になったのは、『エコノミスト』誌の編集長ジョン・ミックルスウェイト司会の討論会がおこなわれたロンドン・スクール・オブ・エコノミクスのある催しであった。本書執筆の時点では本の受容度を評価するにはちょっと早すぎるが、だいたいうまくいっているように思われる。三人がそれぞれ貢献し、一緒に署名したけれど、デイヴィーが最も重要な著者であると言っておくのが正しい。二〇〇二年に出版された彼女の前著『ヨーロッパ――例外的事例』にはわれわれの議論の主要な成果――すなわち紋切型の見方をひっくり返したこと――が鮮やかに定式化されている。紋切型といえば、大きな例外としてあげられるのはアメリカである。疑いの余地なくアメリカは例外的である（それが魅力的な場合もあれば逆の場合もある）が、こと宗教に限れば例外的ではない。アメリカは宗教的であり、世界のほとんどもそうである。むしろヨーロッパこそ大きな例外なのだ。説明さるべきは例外である。

われわれは説明に役立つ諸要因のカクテルを案出した。最も重要なのは教会と国家の関係である。正確にいえば、この点ではわれわれはオリジナルではない――アレクシス・ド・トクヴィルがこの点を古典的なかたちで説いているのだ。だがこのアイディアを社会学的な準拠枠に統合するというい仕事を、われわれはやったのだと思っている。国教化は宗教にとっていいわけではない――国家に対するあらゆる憤りが教会への憤りに自動的に転化するからだ。さらに、法的国教化は消滅あるいは廃止されてから長くたつと、人々は教会を、必要なら利用できる存在であってほしいが、いかなる自前の努力もいらない公共施設（デイヴィーの言葉）と見るようになるのだ。これはヨーロッパのほとんどにあてはまる――カトリックにも、プロテスタントにも、正教にも（イギリスやオランダはそれほどでもないようだが）。

これとは対照的に、北米の英語圏植民地は一度として国教化に成功しなかった。マサチューセッツとヴァージニアではそうした試みがあったが、頑強な宗教的多元論という岩盤によろめき倒れてしまった。合衆国憲法修正第一条において実践的必要性が規範的原則によって補強された――宗教の自由はアメリカの政治的信条の柱の一つになったのだ。その社会学的帰結は単純だが、きわめて重要である。好むと好まざるとにかかわらず、宗教組織はたがいに競合しあう自発的結社になったのだ。競争が努力と改良をもたらすと言うのに経済学者である必要はない。そこからきわだってアメリカ的な宗教組織の形態が生まれてきた──デノミネーションである──これを歴史家リチャード・ニーバーは、社会のうちに他の諸教会《チャーチ》が存在することを認める教会《チャーチ》と定義した。

思想史においても重要な差異がいろいろとある。アメリカにおける啓蒙思想はヨーロッパのほとんどとは異なる形態をとった。程度の差こそあれヨーロッパにおける啓蒙思想が宗教に対して敵対的だったのに対して、アメリカではそうではなかった。興味深いことに、イギリスの啓蒙思想は宗教に対する友好的関係という点でアメリカの啓蒙思想に他よりも似ていたが、〈国家‐教会〉状況のためにヨーロッパ方向へ引っ張られてしまった、とデイヴィーは主張した。いずれにしても啓蒙思想の二大ヴァージョンが二つの異なった形態の「ハイカルチャー」、さらにはその文化をになう知識人の二形態を生んだのである。一般的な反宗教的傾向へと変じた反教権主義がヨーロッパ流「ハイカルチャー」の成分となったが、アメリカではそうはならなかったのである──もっと厳密にいえば、現在までは。

この問題については、教育制度の差異も重要である。初等・中等学校の教員は通常は真正の知識人ではない──が、そうありたいと願っている。社会学用語を用いるなら、知識人は彼らの「準拠集団」の役割をはたすわけだ。学校は知識人が一般民衆に影響をあたえようとする大きな制度的媒体であり、マスメディアが登場するまで、ほぼ唯一の媒体であった。十九世紀に諸国で順々に学校教育が義務化されることによって、このことはますます重要になった（十九世紀は世俗化の過程において決定的に重要である)。ヨーロッパの大半において教育制度は国家の専決事項であり、その運営にあたるのが世俗性の伝道師たる教員の集団であった。

合衆国ではそうではなかった。ヨーロッパにおける世俗化の時代を通して、アメリカの学校はその地方地方で運営され、学校でおこなわれることに親たちが大きな影響力をもった。これらのことは本質的にみな十九世紀のことだと強調しておかなければならない。二十世紀になると、おそらくその始まりは一九三〇年代で、本格的になってきたのは第二次大戦後だと思うが、アメリカの知識人もいわば「ヨーロッパ化」され、それゆえ一般民衆よりも脱宗教化してきたのだ。そうなった理由はここでは追跡できない(本のなかでも追跡しなかった)が、この展開はアメリカにおけるいわゆる文化戦争にとって重要である。

アメリカとヨーロッパの比較によって宗教上の差異を説明するのに有効な他の諸要因が明らかになった。ヨーロッパでは左翼政党と労働組合が発達し、反宗教的なバイアスがかかった知識人がそれを先導したが、アメリカではそうでない。逆に、アメリカの宗教はヨーロッパにはない二つの社会的機能――膨大な数の移民が社会に同化するのを助け、階級の目印という役割をはたすという機能(とくにプロテスタントのデノミネーション制度においては)――をもっている。最後になったが重要なこととして、アメリカでは巨大な福音派のサブカルチャーが発達し、それ自体が世俗化に対する堡塁となったが、ヨーロッパの福音主義はそれよりはるかに小さな役割しかはたせなかった。

言うまでもなく、これらすべてのことが「多元的近代」のカテゴリーにぴったり当てはまる。テキサスの実業家たちもかのロンドンのコンシェルジュも近代人のうちにはいるだろうが、彼らはずいぶんと違う意味で近代的なのだ。この本の結論で指摘したように、大西洋の両側の国内また国際政策にとってこれは重要な意味をもっている。

狂信なき確信

結果として、きわだって実り豊かだったCURAプロジェクトは「相対主義と原理主義のあいだ」である。この場合もテーマは長らく私の脳裏を占めていたものだ。どのようにしてそれが生まれたかは、ひとが「アメリカだけ！」と名づけたくなるようなもう一つの話からであった。財政援助をしてくれたのはまったくの一個人、カンザスの実業家ディヴィッド・キエルスノフスキー氏である。彼は私の本を何冊か読み、私と書簡をやり取りし、ビジネスのための会議でニューヨークへ来なければならなかったおり、足をのばしてボストンに寄ってくれ、ゆっくり昼食したのである。私はCURAのさまざまな活動について彼に話をしたが、彼の想像力をしっかりととらえたのはいまのべたプロジェクトであった。ただそれはその時点ではたんに私の頭のなかのアイディアにすぎなかった。帰りぎわ、キエルスノフスキー氏は私に計画全体を賄うのに十分な額の小切手を書きたいと言った。私は小切手だけを持って大学へ行くわけにはいかない――何のための小切手かをのべた書簡がいるのだ、と言った。数日後、書簡と小切手が届いた。そうこうするうち、資金提供者という彼の役割とは全然関係のない理由で、キエルスノフスキー氏は親友になった。

プロジェクトのアイディアは簡単だが、射程距離の長いものである。私が以前取り組んだ多元化という過程の結果として、近代は宗教的なそれも含めてあらゆる世界観と価値体系を相対化する。近代には相対化が内在しており、それを避けるのはほぼ不可能である。言いかえれば、宗教的確信はいまや手に入れにくいということだ。

この状況にはさまざまな反応がありうる。相対主義は真理を到達不能で、しかもおそらくは望ましくもないものと見て、あらゆる真理への要求を放棄する反応である。一見それと正反対に思われるのが原理主義で、確実性を再度到達可能なものとするために何らかの真理要求を傲然と再肯定するのである。これによって宗教的伝統は、最大だと全体社会で、最小でもセクト的サブカルチャーのなかで自明性を取り戻すわけだ。

二つの反応はいずれも理性の拒絶を要求するがゆえに拒絶されなければならないというのが、私の主張である。しかも両方とも社会の凝集性を蚕食する――相対主義はそれなしでは社会秩序が不可能になる道徳的一致を瓦解させるがゆえに、また原理主義は社会をバルカン化するか強制による統一を課すがゆえに。かくしてここに、両極のあいだに中庸の地を見つけるべき緊急の――哲学的、神学的、そしてまことに政治的な――必要性が生じる。宗教的にはこれは、確信なきところでいかにしてひとは信仰をもつことができるかを説明することを意味している。

プロジェクトはそれまでにCURAの基本原則となっていたものを踏襲した――二年余りの期間のあいだにワーキング・グループは数回会合をもち、論文を出し、そのあとそれを本として出版する。チームは私のところで博士論文を書いた三人を含めて、ほぼ全員、以前私と一緒に仕事をしたことのある人々であった。グレース・デイヴィーもチームのメンバーであったが、今回はたんなる宗教社会学者ではなく、英国国教会の在俗司祭でもあった（以下、いささか場違いだが、とても面白い詳細――。彼女は国教会ジブラルタル大司教区に配属されているが、その教区は大陸ヨーロッパの全部を含むとはいえ、各国イギリス大使館内のチャペルがその「教区」のほとんどで、彼女はそれらを定期的に訪問しなければならないのだ）。チームのほとんどはキリスト教のさまざまな教会を代表していたが、われわれとしてはユダヤ教徒とイスラム教徒の声もほしかった。イスラム教徒の参加者は過労を理由に撤退せざるをえなかった（彼はドイツにおけるきわめて少ない伝統的な「イスラム科学」の大学教授の一人であった）が、ユダヤ教徒についてはデイヴィッド・ゴルディス（ボストン近郊のヘブライ・カレッジの前学長である）という素晴らしい参加者を得た。それでもなおわれわれは、プロジェクトをアブラハム族の宗教からユダヤ・キリスト教へと規模縮小したことを後悔している。私はグループの議長となり、論文集の編集長役をつとめたが、それは二〇〇九年に刊行された。(4)

プロジェクトの所産としてもう一冊の本が生まれた。これは当初の計画になかったものである。プロジェクトが進行するにつれて、私はしだいに悩ましい疑問にとりつかれるようになった。グループの他のメンバーについていえば、ひとは確信がなくとも実際には信仰をもちうるということは明らかだった。だが私は、自分がたくさんの道徳的信念について完全に確信をもっていられるという事実を論じざるをえなかった。この確信はいったいどこから来るのか、という疑問である。これは相対化の宗教的側面だけを取りあつかったCURAプロジェクトの研究計画を超えた問題であった。私は編者ではなく著者として、相対主義―原理主義の二元論に対する私のアプローチを要約し、宗教的次元のみならず道徳的・政治的次元を論じた本を書きたいと思ったが、そこには私には十分な能力がないいささか哲学的な問題が含まれていた。哲学的専門知識をもっただれかに協力してもらう必要が生じたわけである。そこで私は、社会学と哲学の両方の学位を有する旧友アントン・C・ザイデルフェルトを共著者に招くことにした。われわれの共著『懐疑を讃えて――狂信家となることなくいかにして信念をもつか』（*In Praise of Doubt: How to Have Convictions without Becoming a Fanatic*）は二〇〇九年に出版された。これまでのところたいそううまく行っている（表題には本のなかの議論とはまるで無関係な内輪向けジョークが含まれている。ザイデルフェルトは引退するまでロッテルダムのエラスムス大学の教授であった。エラスムスのいちばん有名な本は『痴愚《フォリー》を讃えて』（邦訳名は『痴愚神礼讃』）である。多くの知的協働作業は「ふたり狂い」（folies à deux）と表現するのが正確であろう）。

この本はCURAプロジェクトにおける相対化のダイナミズムに関する理解をより精緻に書き直したものである。だが道徳的確信という問題については、もっと視野の広いアプローチをしている。たいていの人間にとって、道徳的確信は宗教的確信からくると言ってさしつかえない――禁止も命令もともに神の意志に由来するのだ。だが宗教的な確信がなければ、そのような道は閉じられてしまう。そんなときには自然法という尊敬すべき伝統がある――人間の心のうちには一定の道徳原理が普遍的に刻まれているという考えである。残念なことに、この魅力的な思想は経験的には支持できない。例としてどんな道徳的信念をあげてもいい、そういう信念の見られない文化は多くあるのだ。もっと最近の社会学的・生物学的理論には、道徳を社会秩序という至上命題あるいは進化という生存上の価値において基礎づけようとするものがある。こうした理論も経験的にはうまくいかない——社会も種もいかなる道徳的信念なしでも生き続けられるように思われるのだ。

奴隷制を例にしてみよう。私は自分の信念において、奴隷制は道徳的に唾棄すべきものだと確信している。いかなる人間も他の人間によって所有されるべきではない。もちろん私は奴隷制が何世紀にもわたって道徳的に許容されるとみなされていたことを知っており、この件に関する私の信念が歴史上の自分の位置と相関していることも知っている。だがそうした知見は私の確信をちっとも浸食しない。なぜならば、ひとたび意識のうちに信念が確立されたなら、それは必ず言外に普遍性を主張するからである。奴隷所有者との会話（なんとしたことか、今日なおそんな会話がかわされる場所がありえるのだ）で、「私はあなたの見方を尊重します。ここは仲良くおたがいに見解の相違ということにしましょう」などと言うことはできない。

雄弁な例を文学、マーク・トウェインの『ハックルベリー・フィンの冒険』から取るとしよう。物語のある個所でハックがいかだに乗ってミシシッピ河を流れていると、逃亡奴隷が乗り込んでくる。南北戦争以前の南部の白人の子どもであるハックは、自分が奴隷を正当な所有者に返さなければならないことを知っている。実際、彼の良心はまさにそうするよう彼に命じる。だが、彼らは一緒に旅を続ける。自分にはそんなことはできないとハックは思ったのだ。彼は奴隷廃止論者の説教を聞いたことはないし、まして天の声など聞いたことがあろうはずがない。ここで起きたのは気づき（perception）の出現なのだ——逃亡奴隷も人間だという気づきである。

ここには重要な洞察があると私は思う。道徳的判断は命令ではなく気づきにもとづくものなのだ――「これをやれ、それをするな！」という至上命題ではなく、「これを見よ！」という叫びにもとづくものなのだ。もちろんこの気づきは歴史的・社会的に相対的である――それはいつでもどこでも経験的に確認できるというようなものではない。だが理由が何であれ、ひとたび姿を現わすや、それは道徳的な強制力をもったものとなる。たしかにこの命題はさらに練り上げられる必要がある（し、これがある種の自然法理論として解釈されるかもしれないという可能性も受け容れるつもりだ）。だがこの本ではそうした詳細な検討をくわえることができなかった。

　われわれは政治的な含意についてもいくらか論じた。われわれは節度の政治学とよぶものを提案した。それは懐疑と確信のあやうい《プレキャリアス》バランス（「ゆらぎの眼差し《プレキャリアス》」と言ってもいい）を頼りにしている。集合的行為のすべてに対する懐疑心は第一の政治的美徳である。激昂したオリヴァー・クロムウェルが議会に放った言葉にはこのことが見事に表現されている。「私はキリストのはらわたにかけて皆さんに懇願する。ご自分たちが間違っているかもしれないということをよくお考えいただきたい」（「はらわた」〔bowels〕という奇妙な言葉は、私の理解によると、十七世紀英語では人間の本質がそこにあると考えられていたことを表わしている）。おそらくこの言葉は二世紀後、クロムウェルにちなんで名づけられた人物にも知られていた。オリヴァー・ウェンデル・ホームズ・ジュニアは南北戦争のとき、北軍に従軍した。両軍のおかす残虐行為にいたく心を傷めた彼は、あらゆる確信は潜在的にはみな殺人の可能性をもっているという信念をもって戦争から帰ってきた――この信念が最高裁判事としての彼の後半生に影響をあたえた。奴隷制の悪に関する確固たる信念がそのなかに含まれていたかどうかはわからないが、その廃止をもたらすためのいくつかの手段はしっかりと含まれていたのである。

言いかえるなら、節度の政治学は広範な懐疑と（必然的に少数の）道徳的な確信のバランスにもとづかなければならない。私は本の公刊に先立つベルリンでの講演でこのテーマをのべた。それは「ヨーロッパ的価値観」という論争盛んなテーマの文脈のうちにある。私の見解では、こうした価値観は、多くの保守主義者たちが主張しているように、ユダヤ・キリスト教的な（お好みならアブラハム的と言ってもいい）宗教的信仰に依拠したものではない。そうした価値観は不可知論者にも、無神論者にも、南アジアや東南アジアの諸宗教の信奉者にも共有されうるものである。もちろんヨーロッパ文明は何よりもまずキリスト教徒たちがかたちづくった歴史のなかから生まれてきたものである（それにくわえてギリシャ美学、ローマ法、啓蒙思想）。だが、「ヨーロッパ的価値観」を手にするために歴史の旅をくり返す必要などない――それは人間であることの意味に関するきわだった気づきにもとづくものなのである。

ユダヤの偉大な聖人ヒレル〔BC七〇―AD一〇。バビロニア生まれのユダヤ人ラビで、初めて律法解釈を確立〕はあるとき、トーラー〔ユダヤ教の律法〕の意味を片足で立っているあいだに言えるかと訊かれた。彼は「イエス」と答え、たぶん黄金律の最初の定式――「自分がされて嫌なことを他人にしてはならない」――を言った。彼はそれにこうつけ加えた、「あとはみな注釈だ」。ヨーロッパ的価値観とは何かという質問に私も、片足で立っているあいだに答えることができる、と主張した。それはドイツ連邦共和国憲法の一文――「人間の尊厳は不可侵である」――である。この一文の明証的確実性は疑いの余地なく固有の歴史的経験からきている――それは第三帝国が犯した人間の尊厳の身の毛もよだつ侵害であって、戦後のドイツ民主主義は二度とくり返してはならないのだ。だが、ナチズムの歴史をくぐった経験のないひとでもこの一文の根底にある人間性の気づきは共有できよう。とはいえ、明らかにその根底にある道徳的判断をどのような尺度で実現すべきかには懐疑の余地がある。「あとはみな注釈だ」。

笑う社会学をめざして

本章で書いた時代に、私は再びソロイストとして三冊の本を出した。『救いの笑い――人間経験における滑稽の次元』（*Redeeming Laughter: The Comic Dimension in Human Experience* 一九九七年）〔邦訳は『癒しとしての笑い』〕では、多年私の脳裏を去来してきた疑問に答えようとした――すなわち、われわれを笑わすのはいったい何かという疑問である。『信仰の問い――キリスト教の懐疑的肯定』（*Questions of Faith: A Skeptical Affirmation of Christianity* 二〇〇四年）〔邦訳は『現代人はキリスト教を信じられるか――会議と信仰のはざまで』〕では、自分の神学上の立場、議論の余地なく異端的なプロテスタンティズムの立場を概説しようとした。また幼年期の回想録（『記憶の夜明けにて』〔*In the Dawn of Memory* 二〇〇八年〕）はドイツ語のみの刊行となった。(5) 三著はみな「書籍奔出」がいまだに癒えぬ老人のやりたい放題と表現してよかろう。前二著は、どういうわけかとりわけドイツ語版がかなりの成功をおさめた。三番目の本はオーストリアの出版社が仕掛けた報道合戦にもかかわらず見事に失敗した。あとの二冊は本書の基本方針にうまくなじまない。だが、『癒しとしての笑い』の一部、「滑稽の社会的構成」と題された章はよくなじむ。

滑稽なものの哲学的・心理学的解釈をいくらか論じたあと、私はアルフレッド・シュッツの「限定された意味領域」の概念——日常生活の現実からひととき逃れることのできる諸現実である——を用いて社会学的な解釈を開始する（限定された意味領域には、美的経験、宗教的経験、抽象的思考の世界といった例がある）。その場合、われわれがユーモア感覚とよんでいるものはこうした別の現実を知覚できる能力だと理解できよう。ユーモア感覚には独自の心理的・社会的機能がある——不安からの解放、共同体の一定義（たとえばジョークを共有する人々）、何らかの権威の正体を暴露する政治的武器など。私はまた中世の愚行、近代の道化師といった滑稽の制度化についても論じた（ちなみにこれについてはアントン・C・ザイデルフェルトが『鏡のなかの現実』という素晴らしい一書を献じている[6]）。こうしたテーマは掘り下げようと思えば延々とできるであろう。だが本節の残されたページでは、振り返ってみるとこの本が十分に取り扱えてないことに触れてみたい——それはユーモア感覚の認知機能である。

滑稽の社会学と社会学としての滑稽は区別できる。前者では、だれが何に笑うか、また滑稽の社会的位置や機能を理解しようとすることができる。これはこれでまったく妥当、かつまことに興味深い研究分野である。だがもっと面白いのは、しばしば突然の閃光のように、滑稽な視角が社会的現実を照らし出すことだ。往々にしてジョークはそれをたった一、二行で、何ページにもわたる学問的論文よりも明快にやってのけるのだ。

フロイトはその夢の分析で、夢における節約《エコノミー》ということを強調した――夢のなかでは非常に複雑な現実が非常に簡潔な象徴によって表現されるということだ。滑稽はこの節約という特徴を夢と共有している。ジョーク――最後にオチが来る非常に短い物語と定義できる――は実際に滑稽の最も節約的な形態である。

　滑稽そのものは普遍的である――ユーモア感覚のない人間文化というのは存在しない。だが、いま定義したような意味でのジョークはそうではない。たとえばアフリカの諸文化にはユーモア感覚があふれている――滑稽な物語、滑稽な状況、さらには滑稽だとされている制度的役割まで。だが、二人の伝統的なアフリカ人が村のどこかで出会ったときに、「こんなの聞いたことある?」などと尋ねることはありえそうもなかった(し、いまもそうだろう)。しかし残念ながら、ここではジョークの起源や歴史を追いかけることはできない。

　いまや本書の最終章である。読者を笑わせたまま終わってもいいだろう(というか、そうしたい)。そこで、滑稽には認知的機能がある――すなわち滑稽は人間の現実を鮮やかに照らし出すことができるし、実際にある種の社会学たりえる――という私の主張を例証(証明、と言うべきか?)してくれるジョークをいくつかどうぞ。

国々

イスラエル――ヨーロッパの離散の地におけるユダヤ人としてのアイデンティティから意識的に距

離をおくことによっていかにイスラエル人としてのアイデンティティが構築されたかを、学術論文はたくさんのページ数を費やさないと説明できないが、これはもっと節約のきいた論文の精髄だ。テルアヴィヴのバスで母親が幼い息子にイディッシュ語で話しかけている。シオニストの乗客がこれに腹を立てた。「ヘブライ語を話すべきだ。あなたはなぜ息子さんにイディッシュ語で話すのかね?」

「だって、息子には自分がユダヤ人だってことを忘れてほしくないんですもん」

どこでもいい、東欧のどこかの国の話(私がこれを聞いたのはルーマニアである)――情熱的なナショナリズムが持続しているのは、絶望的な環境にもかかわらず、というよりはたぶん絶望的な環境のゆえである。

二匹の虫、パパ虫と子虫が馬の厩肥《きゅうひ》のなかの大きな水溜りに住んでいる。ある日、二匹の虫は水溜りの端まで泳いできて外を見た。子虫がこう尋ねた、「お父ちゃん、向こうに見えるあの大きな緑色のものはなに?」

「あれは草だよ」

「その向こうには、きれいな色がたくさん見えるね」

「あれは花さ」

「その上のあの素晴らしい青いものは?」

「ありゃ空だよ」

「お父ちゃん、世界にはこんなに素晴らしいものがいろいろあるっていうのに、なんでぼくらはこの馬の厩肥の水溜りに住んでるの?」
「それはね、ここが私たちの母国だからだよ」

アルゼンチン――アルゼンチン人はブエノスアイレスを南米のパリ、自分たちの文化をどの隣国の文化よりも優れていると思っている（次のはもちろんそんなアルゼンチン人のことを他国人が語ったものである）。

うまい取引とは? アルゼンチン人をその本当の価格で買って、彼らの自己評価額で売ること（これを聞いてあるウルグアイ人は笑いが止まらなくなった）。

宗教の諸伝統

聖公会（米国において教義・規律・礼拝方式を継承する英国国教会系の独立した教派）の信者――われわれの本『宗教的なアメリカ、世俗的なヨーロッパ?』で言及したように、アメリカ・プロテスタンティズムのデノミネーションに関する地位尺度というものがあって、それは階級指標にもなる。ほとんどの地域で監督派教会信者は尺度の首位に立つ。

上流中産階級が住むコネチカット州郊外の子どもたちがクリスマス劇を上演している。幼い少年が聖家族を追い払うベツレヘムの宿屋の主人を演じることになっているのだが、ひどく緊張して台詞さえ覚束ないありさま。マリアとヨセフが舞台に現われると、彼はこう言った、「宿には空きがございません」。そしてしばらく心配そうに間をおいたあと、こうつけ加えた、「でも、ちょっと寄って一杯やってってよ」。

ユニテリアン派の信者〔ユニテリアン主義は三位一体説を排し、キリストの神性を否定する。また個人の信仰の自由や宗教における理性の活用を容認する〕——彼らは自分たちを求道者の共同体と規定し、拘束性のある教義が一つもないことを誇りにしている。

ユニテリアン派の「主の祈り」〔イエスが弟子たちに教えた祈り。「天にまします我らが父よ……」で始まる〕はどう始まるか。

「関係者各位へ」

南部バプテスト教会〔南部を起源とするバプテストの一派で、米国プロテスタント系キリスト教の最大宗派。神学的・政治的に保守的・右派的で、キリスト教原理主義の傾向が強い〕の信者——彼らは厳格な行動規律で知られる。

南部バプテストはなぜ婚前交渉に反対するのか。

認めると踊り出すかもしれないから。

状況あれこれ

亡命者——逃れざるをえなかった土地への愁いをおびたノスタルジーが、どこでも亡命者の一特徴になっている。これは、ナチ支配のヨーロッパから多くの亡命者がアメリカへやって来た一九四〇年代から伝わるものである。

二匹のプードルがセントラルパーク・ウェスト〔ニューヨークの高級住宅街〕で出くわした。一匹がこう言った、「ウィーンにいたときは、わしはセントバーナードだったんだよ」。

ソヴィエト支配下のヨーロッパ——それはジョークにとって非常に生産性の高い時代であった。そのほとんどは辛辣かつはなはだペシミスティックであった。このジョークはチェコスロヴァキア産。

二人のチェコ人がプラハのルムンバ記念像〔パトリス・ルムンバ（一九二五—六一）はコンゴ民主共和国の初代首相。暗殺された〕の前に立っている。長い沈黙のあと、一人がこう言った、「ねえ、この中国人のときの方がマシだったね」。

中東のテロリズム——これはパキスタンのことを言ったもの。

「よきサマリア人」〔ルター派教会が運営する慈善事業組織。「いのちの電話」もやっている〕がカラチに支部を開設した（おそらくはあまりキリスト教的な響きがしない名前で）。一人の男が電話をかけてきてこう言った、「絶望してるんです。人生、何もかもうまく行かなくて。自殺したいと思ってるんです」。

電話をとった人物は一瞬ためらったあと、こう訊いた、「トラック、運転できる?」

職業あれこれ

経済学者――何でも知っている……けど何にも知らないひと。

ワシントンの政策オタク――セックスの最中にCスパン〔米国のケーブルテレビ・チャンネルで、連邦議会本会議や各種委員会の模様を中継する〕を見ているひと。

そしてずばり、自分の職業を免除したといって責められないように。

社会学者とは? いちばん近くの売春宿へ行く道を知るのに百万ドルの助成金が必要なひと。

いつも私の授業に気合を入れてくれた座右の銘でもって締めるとしよう――もし彼らが教わることを望んでいないなら、少なくとも楽しませてやることにしよう〔読者の悪口を言ってやろうという意図はありませんぞ〕。

ある種のエピローグ、であって（いまのところ）墓碑銘ではない

私は一九九九年に教授職を、二〇〇九年にCURAの所長を退職した。CURAについてはいまもシニア研究員というよくわからない肩書があり、その資格でたくさんの個別プログラムに責任をもち続けているだけでなく、依然として研究室もあり、そこで椅子に坐って偉大なる思念をめぐらしている。こうした環境にいると、自分の職業履歴その他の多くのことについてある程度まとめて玩味してみようという気にさせられる。最近ある財団から「生涯功績賞」なる賞をいただいた。これは一方で（とくにかなりの金額の小切手がついていたから）めでたいことであるが、そこには同時に、あなたの人生は終わりですよという不穏なる暗示でもある。年も年だからこの暗示を一笑に付すことはできないが、目に見える証拠は私が大いに生気に満ちていることを強く示している。最後のソナタを弾くのがいつになるのかわからないけれども、いまのところ私のバイオリンはおそろしく多忙である。

本書は社会科学者としての私の軌跡をたどった。自分の人生史というものを玩味するとき、それがどれくらい重要であったのか自問せざるをえない。もし誰かが朝の三時に私を起こして、あなたはどなたと訊いたなら、「私は社会学者です」と自分が答えるとは思えないのだ。きっと私は、アイデンティティのヒエラルヒーにおいて自分の職業アイデンティティは三番目に位置していると言うであろう。一番目には、自己自身の内奥の自己の形成がある――幼年時代の夢の世界から、思春

期や青年期の情緒的疾風怒濤をへて、とりわけ結婚して親となることで証明される成熟への近づきへという軌跡。二番目には、私の場合だと宗教上の軌跡がある——闇から聞こえてくる神の太鼓の音を聞きながら、その意味を理解しようとしてきた長い旅路だ。だがこれら二筋の軌跡はここまでごくついでにしか触れてこなかった。そういう意味では、本書で語った物語は私の人生の最も重要な物語というわけではない。それでもなおそれは重要である——し、かなり面白くもある、と私は思う。

近年、私は体系化された職業としての社会学からいささか距離をおくようになってきている。社会学が自分の好みでない方向へ移行しているからだ。だが私は、十二番街の知の苗床で最初に出逢ったこの学問の光景を決して見棄てたわけではない。中心にあるのは人間世界の気まぐれと、それを理解しようとする努力の尽きることのない魅力である。理由が何であれ、この魅力は私の性格の奥深いところに根源があるように思われる——たぶんもっと正確にいえば、現象学者たちが私の世界内存在の態様とよぶであろうもののうちに。

自分は覚えていないこんな出来事がある——両親が私に話してくれたことだ。四、五歳ころのことに違いない。誕生日だかクリスマスだか、私は非常に精巧な電気仕掛けのおもちゃの汽車をプレゼントでもらった。操作すれば、汽車はミニチュアの風景のなか、複数の軌道とトンネルを通って走っていくようになっていた。私はこのおもちゃのメカニズムの驚異にはまったく関心がなかった。また電気にスイッチを入れることさえしなかった。そのかわりに私は地面に横たわり、想像上の汽車の乗客たちと話をしていたそうである。

それ以来ずっと、私はこの会話を続けてきたと言えるのかもしれない。私はそれを後悔したことは一度もない。それはすごく面白かったし、いまでもそうである。

訳者あとがき

本書はPeter L. Berger, *Adventures of Accidental Sociologist: How to Explain the World without Becoming a Bore* (New York: Prometheus Books, 2011) の全訳である。メインタイトルをわかりやすく訳すと『たまたま社会学者になってしまった男の冒険』とでもなろうが、あまりに長々しいので、副題（こちらも十分長いが）をメインタイトルに「格上げ」したうえで本書の内容を簡潔に要約した副題を添えて、『退屈させずに世界を説明する方法――バーガー社会学自伝』とした。

本書は社会学の巨匠ピーター・ルートヴィッヒ・バーガーが、六十年以上にわたる長く冒険にみちた自己の学問的半生を振り返った自伝的著作である。バーガーは社会学者であるばかりでなく著名な神学者でもあるが、本書では後者の側面についてはあえて口を封じ、社会学者としての半生に限定して語っている。副題を「バーガー社会学自伝」としたゆえんである。

バーガーは一九二九年三月十七日、オーストリアのウィーン生まれ。第二次大戦後まもなく米国へ移住、ワグナー大学を卒業後、ニュースクール・フォー・ソーシャルリサーチ大学院に学んで社会学者・神学者となり、いくつもの大学で教鞭をとったのち、一九九九年にボストン大学を退職、現在は同大学名誉教授となっている。本書ではニュースクール入学から今日までの半生がたどられる。

バーガーの論じたテーマは理論社会学、知識社会学、社会科学方法論、宗教社会学、近代化論、第三世界論、資本主義論、政治社会学、家族社会学、神学、あるいはユーモア論とまことに多彩で、本書で「書籍奔出」を自称しているように、著作は膨大な数に達する。邦訳書としては、巻末の「ピーター・L・バーガーの主要著作」にあげられている十二冊のほか、以下の二冊がある。

『バーガー社会学』(B・バーガーとの共著)安江孝司ほか訳、学習研究社(原著一九七二年)

『神の知られざる顔——宗教体験の根本構造』(編著)岩松浅夫ほか訳、教文館(原著一九八一年)

かくして共著を含め十四冊目の邦訳となる本書は、時系列で九章にわけて著者の半生をたどる。おおよその流れを紹介しておこう。

第一章は、ニュースクール大学院に入学した一九四九年から、兵役のためそこを後にする一九五三年まで、社会学者への道を歩み始めた時代。社会学に進んだ理由はちょっとした勘違いによるものであり、「たまたま社会学者になってしまった男」という原題はこの滑稽かつ幸運な事情をあらわしている。恩師や親友たちとの出会い、宗教をテーマにした修士論文と博士論文のこと、夜間大学院ニュースクールのノクターン的雰囲気など、「青春の街」ニューヨークの思い出がノスタルジーいっぱいに語られる。バーガーといえば理論家というイメージが強いので、修士論文も博士論文も経験的研究であったことを、訳者は興味深く感じた。

第二章は、兵役で入隊した一九五三年から、母校ニュースクールに帰還する一九六三年まで、青年社会学者の遍歴時代。ジョージア州フォートベニングでの嫌でたまらない兵役から、やはり幸運な勘違いで救われることになった経緯が愉快。五五年に除隊後、一年間を西ドイツにあるバート・ボルのプロテスタント・アカデミーで調査研究に従事したあと、五六年に帰国し、二年間ノースカロライナ大学女子大学部に勤務。つづいて五八年から六三年まで五年間はコネチカット州にあるハートフォード神学校に勤務した。その間、六一年に処女作『ゆらぎの眼差し』（邦訳なし）を出版、ここから「書籍奔出」が堰を切ったように始まることになる。そして六三年には、いまだに世界中で売れ続けている『社会学への招待』を出版。この最上等の社会学入門書をたった三週間で書き上げたと知って、訳者はびっくりした。

第三章は、一九六三年に母校ニュースクールへ帰還してから一九七〇年失意のうちにそこを去るまでの「最も生産的な年月」。現象学的社会学のグループをつくり、猛烈な速度で研究業績を量産した。とくに重要なのは六六年にトーマス・ルックマンと共著で出版した『現実の社会的構成』で、いまや古典となったこの著作で彼らは一躍学界のスターダムにのし上がったのである。さらに翌年には宗教社会学の古典『聖なる天蓋』を出すなど、勢いはとどまるところを知らぬかと思われたが、好事魔多し、ニュースクールで着手した機構改革において派閥争いに敗れ、挫折せるバーガーは母校を後にすることになったのだ。

第四章は、一九七〇年にラットガーズ大学（ニュージャージー州）へ移籍してから一九七九年にボストン・カレッジに移るまでの視野拡大期前半。テーマを近代化論へと一転させることで、視野が一気にグローバル化し、研究はアクチュアルな国際政治・経済を射程に入れたダイナミックなものへと変貌した。その結果、バーガーはアフリカやラテンアメリカを盛んに訪れるようになったが、この時期懇意にした人気思想家イヴァン・イリッチとの交流ぶりが微笑ましい。

第五章は前章に続く視野拡大期後半。七〇年代の後半からバーガーは世界中を精力的に見て回ることになる。重要なのはアジアの発見。彼の最大の問題関心は、それまで第三世界の望ましい成長政策は資本主義タイプと社会主義タイプのどちらかというところにあったが、東アジアの経済的奇跡を目にして、断固正解は前者という結論を得たのだ。一方この時期、宗教社会学でも重要な変化が起きた。第三世界やカウンターカルチャーやペンテコステ派との出会いによって、従来依拠してきた世俗化論パラダイムを放棄し、多元化論パラダイムをとるようになったのである。

第六章は、ネオコン知識人時代。バーガーは一九七九年にまずボストン・カレッジに移籍、ついで二年後ボストン大学に移籍して、一九九九年に退職するまで在籍したが、おおよそ八〇年代をつうじてちょっと変わった形で「アメリカ帝国主義の走狗」を演じた。彼はヴェトナム戦争に反対であったし、六〇年代の文化革命に当初シンパシーを感じていたが、過激化する文化革命的＝左翼的なものに対する強烈な違和感から、しだいに保守的＝右派的な立場（自称「中道右派」）に転向していった。その行きつく先がネオコン知識人としての立場で、そのハイライトが本章に出てくるレーガン政権下での国連人権評議会「成長への権利ワーキング・グループ」米国代表の仕事である

（その実態には苦笑させられるのであるが）。またこれに関連して、イラン・コントラ事件のさい、みずからは知らずして、レーガン政権の陰で暗躍する資本家集団に謀議の目くらまし役を演じさせられたエピソードも書かれており、現実政治の闇の深さを感じさせられる。たまたま同時期、愛煙家バーガーは「たばこ業界のスパイ」として反・嫌煙運動のためにひと肌脱いだのであるが、本章ではその「スパイ」ぶりとともに嫌煙運動の裏側も知ることができる。

第七章は、時期的には前章とおなじくおおよそ八〇年代だが、内容的には反アパルトヘイト運動が中心になる。八五年、一愛読者からの要請で「アパルトヘイトを超える南アフリカ」なるプロジェクト・チームを立ち上げたバーガー、根っからの反人種主義者である彼は足しげく南アフリカに通い、心血を注いでアパルトヘイト廃絶のためのロードマップを書き上げる。そして九一年、永遠に続くと思われた醜悪な人種差別体制は、バーガー自身の予想もつかぬほどもろく潰え去り、これは彼の人生最大の功績となった。ネオコンと反アパルトヘイト運動という結合が、（理論的にはそうでなくとも）なぜか訳者には意外に感じられる。

第八章は、一九八五年から十数年間の初期CURA時代。八五年、バーガーはボストン大学の実力者ジョン・シルバーの肝いりで学内に研究所を創設。その名前は二度変わったが、最終的には「文化・宗教・国際問題研究所」（略称CURA）。バーガーは研究費をあちこちから調達し、その潤沢な資金でさまざまなテーマのプロジェクトを立て、次々に研究チームを組織し、リーダーとしてたくさんの成果を出し続けてきた。本章では、「東アジア研究」「ペンテコステ派研究」「宗教と経済成長」という、初期CURAの三つの主要なテーマとその成果が紹介される。一方、妊娠中絶問題や外交政策をめぐって八〇年代の終わりごろからネオコンに違和感を感じ始めていたバーガーは、九〇年代終わりにネオコンから決定的に離脱するにいたる。現代アメリカの政治思想は、左は左に、右は右に寄りすぎて両極化しており、地に足のついた健全なる中道が欠けているために、自分たちは孤立を余儀なくされているというのが、バーガーの時代認識である。

最終章となる第九章は、CURAとバーガーの近況報告。この約十年のCURAの主要研究テーマ、「グローバル化と文化」「ヨーロッパとアメリカの違い」「相対主義と原理主義」を概観し、三つめの「相対主義と原理主義」プロジェクトの所産としてA・ザイデルフェルトとの共著『懐疑を讃えて』が書かれたことが紹介されたのち、フィナーレはバーガー・ファンお楽しみ、ジョークのオンパレードとなっている。

それにしても、学問的自伝をジョーク集のプレゼントで締めくくる社会学者など、いったいどこにいるだろうか。訳者がバーガーの本を訳すのはこれで四冊目であるが、彼を愛好する理由は、ネオコンだからでも、「構築主義者」だからでも、アンチ・フェミニズムだからでもなく、じつは彼の天衣無縫なユーモア感覚に惹かれてのことである。「自伝」という本のくだけた性質もあって、本書にはいたるところにユーモラスなエピソードやフレーズが仕掛けてあり、彼の著作のなかでもその洗練されたユーモアがとびきりたっぷり楽しめる読み物となっている。私の視点からすると、それが本書のいちばん魅力なのだが、バーガーにとってユーモアはたんなる趣味や嗜好の問題ではない。本書の言葉を借りるなら、「一歩距離をおくアイロニー」こそ、社会学を生きた学問にする根本的な方法論なのだ。本書を読むことによって、巨匠のたどった道のりを知るばかりでなく、つたない訳文でまことに恐縮ではあるが、そんなユーモアの楽しみと価値とを体感していただけるなら、訳者冥利に尽きるというものである。

最後になったが、『懐疑を讃えて』につづいて、遅々として進まない翻訳の作業をよく我慢して完成にまで導いていただいた新曜社編集部・渦岡謙一氏に深く感謝する。なんとか本にしていただいて、ほんとうにありがとうございました。

二〇一五年三月

森下伸也

索　引

A—Z

ア　行

カ　行

サ　行

タ　行

ナ　行

ハ　行

ワ　行

注

第1章　十二番街のバルザック

(1) John Murray Cuddihy, *The Ordeal of Civility: Freud, Marx, Levi Strauss, and the Jewish Struggle with Modernity* (Boston: Beacon Press, 1987).

(2) 英訳は *The Phenomenology of the Social World*, trans. George Walsh and Frederick Lehnert (Evanston, IL: Northwestern University Press, 1967).

(3) 二巻本の英訳がある。第1巻は，trans. Richard M. Zaner and J. Tristam Engelhardt Jr. (Evanston, IL: Northwestern University Press, 1973)；第2巻は，trans. Richard M. Zaner and David J. Parent (Evanston, IL: Northwestern University Press, 1989).

第3章　派閥から挫折せる帝国へ

(1) Peter L. Berger and Anton C. Zijderveld, *In Praise of Doubt: How to Have Convictions without Becoming a Fanatic* (New York: HarperOne, 2009).〔『懐疑を讃えて』〕

第4章　地球をトレッキングする社会学

(1) Peter L. Berger, "In Praise of New York," *Commentary*, February 1977.

第8章　ソロイストではなく指揮者として

(1) ミヤナガ，ヴェリス，グリーンとプライド，ケルナー，ナッシュ，コヴァチ，ブリギッテ，私ほかの著作に関する網羅的な文献一覧については，CURAのウェブサイト http://www.bu.edu/cura/publications/book-list/ の出版物ページを参照されたい。

(2) このテーマに関するロバート・ヘフナー独自の出版物については、http://www.bu.edu/cura/publications/book-list/ を参照。

(3) Laura L. Nash, *Believers in Business* (Nashville, TN : Thomas Nelson, 1994).

(4) ウェブサイト http://www.bu.edu/cura/publications/book-list/ にあるマーシュほかの出版物のうち３，５，６，７を参照。

(5) Peter L. Berger, Brigitte Berger, and Hansfried Kellner, *The Homeless Mind : Modernization and Consciousness* (New York : Vintage, 1974).〔『故郷喪失者たち』〕

第９章　第一バイオリンを弾く

(1) Peter L. Berger and Samuel P. Huntington, eds., *Many Globalizations : Cultural Diversity in the Contemporary World* (Oxford : Oxford University Press, 2002).

(2) Colin Campbell, *The Easternization of the West : A Thematic Account of Cultural Change in the Modern Era*, Yale Cultural Sociology Series (Boulder, CO : Paradigm, 2007).

(3) Peter L. Berger, Grace Davie, and Effie Fokas, *Religious America, Secular Europe ? A Theme and Variations* (Farnham, UK : Ashgate, 2008).

(4) Peter L. Berger, ed., *Between Relativism and Fundamentalism: Religious Resources for a Middle Position* (Grand Rapids, MI : William B. Eerdmans, 2009).

(5) Peter L. Berger, *Redeeming Laughter : The Comic Dimension in Human Experience* (Berlin, Germany : Walter de Gruyter : 1997) ; *Questions of Faith : A Skeptical Affirmation of Christianity* (Malden, MA : Wiley-Blackwell, 2004) ; *Im Morgenlicht der Erinnerung : Eine Kindheit in trubulenter Zeit*〔『記憶の曙——動乱期の幼年時代』〕(Vienna, Austria : Molden Verlag, 2008).

(6) Anton C. Zijderveld, *Reality in a Looking-Glass : Rationality through an Analysis of Traditional Folly* (London : Routledge & Kegan Paul Books, 1982).

ピーター・L. バーガーの主要著作

Invitation to Sociology: A Humanistic Perspective. New York: Anchor Books, 1963.『社会学への招待』水野節夫・村山研一訳，新思索社

The Social Construction of Reality (with Thomas Luckmmann). New York: Anchor Books, 1966.『現実の社会的構成』山口節郎訳，新曜社

The Sacred Canopy: Elements of a Sociological Theory of Religion. New York: Anchor Books, 1967.『聖なる天蓋——神聖世界の社会学』薗田稔訳，新曜社

A Rumor of Angels: Modern Society and the Rediscovery of the Supernatural. New York: Anchor Books, 1969.『天使のうわさ——現代における神の再発見』荒井俊次訳，ヨルダン社

The Homeless Mind: Modernization and Consciousness (with Brigitte Berger and Hansfried Kellner). New York: Vintage, 1974 (B. バーガー，H. ケルナーとの共著).『故郷喪失者たち——近代化と日常意識』高山真知子ほか訳，新曜社

Pyramids of Sacrifice: Political Ethics and Social Change. New York: Anchor Books, 1975.『犠牲のピラミッド——第三世界の現状が問いかけるもの』加茂雄三ほか訳，紀伊國屋書店

The Heretical Imperative: Contemporary Possibilities of Religious Affirmation. New York: Doubleday, 1979.『異端の時代——現代における宗教の可能性』薗田稔・金井新二訳，新曜社

Sociology Reinterpreted: An Essay on Method and Vocation (with Hansfried Kellner). New York: Anchor Books, 1981 (H. ケルナーとの共著).『社会学再考——方法としての解釈』森下伸也訳，新曜社

The War over the Family: Capturing the Middle Ground (with Brigitte Berger). New York: Doubleday, 1983.

The Capitalist Revolution: Fifty Propositions about Prosperity, Equality, and Liberty. New York: Basic Books, 1986.

A Far Glory : The Quest for Faith in an Age of Credulity. New York : Anchor Books, 1992.
Redeeming Laughter : The Comic Dimension in Human Experience. Berlin, Germany : Walter de Gruyter, 1997.『癒しとしての笑い——ピーター・バーガーのユーモア論』森下伸也訳，新曜社
Questions of Faith : A Skeptical Affirmation of Christianity. Malden, MA : Wiley-Blackwell, 2004.『現代人はキリスト教を信じられるか——懐疑と信仰のはざまで』森本あんり・篠原和子訳，教文館
Religious America, Secular Europe? A Theme and Variations (with Grace Davie and Effie Fokas). Farnham, UK : Ashgate, 2008.
In Praise of Doubt : How to Have Convictions without Becoming a Fanatic (with Anton C. Zijderveld). New York : HarperOne, 2009 (A. ザイデルフェルトとの共著).『懐疑を讃えて——節度の政治学のために』森下伸也訳，新曜社

著者紹介
ピーター・L. バーガー（Peter L. Berger）
1929年、オーストリアのウィーン生まれ。ボストン大学名誉教授。
詳しくは、「訳者あとがき」を参照。

訳者紹介
森下伸也（もりした　しんや）
1952年鳥取県生まれ。京都大学文学部卒業、大阪大学大学院人間科学研究科博士課程修了。長崎大学助教授、金城学院大学教授、ウィーン大学客員教授などをへて、現在、関西大学教授。
著書に『ユーモアの社会学』（世界思想社）、『もっと笑うためのユーモア学入門』（新曜社）、『逆説思考』（光文社新書）、『社会学がわかる事典』（日本実業出版社）など。訳書にP. バーガー『癒しとしての笑い』、P. バーガー、A. ザイデルフェルト『懐疑を讃えて』、P. バーガー、H. ケルナー『社会学再考』、C. ラッシュ『エリートの反逆』（以上いずれも新曜社）など。

新曜社

退屈させずに世界を説明する方法
バーガー社会学自伝

初版第1刷発行　2015年5月15日

著　者　ピーター・L. バーガー
訳　者　森下伸也
発行者　塩浦　暲
発行所　株式会社 新曜社
〒101-0051 東京都千代田区神田神保町 3-9
電話（03）3264-4973（代）・FAX（03）3239-2958
E-Mail：info@shin-yo-sha.co.jp
URL：http://www.shin-yo-sha.co.jp/
印　刷　星野精版印刷
製　本　イマキ製本

ISBN978-4-7885-1432-4 C1036